Porto et ses environs

Cofondateurs : Philippe GLOAGUEN et Michel DUVAL

Directeur de collection et auteur
Philippe GLOAGUEN

Rédacteurs en chef adjoints
Amanda KERAVEL
et Benoît LUCCHINI

Directrice de la coordination
Florence CHARMETANT

Directrice administrative
Bénédicte GLOAGUEN

Directeur du développement
Gavin's CLEMENTE-RUIZ

Direction éditoriale
Hélène FIRQUET

Rédaction
Isabelle AL SUBAIHI
Emmanuelle BAUQUIS
Mathilde de BOISGROLLIER
Thierry BROUARD
Marie BURIN des ROZIERS
Véronique de CHARDON
Fiona DEBRABANDER
Anne-Caroline DUMAS
Éléonore FRIESS
Géraldine LEMAUF-BEAUVOIS
Olivier PAGE
Alain PALLIER
Anne POINSOT
André PONCELET
Alizée TROTIN

Conseiller à la rédaction
Pierre JOSSE

Responsable voyages
Carole BORDES

2018

hachette

TABLE DES MATIÈRES

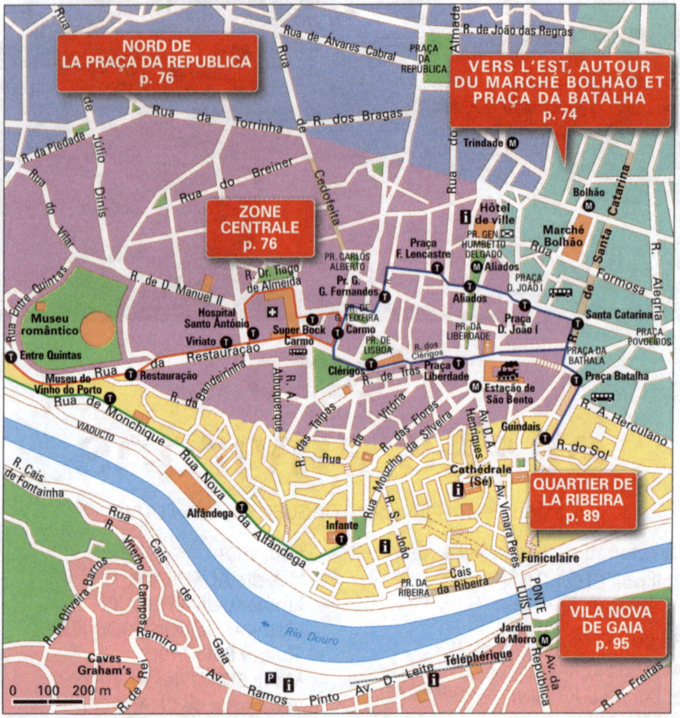

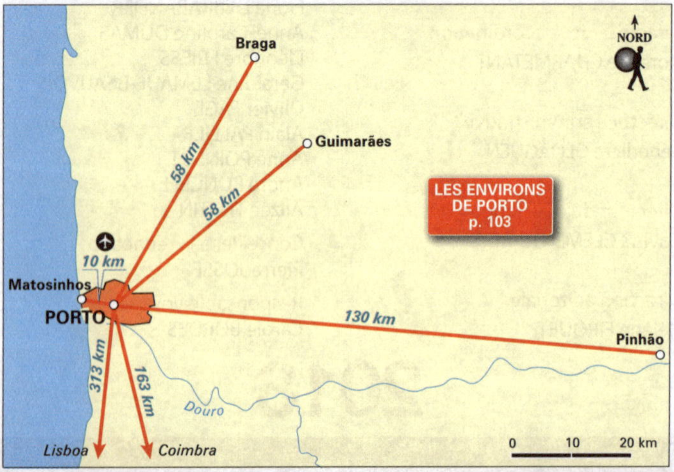

PRÉAMBULE

COMMENT Y ALLER ? 36

PORTO UTILE 44

PORTO 64

Important : dernière minute

Sauf rares exceptions, *Le Routard* bénéficie d'une parution annuelle à date fixe. Entre deux dates, des événements fortuits (formalités, taux de change, catastrophes naturelles, conditions d'accès aux sites, fermetures inopinées, etc.) peuvent modifier vos projets de voyage. Pour éviter les déconvenues, nous vous recommandons de consulter la rubrique « Guide » par pays de notre site *• routard.com •* et plus particulièrement les dernières ***Actus voyageurs.***

Recommandation à ceux qui souhaitent profiter des réductions et avantages proposés dans *Le Routard* par les hôteliers et les restaurateurs.

À l'hôtel, pensez à les demander au moment de la réservation ou, si vous n'avez pas réservé, **à l'arrivée.** Ils ne sont valables que pour les réservations en direct et ne sont pas cumulables avec d'autres offres promotionnelles (notamment sur internet). Au restaurant, parlez-en **au moment** de la commande et surtout **avant** que l'addition soit établie. Poser votre *Routard* sur la table ne suffit pas : le personnel de salle n'est pas toujours au courant et une fois le ticket de caisse imprimé, il est souvent difficile de modifier le total. En cas de doute, montrez la notice relative à l'établissement dans *Le Routard* de l'année et, bien sûr, ne manquez pas de nous faire part de toute difficulté rencontrée.

☎ **112 :** c'est le numéro d'urgence commun à la France et à tous les pays de l'UE, à composer en cas d'accident, agression ou détresse. Il permet de se faire localiser et aider en français, tout en améliorant les délais d'intervention des services de secours.

Pastéis de nata

LA RÉDACTION DU ROUTARD

(sans oublier nos 50 enquêteurs, aussi sur le terrain)

Thierry, Anne-Caroline, Éléonore, Olivier, Alizée, Pierre, Benoît, Alain, Fiona, Emmanuelle, Gavin's, André, Véronique, Bénédicte, Jean-Sébastien, Mathilde, Amanda, Isabelle, Géraldine, Marie, Carole, Philippe, Florence, Anne.

La saga du *Routard* : en 1971, deux étudiants, Philippe et Michel, avaient une furieuse envie de découvrir le monde. De retour du Népal germe l'idée d'un guide différent qui regrouperait tuyaux malins et itinéraires sympas, destiné aux jeunes fauchés en quête de liberté. 1973. Après 19 refus d'éditeurs et la faillite de leur première maison d'édition, l'aventure commence vraiment avec Hachette. Aujourd'hui, Le *Routard*, c'est plus d'une cinquantaine d'enquêteurs impliqués et sincères. Ils parcourent le monde toute l'année dans l'anonymat et s'acharnent à restituer leurs coups de cœur avec passion.

Merci à tous les Routards qui partagent nos convictions : liberté et indépendance d'esprit ; découverte et partage ; sincérité, tolérance et respect des autres.

NOS SPÉCIALISTES PORTO

Gavin's Clemente Ruiz : né en 1978, belgo-hispano-normand, il vadrouille pour le *Routard* depuis 1999. Logique avec un tel pedigree ! Son plaisir : l'adresse introuvable dénichée en fin de journée. Et garder le contact avec les personnes croisées. Son défaut : ne quitte jamais son téléphone portable (« Bon, c'est pour le Facebook et l'Instagram du *Routard* » !).

Olivier Page : Malouin d'origine. À 16 ans, il réalise un long tour de France en mobylette. Son aptitude à la vie nomade, sa curiosité pour les cultures, son goût des autres ont conduit ce Breton d'âme fugitive à collaborer naturellement avec le *Routard*. Depuis 1990, il parcourt le monde, pour découvrir d'autres lieux, d'autres gens. Et pour faire partager ses plus belles découvertes à ses lecteurs.

Claude Hervé-Bazin : il collabore avec la presse et les éditeurs spécialisés dans le voyage depuis l'âge de 17 ans. Un métier ? Non, une pulsion qui, pousse à additionner les heures de vol, les road trips et les formules de politesse (dans toutes les langues). Il vérifie que le sourire est un formidable mot de passe, les couettes plus douillettes et les hommes plus heureux.

Dimitri Lefèvre : après avoir travaillé sur de nombreux films, il a rejoint le Routard depuis 9 ans. Pour lui, recommander une adresse c'est faire un casting pointu, visiter un lieu c'est faire des repérages pour écrire le scénario de la Palme d'Or du *film de vacances*. Mais au final, les pépites découvertes et les bons conseils aux lecteurs : ce n'est pas du cinéma !

UN GRAND MERCI À NOS AMI(E)S SUR PLACE ET EN FRANCE

Pour cette nouvelle édition, nous remercions particulièrement :

- **Bertrand Deschamps,** libraire et grand voyageur, pour son aide sur le terrain ;
- **Jean-Pierre Pinheiro** et **Rui Manuel Amaro,** de l'Office de tourisme du Portugal à Paris.

Pictogrammes du Routard

Établissements

- Hôtel, auberge, chambre d'hôtes
- Camping
- Restaurant
- Boulangerie, sandwicherie
- Glacier
- Café, salon de thé
- Café, bar
- Bar musical
- Club, boîte de nuit
- Salle de spectacle
- Office de tourisme
- Poste
- Boutique, magasin, marché
- Accès Internet
- Hôpital, urgences

Sites

- Plage
- Site de plongée
- Piste cyclable, parcours à vélo

Transports

- Aéroport
- Gare ferroviaire
- Gare routière, arrêt de bus
- Station de métro
- Station de tramway
- Parking
- Taxi
- Taxi collectif
- Bateau
- Bateau fluvial

Attraits et équipements

- Présente un intérêt touristique
- Recommandé pour les enfants
- Adapté aux personnes handicapées
- Ordinateur à disposition
- Connexion wifi
- Inscrit au Patrimoine mondial de l'Unesco

Tout au long de ce guide, découvrez toutes les photos de la destination sur • *routard.com* • Attention au coût de connexion à l'étranger, assurez-vous d'être en wifi !

Le *Routard* est imprimé sur un papier issu de forêts gérées.

I.S.B.N. 978-2-01-626688-5

Tramway :
Ligne 1
Ligne 18
Ligne 22
NORD DE LA PRAÇA DA REPUBLICA
ZONE CENTRALE
VILLE HAUTE
PRAÇA PEDRO NUNES
Largo da Paz
Avenida da Boavista
Rua de Álvares Cabral
PRAÇA DA REPÚBLICA
R. da Lapa
Rua Aníbal Cunha
Rua Padre Cruz
Rua da Paz
Rua de Júlio Dinis
Rua da Piedade
Rua da Torrinha
Rua dos Bragas
R. dos Mártires da Liberdade
PRAÇA DA GALIZA
PRAÇA CORONEL PACHECO
Rua do Breiner
R. da Maternidade
Rua do Rosário
Rua de Cedofeita
Rua de Miguel Bombarda
Trav. de Cedofeita
R. da Conceição
Rua do Almada
Rua Boa Nova
R. A. Casais Monteiro
Carregal
Trav. do Carregal
R. das Oliveiras
R. de José Falcão
Rua de Vilar
R. Dom Manuel II
Rua Dom Manuel II
PRAÇAS DE CARLOS ALBERTO
Pr. Filipa Lencastre
Museu Soares dos Reis
Museu romântico da Quinta da Macierinha
R. Dr. Tiago de Almeida
Pr. G. G. Fernandes
Hospital de S. António
Hospital Santo António
Super Bock Carmo
Carmo
Rua do Carmo
PR. DE G. TEIXEIRA
PRAÇA DE LISBOA
Palácio de Cristal
R. Jorge Viterbo Ferreira
Viriato
Restauração
Rua da Restauração
Igreja e Torre dos Clérigos
Jardim da Cordoaria
Clérigos
Rua de Trás
R. dos Caldeireiros
Museu do Vinho do Porto
Rua da Bandeirinha
Centro português de fotografia
R. Dr. Barbosa de Castro
Taipas
Rua das Taipas
Vitória
VIADUTO DO CAIS DAS PEDRAS
Rua de Monchique
Rua Nova da Alfândega
World of Discoveries
Igr. da Misericórdia
Rua das Flores
Rua da Silveira
Edifício da Alfândega Musée des Transports
Rua de Belomonte
Alfândega
Miragaia
Rua M.
Palácio da Bolsa
São Francisco
Infante
R. do Infante Dom Henrique
PRAÇA DA RIBEIRA
Casa do Infante
Cais Capelo Ivens
Rua Viterbo Campos
Cais Fontainha
Marcos
Rua São
Rio Douro
Cais de Gaia
Rua O. Barros
Rua do Agro
Rua Rei Ramiro
Caves Graham's
Caves Ferreira
Avenida Ramos Pinto
R. da Carvalhosa
Caves Ramos Pinto
Téléphérique
R. G. Gomes
Av. D. Fernandes
Caves Sandeman
R. G. Braga

NORD
VERS L'EST, AUTOUR DU MARCHÉ BOLHÃO ET PRAÇA DA BATALHA
QUARTIER DE LA RIBEIRA
VILA NOVA DE GAIA
Jardim do Largo de José Moreira da Silva
Rua João das Regras
Rua de Camões
Rua das Musas
Rua do Bonjardim
R. da Fontinha
Rua das Carvalheiras
Rua de Santa Catarina
Rua da Alegria
Braancamp
Trav. Águas
Pousada
Póvoa
R. Dr Carlos Passos
R. Dom Agostinho de Jesus e Sousa
Magalhães
Rua de Gonçalo Cristóvão
Rua Moreira
Rua Anselmo
Santos
R. Card. Dom Américo
Fernão
Trindade
R. A. Malheiro
R. de Camões
Rua do Bolhão
Bandeira
Firmeza
Avenida
Hôtel de ville
PR. GEN. HUMBERTO DELGADO
Aliados
Av. dos Aliados
R. do Bonjardim
Marché Bolhão
Bolhão
Rua Dr A. da Veiga
Rua Dom João IV
CAMPO 24 DE AGOSTO
Campo 24 Agosto
Rua do Bonfim
Av. de Camilo
Fernandes
Tomás
R. Coelho Neto
PRAÇA D. JOÃO I
Praça D. João I
Formosa
Santo Ildefonso
R. Morgado de Mateus
R. do Conde de Ferreira
R. Ferreira Cardoso
R. António Granjo
R. de Passos Manuel
Santa Catarina
PRAÇA DA LIBERDADE
Praça Liberdade
Igreja dos Congregados
R. de 31 de Janeiro
PRAÇA POVEIROS
Jardim de São Lázaro
R. Barão de São Cosme
Museu militar
Freitas
PRAÇA A. GARRETT
Estação de São Bento
São Bento
PRAÇA DA BATALHA
Praça Batalha
Rodrigues
Avenida
R. Joaquim António de Aguiar
R. das Fontainhas
Duque de Terceira
R. do Duque de Palmela
Av. D. A. Henriques
Rua Alexandre Herculano
Rua D. de Loulé
PRAÇA DA ALEGRIA
Cathédrale (Sé)
R. Saraiva de Carvalho
Guindais
Rua do Sol
Batalha
Igreja Santa Clara
R. A. Rosa
R. do Gal Sousa Dias
ALAMEDA DAS FONTAINHAS
R. de Gomes Freire
São Victor
Saldanha
Casa-museu Guerra Junqueiro
Funicular
Av. de Gustavo Eiffel
Ribeira
Rio Douro
PONTE DO INFANTE
PONTE DOM LUÍS I
PONTE MARIA PIA
PONTE SÃO JOÃO
Avenida Dom João II
Caves Cálem
Leite
Jardim do Morro
Av. da República
Rua Gal Torres
R. Rocha Leão
Rua Rodrigues de Freitas
Alameda Serra
Rua G. Zarco
200 m
Site inscrit au Patrimoine mondial de l'Unesco

PORTO

La région viticole du Haut-Douro
© Jacques Pierre/hemis.fr

« On boit deux fois plus de vin de Porto en une année en Angleterre qu'il n'en est vendangé au Portugal. »

Georg Christoph Lichtenberg

La deuxième ville du Portugal est au centre d'une agglomération tentaculaire de près de 2 millions d'habitants. Le centre-ville, qui a gardé sa taille humaine, avec ses 237 600 habitants, se découvre aisément à pied, voire à bord d'un antique tramway des années 1920... ou d'un métro du XXIe s. Bâtie sur des rives escarpées à l'embouchure du Douro, Porto est composée d'une partie haute, une sorte de plateau ondulant avec des monticules coiffés d'églises, puis la cité glisse subitement au fil des ruelles pavées vers le fleuve Douro, au fond de la vallée, cœur et moteur historique de la ville. Le site géographique, les tuiles rouges des toits, d'où émergent les contours massifs de la cathédrale, les anciennes demeures serrées les unes contre les autres portent la marque d'un passé prestigieux. Tout a commencé ici. Les épopées maritimes l'ont ouverte sur le monde, l'or du Brésil l'a enrichie, et les fameux vins de Porto assurent aujourd'hui encore sa renommée. Porto fut riche, puis elle s'est appauvrie, portant l'image d'une ville laborieuse sans glamour, usée par les ans, comme sortie de l'histoire. Et voilà que depuis les années 2000, tout change, les muses se penchent à nouveau sur la belle endormie, le rafraîchissement de la ville a commencé.

Le quartier historique de la Ribeira, autrefois délabré, a été classé par l'Unesco. Sous l'effet d'un nouveau souffle urbain, Porto se métamorphose lentement. Elle retrouve petit à petit l'éclat de sa splendeur passée. Vieilles demeures blasonnées sortant de leur décrépitude, façades splendides ornées d'azulejos, églises de style baroque gardiennes de l'esprit des lieux, tramways jaunes et échoppes anciennes, restaurants à la mode, bars branchés, boutiques et hôtels design !

Le visiteur pourra également se délecter de bâtiments Art nouveau (comme la librairie *Lello e Irmão*), néoclassiques (le *palácio de la Bolsa* en est le plus bel exemple), sans oublier les hideuses constructions issues des années Salazar qui sont là pour nous rappeler l'histoire récente du pays. Au milieu de tout cela, les Portuans gardent leur chaleur et leur bonne humeur naturelles, et donnent vie à cette cité active et commerçante.

De l'autre côté du Douro, Vila Nova de Gaia recèle les chais des grands noms du divin nectar *(Taylor's, Ferreira, Sandeman, Cruz...)*. À déguster... avec modération, bien sûr. Ne cherchez pas les vignes, elles s'étagent harmonieusement pour constituer les paysages enchanteurs de la haute vallée du Douro, à une centaine de kilomètres plus à l'est : un arrière-pays à découvrir depuis Porto en bateau, en train ou en voiture.

NOS COUPS DE CŒUR

© Jacques Pierre/hemis.fr

1 **Traverser Porto en tramway et emprunter le funiculaire.**
Un peu à la manière de Lisbonne, sa grande sœur au bord du Tage, Porto est une ville établie sur plusieurs collines. Pour explorer cette cité en pente, rien de tel que de prendre le tramway (on les appelle les *electricos*). Survivance des Années folles, toujours vaillant, le tramway de la ligne n° 1 suit un parcours intéressant qui donne un bon aperçu de la ville. Il part de l'église São Francisco et mène à l'embouchure du Douro. Le tram n° 22 est bien aussi. On peut gravir une partie de la colline avec le funiculaire de Guindais. *p. 68*
Bon à savoir : *ne pas utiliser de voiture dans le centre de Porto, souvent embouteillé, avec des rues étroites où il est très difficile de se garer.*

2 Faire la tournée des églises baroques.
Le style baroque est né en Italie au XVIIIe s en réaction à l'austérité de la Réforme (protestantisme). À Porto, le baroque a été accepté et intégré avec bonheur dans des églises comme São Francisco où l'intérieur, très richement décoré, consiste en une boulimie de courbes, de piliers et de voûtes dorées, avec un magnifique et incroyable Arbre de Jessé d'inspiration biblique. Dans l'église Dos Clérigos (coiffée de la plus haute tour du pays), l'architecte italien Nasoni a conçu une coupole étonnante et des loges très théâtrales. À Santa Clara, on découvre la technique de la *talha dourada*, un mode ancien de sculpture baroque où chaque centimètre est finement sculpté et doré. *p. 88*

© Guiziou Franck/hemis.fr

3 **Flâner dans les rues piétonnes et commerçantes de la ville haute.**
La Ribeira, c'est la ville basse au bord du Douro. La ville haute s'étend sur une sorte de plateau en pente douce, entre la Praça da Liberdade, la Praça da Republica, le Passeo San Lázaro, à l'est, et, à l'ouest, la rua Miguel de Bombarda. Au cœur de ce quartier plus moderne se dresse l'imposant hôtel de ville en haut d'une grande place agréable, la rua Santa Catarina (avec son vieux *Majestic café*) et le marché Bolhão, sans oublier la Galeria do Paris bordée de cafés et de bars musicaux, haut-lieu de la vie nocturne les soirs de fin de semaine. *p. 93*

© Jérôme Plon

4 **Descendre à pied par les ruelles de la Ribeira jusqu'au Douro.**
Oubliez votre voiture, et marchez ! La ville basse de Porto est faite de ruelles pavées en pente et étroites. Les randonneurs urbains y sont chez eux. La balade commence à la gare de São Bento (une merveille) ou à la cathédrale (Sé). La rua das Flores, piétonne et animée, descend vers le Palácio da Bolsa : bars, restos, tavernes, immeubles en granit couverts d'azulejos (céramiques bleu et blanc) se succèdent, et voilà la maison natale d'Henri le Navigateur (Casa do Infante). Voici, enfin, la Praça da Ribeira, inondée de lumière, où des bateaux attendent les visiteurs pour la promenade sur le fleuve. *p. 94*

© Alamy/hemis.fr

5 Pénétrer dans le « temple de la Littérature » qu'est la librairie Lello e Irmão.

Incroyable et magnifique librairie fondée en 1869, aujourd'hui considérée comme la plus belle d'Europe, et peut-être du monde ! Sa façade blanche de style moderniste a été classée. À l'intérieur, un escalier en bois à double circonvolution rappelle celui d'un galion de l'âge des grandes découvertes. Ses rayonnages de bois, finement sculptés, évoquent la bibliothèque d'un prince éclairé. Jamais l'univers des livres n'a reçu un tel cadre digne d'un temple de la Littérature ! *p. 88*

Bon à savoir : *on doit payer un droit d'entrée de 4 €, mais ce montant est remboursé si le visiteur achète un ouvrage.*

6 **Visiter l'intérieur du Palácio da Bolsa (Palais de la Bourse) et découvrir le raffinement de cette ville d'aventuriers et de commerçants.**

Au cœur de la Ribeira, ce monument emblématique abrita d'abord une chambre de commerce avant de devenir le siège de la Bourse (aujourd'hui, elle est à Lisbonne). Par son architecture admirable, cet ex-temple de l'Argent est une splendeur. À voir : la cour des Nations, conçue comme un puits de lumière et, surtout, le grand Salon arabe, décoré dans le style mauresque. Cette luxueuse salle inspirée de l'Alhambra de Grenade a demandé 18 ans de travaux. *p. 90*

Bon à savoir : *visite guidée obligatoire et payante, durée 30 mn.*

© Jon Arnold Images/hemis.fr

7 **Approfondir votre connaissance des vins de Porto à l'Instituto dos Vinhos do Douro e do Porto.**

Après ou avant la visite des caves de Vila Nova de Gaia, passer à l'Institut des Vins de Porto. Cet établissement public est la haute autorité chargée de veiller à la qualité, au respect des règles, au contrôle des appellations du vignoble. Pour en savoir plus, visiter le petit musée dédié à la viticulture. On y apprend que le premier Porto Vintage figurait en 1765 sur un catalogue de chez *Christie's*, et que 1927, 1931 et 1994 sont des années exceptionnelles ! *p. 91*

Bon à savoir : *dégustation possible (et payante) dans une salle spéciale. Attention, on ne visite que le musée, il n'y a pas de cave.*

© Torsten Krüger/mauritius images/Age fotostock

8 Visiter les caves et les chais de porto à Vila Nova de Gaia.

C'est sur la rive sud du Douro que se trouvent les caves des plus célèbres maisons de vins de porto. Parmi celles-ci, *Graham's* et *Taylor's* sur le flanc de la colline, Calem et Sandeman, Ferreira et Ramos Pinto. Les plus anciennes caves datent du XVIIIe s et renferment des kilomètres de vieux tonneaux où mûrit ce précieux nectar. La visite guidée se termine par une dégustation. Elle permet de découvrir et de comprendre l'histoire du porto, les méthodes de viticulture et de vieillissement. *p. 98*

***Bon à savoir :** on atteint ce quartier à pied, en traversant le pont Luis Ier qui enjambe le Douro, ou bien en téléphérique, ou même en bateau-taxi. Il est conseillé de réserver.*

© Forget Patirck/Sagaphoto

9 Découvrir le Porto moderne, design et avant-gardiste.

Il est temps de chasser les préjugés : Porto n'est plus une ville désuète, passéiste et laborieuse. C'est aussi une ville d'artistes et de créateurs comme le prouve l'architecture ultramoderne du musée de Arte contemporânea de la fondation Serralves. Son architecte, Alvaro Siza Vieira, a reçu le prix Pritzker en 1992, une des plus hautes distinctions dans ce domaine. Voir aussi la très originale Casa da Música, œuvre du hollandais Rem Koolhaas, bloc de béton supportant 40 tonnes de verre. Elle accueille l'orchestre symphonique de Porto, et des concerts de jazz y sont parfois donnés. *p. 92, 93*

© Forget Patrick/Sagaphoto © ADAGP, Paris 2017

10 **Faire une croisière (courte ou longue) sur le fleuve Douro.**

Porto occupe un site exceptionnel dans une vallée encaissée rejoignant l'Atlantique à quelques kilomètres à l'ouest. Les croisières partent du quai de la Praça da Ribeira. Plusieurs compagnies se partagent le marché. La croisière (courte) des 6 Ponts permet de voir la ville dans toute sa splendeur. Les croisières longues durent 1 ou 2 jours et remontent le Douro jusqu'à Pinhão dans la vallée du Haut-Douro. Paysage admirable de collines couvertes de vignobles en terrasse, de champs d'oliviers, d'orangers et d'amandiers. *p. 94*

Bon à savoir : *compter 15 €/pers pour la croisière des 6 Ponts (durée 50 mn) et de 20 à 80 €/pers pour celle dans la vallée du Haut-Douro.*

11 Aller respirer l'air tonique de l'Atlantique, se baigner ou manger du poisson à Matosinhos.

C'est le quartier maritime, balnéaire et portuaire de Porto, à 12 km à l'ouest. Pour la baignade, choisir la plage. Pour admirer les cargos et les grues, aller plus au nord. C'est autour de l'avenida Serpa Pinto, secteur des poissonneries et des pêcheries, que l'on déguste les meilleurs poissons dans un des petits restos où les grillades se font sur le trottoir dans des nuages de fumée. *p. 101*

Bon à savoir : *on peut s'y rendre en bus (n° 500, durée 40-50 mn) ou en métro (ligne A), ou encore en voiture par la route de la corniche qui longe l'embouchure du Douro.*

© Marek Stepan/Alamy/Hemis

12 À Braga, dans la cathédrale (Sé), apprécier la beauté de ce lieu où soufflent l'esprit et l'histoire.

Pour honorer le Très-Haut, rien n'est trop beau ! En voici un bel exemple : il s'agit du buffet d'orgue le plus exubérant d'Europe, et peut-être du monde. Voir aussi le trésor, la chapelle des Fundadores renfermant les tombeaux d'Henri de Bourgogne et de la reine Thérèse de Castille, sans lesquels le Portugal ne serait pas né au XIIIe s. Ne pas manquer le somptueux et incroyable Coro alto, sorte de tribune surélevée débordant de raffinement : stalles en jacaranda du Brésil, ornementation foisonnante, sculptures dorées aux courbes voluptueuses surchargées. *p. 135*

© Jacques Pierre/hemis.fr

13 Gravir les 577 marches de l'escalier monumental du Santuário do Bom Jesus do Monte.

Capitale historique et religieuse du Minho, Braga est célèbre pour cet escalier de pierre, unique en Europe. Construit à partir de 1723, il symbolise le passage de la terre vers le ciel, et doit élever l'âme du croyant. Ce chef-d'œuvre est magnifié par des sculptures bibliques et mythologiques. L'escalier aboutit au sommet du mont Espinho où se dresse le sanctuaire do Bom Jesus do Monte dans un écrin de verdure. *p. 138*

***Bon à savoir :** un funiculaire monte depuis le pied de la colline jusqu'à une esplanade d'où l'on emprunte à pied le grand escalier monumental.*

© Rui Vale de Sousa/Panther Media/Age fotostock

(14) **Entre terre et mer, savourer la qualité de vie de Ponte de Lima.**
Cette petite ville à taille humaine, une des plus anciennes du pays, s'étend au bord du rio Lima que franchit un admirable pont d'époque romaine. Autour, ce ne sont que champs fertiles, vergers, vignes et collines verdoyantes. Le climat est idéal, humide en hiver, doux au printemps et chaud sans excès en été. Tout pousse. L'air diffuse des parfums et des senteurs d'eucalyptus, d'orangers et de pins ; il y a même des palmiers ici et là. Les rivières sont vives (jamais à sec), les demeures et les monuments du centre ancien se découvrent au fil des ruelles. Aux alentours, de superbes manoirs. *p. 125*

© Michael Howard/Sime/Photononstop

(15) **Goûter au charme de Viana do Castelo, ville portuaire et balnéaire au bord de l'océan.**
À l'embouchure du rio Lima, qui se jette dans l'Atlantique, une ville à la beauté discrète, presque modeste. En dehors des circuits, elle mérite d'être découverte. La basilique de Santa Luzia, perchée sur sa colline, domine le centre ancien et ses rues piétonnes. Il est agréable de flâner dans cette très vieille cité qui a gardé des traces de son riche passé maritime. Vénérables demeures blanches aux murs de granit, maisons finement blasonnées, monuments chargés d'histoire et placettes calmes, tout converge vers la cathédrale, au cœur du vieux Viana. *p. 108*

16 Se mettre au vert dans le parc national de Peneda-Gerês.
Dans le nord-ouest du Portugal, c'est l'unique et magnifique parc national du pays. Dans cette région frontalière avec l'Espagne, les monts oscillent entre 500 et 1 400 m. Loin de l'agitation du monde, Peneda-Gerês est le terrain idéal pour camper, randonner, faire du cheval, descendre en canoë de petites rivières. Quelques secteurs remarquables : la Serra do Soajo et ses villages authentiques. La Serra Amarella, plus au sud, autre secteur naturel protégé et traversé par des chemins de randonnée. p. 122
Bon à savoir : il existe 5 portes d'entrées différentes, où sont installés des centres d'information pour les visiteurs.

17 **Á Guimarães, se pencher sur le berceau historique du Portugal.**

« *Aqui nasceu Portugal* », ici est né le Portugal, il y a bientôt 900 années. Guimarães est inscrite au Patrimoine mondial de l'Unesco. C'est l'une des plus vieilles villes du Portugal, située dans un cirque de collines boisées. Nid d'aigle dominant la ville, le Paço dos Duques fut le château des ducs de Bragance, fondateurs de la dynastie qui régna de 1640 à 1853. Flâner dans le quartier médiéval, visiter le musée Alberto Sampaio et le palais Martins Sarmento, admirer les églises, dont certaines évoquent déjà le Brésil lointain ! À cette riche histoire s'ajoute une savoureuse gastronomie régionale. *p. 139*

18 **Explorer le vignoble et les villages de la vallée du Haut-Douro.**
La vallée du Haut-Douro a été gâtée par les dieux. Voici une parcelle de territoire unique, une nature édenique, généreuse et fertile. Le Douro coule au fond d'une longue vallée encaissée aux versants couverts de vignes, d'oliviers et d'arbres fruitiers. Un climat exceptionnel, des sols de schiste, le savoir-faire ancestral des vignerons… Résultat : cette terre donne chaque année de remarquables vins mondialement connus. *p. 150*
Bon à savoir : *nos villages préférés sont accessibles par des petites routes sinueuses (prudence) : Pinhão, Casal de Loivos, Valença do Douro et Provesende.*

© Michael Howard/Sime/Photononstop

19 **Séjourner dans une *quinta* au cœur du vignoble.**
Une *quinta*, c'est une grande demeure de caractère entourée de champs de vignes. Les producteurs (grands ou petits) de porto ont au moins un domaine viticole dans la vallée du Haut-Douro. Ils y cultivent la vigne sur des terrasses en escalier, le raisin étant récolté à la main car les pentes sont trop abruptes pour des machines. C'est un paysage exceptionnel classé au Patrimoine mondial de l'Unesco. Le rêve consiste à dormir dans une chambre avec vue sur les vignes. *p. 154*
Bon à savoir : *éviter l'été, car il fait trop chaud (parfois 40° C et plus). Préférez le printemps et l'automne, et surtout la période des vendanges.*

© Cro Magnon/Alamy/Hemis

© Arco/J. Pfeiffer/Arco Images/Age fotostock

20 **Prendre le petit train entre Porto et Pinhão.**
C'est l'un des plus beaux voyages ferroviaires du Portugal. La ligne suit le cours sinueux du Douro au fond d'une merveilleuse vallée, dans un paysage de hautes collines, couvertes de champs de vignes en terrasse. Les trains partent de la gare de São Bento (Porto) et ils continuent jusqu'à Pinhão, jolie bourgade au bord du fleuve. On descend dans une charmante petite gare décorée d'azulejos (céramiques traditionnelles portugaises, de couleurs bleue et blanche). *p. 94*
Bon à savoir : env 5 trains/j. au départ de Porto. Trajet : env 2h25. Billet : 10-12 €. On peut faire l'excursion dans la journée ou dormir à Pinhão.

L'église Bom Jesus da Cruz, à Barcelos

ITINÉRAIRES CONSEILLÉS

Porto en 2 jours

Jour 1

Toute visite de Porto commence par la partie haute de la ville. Sur la **praça da Liberdade (1),** au bas du quartier de l'Hôtel de Ville, on est vraiment au cœur de l'animation. De là, on monte jusqu'à l'**église dos Clérigos (2),** exemple remarquable du style baroque portugais. Pour avoir une vue plongeante sur la ville, grimper au sommet de la tour dressée au-dessus de cet édifice comme une flèche. Puis visiter la **librairie Lello e Irmão (3),** une des plus belles d'Europe, avec son bel escalier intérieur à double rampe. De Clérigos, direction la **gare de São Bento (4)** pour y admirer son hall intérieur couvert de céramiques portugaises bleues *(azulejos)*. Continuer vers la **cathédrale (Sé ; 5),** massive et robuste, située au sommet d'une autre colline. Là aussi, vue remarquable sur la partie basse de la ville. On traverse ensuite le **Douro** en empruntant la passerelle supérieure du **pont Luis Ier (6),** grand viaduc métallique (de style Eiffel) qui relie la rive nord à la rive sud.

Du pont, possibilité de descendre en téléphérique (vue époustouflante). On arrive ainsi à **Vila Nova de Gaia (7),** faubourg qui concentre les caves des plus grandes maisons de porto (Graham's, Taylor's, Sandeman, Ramos Pinto, Ferreira…). Prévoir au moins de 2 à 3 bonnes heures pour visiter ce quartier historique, bercé par les eaux du fleuve. Hier comme aujourd'hui, ce faubourg vit « par et pour » les vins de Porto. Visite guidée d'une cave sur réservation, et dégustation. En soirée, boire un verre dans ce site unique, avant de rejoindre la rive droite et de remonter par le **funiculaire de Guindais (8)** vers le centre de Porto. La soirée peut se terminer dans un resto populaire ou à la Galeria de Paris, le secteur des bars nocturnes.

Jour 2

Descente vers la ville basse et le **quartier de Ribeira (9).** Oubliez votre voiture, car la ville encombrée n'est pas faite pour elle. Préférez la flânerie pédestre au fil des ruelles : la **rua das Flores,** commerçante et piétonne, est bordée de vieux immeubles témoignant de la richesse passée de la ville. Cette voie mène au merveilleux **Palácio da Bolsa** (ancien palais de la Bourse ; **10**) qui abrite un extraordinaire et luxueux Salon arabe, richement décoré. En sortant de ce palais, ne pas manquer **l'église São Francisco (11),** joyau de style baroque du XVIIIe s. Descendre à travers d'autres ruelles jusqu'à la **Praça da Ribeira,** cœur animé de la ville basse. C'est de là que partent les **croisières sur le Douro (12).** Selon votre temps, vous pouvez opter pour la croisière des 6 Ponts (courte, 50 minutes, elle ne sort pas de la ville) ou pour une croisière d'une journée (durée 7h30) dans la vallée du Haut-Douro jusqu'à Peso da Regua. Le bateau suit le tracé du Douro, sinuant entre les hauts monts couverts de vignes en terrasse. Classé au Patrimoine mondial de l'Unesco, ce paysage exceptionnel est à découvrir au printemps ou à l'automne. Après cette belle balade fluviale, remonter vers le centre de Porto. Si vous avez pris la croisière des 6 Ponts, il vous reste du temps pour visiter **l'Institut des Vins de Porto** (*Instituto dos Vinhos do Douro e do Porto* ; **13**), proche du Palácio da Bolsa. Dégustation possible et petit musée très bien fait.

Porto en 3 ou 4 jours

Jour 3

Commencer la journée par un bon expresso au ***Majestic Café* (14),** 112, rua Santa Catarina, vestige néoclassique et littéraire des années 1920. Il est temps maintenant de visiter les musées, anciens ou modernes. On recommande, dans le centre, la **Casa Museu Guerra Junqueiro (15)** (demeure baroque du XVIIIe s) et, plus loin du centre, le **Museu romântico** (**16 ;** joli manoir bourgeois dans un jardin verdoyant), le **Museu de Arte contemporânea** et les jardins de la **fundaçáo Serralves (17)** à l'architecture ultramoderne (de préférence s'il y a une expo). Selon le temps, vous pouvez aussi vous rendre au **Museu do Carro Eléctrico (18)** en empruntant le vieux et rétro tramway de la ligne no 1. Comme à Lisbonne, 3 lignes de tramways de la Belle Époque parcourent la ville, par monts et par vaux. La ligne no 1 conduit jusqu'à l'embouchure du Douro. Une très belle promenade !

Jour 4

Prendre un bon bol d'air océanique loin de l'agitation en se rendant au **World of discoveries** (**19** ; reconstitution moderne de l'âge des grandes découvertes maritimes du Portugal). Continuer encore vers l'ouest avec le bus ou le tramway, pour atteindre **Matosinhos (20)** le quartier balnéaire et portuaire à 13 km à l'ouest de Porto. On peut se baigner dans le secteur balnéaire (plage de sable), respirer l'air tonique de l'Atlantique avant d'aller au port s'attabler dans un des nombreux restaurants de poisson. Difficile de trouver une pêche plus fraîche qu'ici, car les pêcheries et les poissonneries sont sur place : calamars, soles, turbots, loups de mer frétillent et abondent avant de finir sur le grill…

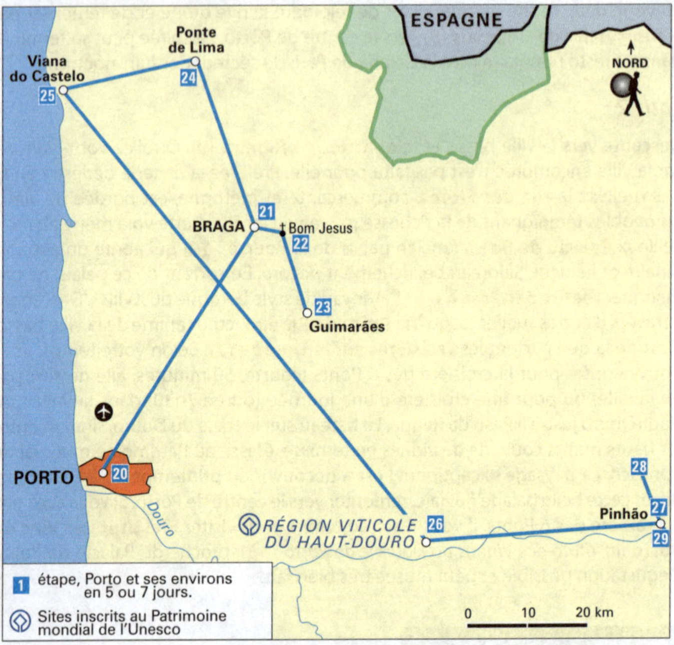

Porto et ses environs en 5 ou 7 jours

La visite de Porto terminée, il vous reste l'arrière-pays à découvrir, c'est-à-dire le **Minho** (au nord) et la **vallée du Haut-Douro** (à l'est), région productrice des fameux vins de Porto. À 50 km au nord, la ville de **Braga (21),** capitale religieuse du Portugal, mérite une étape d'une journée. Ne pas rater l'admirable **cathédrale (Sé)** avec son somptueux buffet d'orgue et son *coro alto* (tribune). À l'extérieur, le **sanctuaire de Bom Jesus do Monte (22)** se dresse au sommet d'une colline boisée. On y monte en funiculaire, puis en grimpant les 577 marches d'un monumental escalier de pierre, véritable œuvre d'art et de spiritualité. Le centre ancien de **Guimarães (23),** berceau du Portugal, est classé par l'Unesco. Visiter le Paço dos Duques, le château emblématique de son histoire. Puis direction **Ponte de Lima (24),** charmante petite cité de caractère avec son vieux pont romain et ses collines où se cachent plusieurs adorables manoirs aux gros murs de granit, aux façades blanches et aux fenêtres à l'anglaise (on les appelle des *solar*).

Pour retrouver l'océan Atlantique, étape obligée à **Viana do Castelo (25)** ville chargée d'histoire, méconnue car à l'écart des grands circuits. Enfin, prévoyez au moins 2 jours pour explorer la **vallée du Haut-Douro (26)** au départ de Porto en passant par Vila Real ou Lamego. On atteint le cœur de la vallée du Douro à Peso da Regua, mais les paysages les plus beaux se trouvent plus à l'est autour de **Pinhão (27),** gros bourg niché dans un méandre du fleuve, un site privilégié. De là, possibilité de rayonner en voiture dans cette magnifique campagne fertile, de **Sabrosa** à

Provesende (28), de **Casal de Loivos** à **Valença do Douro (29),** autant de petits villages perchés dans les collines. Les vignes en terrasse, les versants abrupts, les oliviers et les champs d'arbres fruitiers (amandiers, citronniers, orangers), les nombreuses *quintas* (petits manoirs) et domaines viticoles constituent un paysage d'une grande sérénité au printemps sous le ciel bleu. À défaut de gagner Pinhão par la route, il y a aussi le train : la petite ligne Porto-Pinhão constitue le voyage ferroviaire le plus insolite et charmant du Portugal.

Au cœur du Paço dos Duques

Azulejo dans la gare de Pinhão

LU SUR routard.com

À la découverte des vins de Porto

(tiré du carnet de voyage de Michel Doussot)

On produit du vin dans la vallée du Douro depuis l'Antiquité ; en 1756, ce fut la première appellation d'origine contrôlée à être strictement délimitée au monde. Cette vaste région viticole (40 000 hectares) se trouve au nord-est du Portugal, de part et d'autre d'un fleuve qui commence sa course en Espagne avant de se jeter dans l'Atlantique, à Porto.

Aujourd'hui, ce terroir, constitué de coteaux plutôt arides soumis à de grandes variations climatiques tout au long de l'année, produit des vins rouges et blancs élaborés à partir de cépages locaux – ils bénéficient d'une **Denominação de origem controlada** (DOC) Douro. Certains douros sont excellents et ne doivent pas être négligés lors de votre découverte du vin singulier qui porte le nom de la ville de Porto.

Lui aussi valorisé par une DOC, le **porto** est conçu à partir de raisins de cépages également locaux *(touriga nacional, touriga francesa, tinta barroca...)* provenant de quintas, parcelles de petits producteurs du Haut-Douro. Il est le produit d'un assemblage dont le mout voit sa fermentation interrompue par l'ajout d'eau-de-vie, opération nommée mutage qui a pour effet de conserver le sucre du fruit. On date de 1678 ce procédé inventé dit-on par un marchand anglais, afin de permettre au vin de mieux voyager. Quittant assez vite son berceau, le vin est acheminé jusqu'à Porto où il va vieillir dans des tonneaux et de gigantesques barriques, mais aussi en bouteilles, à l'intérieur de chais situés au bord du fleuve et à proximité de l'océan.

Les chais où le vin prend de l'âge se trouvent en fait à **Vila Nova de Gaia,** commune située juste en face des vieux quartiers de Porto. Si le vin porte le nom de cette ville, c'est que celle-ci était le port à partir duquel il était exporté par bateau, en particulier vers la **Grande-Bretagne.** L'amour des Britanniques pour le porto n'a jamais connu de temps mort depuis plus de trois siècles. Mieux, quelques-uns d'entre eux se sont investis dans la production et le négoce de ce vin. Pour preuve, les noms que portent les types de portos et ceux de certaines sociétés telles que *Graham's, Sandeman* ou *Taylor's,* aux côtés des marques *Calém, Ramos Pinto, Ferreira, Cruz...* Pour une bonne part appartenant aujourd'hui à des groupes internationaux, ces sociétés ont toujours pignon sur rue à Vila Nova de Gaia. Formant une sorte de cité autonome donnant sur le fleuve, où sont amarrés de traditionnels rabelos, embarcations par lesquelles on acheminait le vin du Haut-Douro à Porto, leurs caves et chais vous invitent à déguster et acheter leurs précieux produits. Pour beaucoup, c'est l'occasion de découvrir leurs différentes variétés et d'être surpris par des saveurs sophistiquées dont on n'a pas idée si l'on ne consomme que du porto bas de gamme.

LES QUESTIONS QU'ON SE POSE AVANT LE DÉPART

➢ Quels sont les papiers nécessaires pour aller au Portugal ?

Pour les ressortissants de l'Union européenne et de la Suisse, carte nationale d'identité ou passeport en cours de validité. Pour les ressortissants canadiens, un passeport valide est nécessaire.

➢ Quelle est la meilleure période pour aller à Porto et dans sa région ?

Le climat de Porto est agréable en toute saison (sauf peut-être en plein hiver). Les meilleures périodes restent le printemps et le début de l'automne. Sur la côte Atlantique, l'air est plus tonique que dans l'arrière-pays (Haut-Douro), où les étés peuvent être très chauds.

➢ Le coût de la vie est-il élevé ?

Pour l'hébergement, la nourriture et les transports, il reste sensiblement inférieur à celui de la France. En revanche, le prix des carburants est plus élevé. On peut aussi vous proposer de payer en espèces pour avoir des rabais.

➢ Est-il facile de se déplacer en ville ?

Le meilleur moyen de se déplacer est la marche, dans la ville haute comme dans la ville basse. Bus, tramway et funiculaire fonctionnent bien, ainsi que le métro pour les distances plus longues. En revanche, oubliez définitivement la voiture !

➢ Y a-t-il des problèmes de sécurité ?

Attention aux pickpockets dans les tramways. On vous proposera souvent sur les grandes places des drogues diverses. Avec un « non » ferme et cordial, les vendeurs s'esquivent sans souci.

➢ Y a-t-il un décalage horaire ?

Oui, il y a 1h de décalage entre le Portugal et la France : quand il est 12h à Paris, il est 11h à Porto.

➢ Quel est le temps de vol ?

Depuis Paris, compter 2h.

➢ Côté santé, quelles précautions ?

Précautions d'usage habituelles.

➢ Peut-on y aller avec des enfants ?

Bien sûr, car ils seront bien accueillis. Repérez les meilleurs sites grâce au symbole 👪. Ne manquez pas le *World of Discoveries,* attraction racontant les grandes découvertes maritimes du Portugal. Pour la baignade, se rendre aux plages proches de la ville : Matosinhos, Lavadores et Madalena.

➢ Les cartes de paiement sont-elles bien acceptées ?

Le paiement par carte est assez bien développé, sauf dans les lieux d'hébergement modestes et les petits restos. Pas de problème, en revanche, pour retirer de l'argent dans les multiples distributeurs.

➢ Peut-on facilement se faire comprendre ?

Nombreux sont les Portugais qui, à part le portugais, parlent le français.

Et de plus en plus d'entre eux parlent l'anglais.

➢ En quoi mon passeport européen peut-il m'être utile ?

En cas de non-représentation de son pays à l'étranger, un ressortissant européen peut se rendre dans l'ambassade ou le consulat (pas à un consulat honoraire) de n'importe quel État membre de l'UE pour demander de l'aide en cas d'extrême urgence (mort, accident, détention) ou de vol de papiers (ils peuvent produire des documents provisoires).

➢ Que ne faut-il absolument pas manquer à Porto ?

Une balade à bord du tramway n° 1, l'église baroque de los Clérigos et celle de São Francisco, le Palácio de la Bolsa, le vieux quartier de la Ribeira, la vue depuis la Sé (cathédrale), la traversée à pied du pont (viaduc métallique) Luis Ier sur le Douro, la visite des caves de porto à Vila Nova da Gaia.

➢ Que rapporter de Porto ?

Du vin de porto, de l'huile d'olive, de la charcuterie régionale, de la *bacalhau* (morue séchée), et des azulejos (carreaux de céramique colorés, mais un peu lourds).

➢ Partir un week-end, n'est-ce pas trop court ?

Non, au contraire, Porto se prête bien à un court séjour (voir le chapitre « Itinéraires conseillés »).

➢ Quels types d'hébergement y trouve-t-on ?

Avec des AJ, des *hostels* privés design et bon marché (nos meilleurs rapports qualité-prix), des pensions de famille typiques, des hôtels toutes catégories et quelques hôtels de charme, tous les goûts seront satisfaits.

➢ Les prises de courant sont-elles les mêmes qu'en France ?

Oui, les prises sont de type continental. Le courant est du 220 V. Pour nos amis canadiens, un adaptateur sera nécessaire.

➢ Doit-on laisser un pourboire ?

Pas nécessairement, mais il est le bienvenu !

COMMENT Y ALLER ?

EN AVION

Les compagnies régulières

▲ **AIR FRANCE**

Rens et résas au ☎ 36-54 (0,35 €/mn ; tlj 6h30-22h), sur • airfrance.fr •, dans les agences Air France et dans ttes les agences de voyages (fermées dim).

➢ Au départ de Paris-Charles-de-Gaulle, Air France propose jusqu'à 3 vols directs/sem pour Porto.

Hop! Air France permet à de nombreuses villes de province de rejoindre Paris pour connecter avec le Portugal. Air France propose à tous des tarifs attractifs toute l'année. Pour consulter les meilleurs tarifs du moment sur Internet, allez directement sur la page « Meilleures offres et promotions » sur *• airfrance.fr •* *Flying Blue,* le programme de fidélisation gratuit d'Air France-KLM, permet de gagner des Miles en voyageant sur les vols Air France, KLM, Hop ! et les compagnies membres de *Skyteam,* mais aussi auprès des nombreux partenaires non aériens *Flying Blue...* Les *Miles* peuvent ensuite être échangés contre des billets d'avion ou des services (surclassement, bagage supplémentaire, accès salon...) ainsi qu'auprès des partenaires. Pour en savoir plus, rendez-vous sur *• flyingblue.com •*

▲ **JOON**

Plus d'infos sur • flyjoon.com •

Le voyage nouvelle génération par Air France propose 3 vols/sem Paris CDG-Porto. À bord, séries du moment et vidéos sur son ordi ou sa tablette avec le service de streaming YouJoon, prise USB à chaque siège, snacks bio à partager en plein vol et de nombreux partenariats surprenants et malins.

▲ **AIGLE AZUR**

Rens et résas au ☎ 0810-797-997 (service 0,06 €/mn + prix appel). • aigle-azur.com •

– Paris : 7, bd Saint-Martin, 75003. Ⓜ République.

➢ La compagnie française dessert Porto (7 vols/sem).

▲ **IBERIA**

– Paris : Orly-Ouest, hall 1. ☎ 0825-800-965 (0,15 €/mn). • iberia.com •

➢ Vols quotidiens depuis les principales villes françaises : Bordeaux, Lyon, Marseille, Nantes, Nice, Paris, Rennes, Toulouse et Strasbourg (1 seul vol/j.) vers Porto avec changement à Madrid.

▲ **BRUSSELS AIRLINES**

Rens et résas : ☎ 0892-640-030 (0,33 €/mn) depuis la France et 0902-51-600 (0,75 €/mn) depuis la Belgique. • brusselsairlines.com •

➢ Vols réguliers au départ de Bruxelles, Lyon, Marseille, Nice, Strasbourg et Toulouse pour Porto.

▲ **SWISS**

– Genève : à l'aéroport, ☎ 089-223-25-01. Tlj 5h-20h.

– Zurich : Bahnhofstrasse 25. ☎ 04-848-700-700. • swiss.com • Lun-ven 8h30-18h, sam 9h30-14h30.

SWISS assure des liaisons saisonnières entre Zurich et Porto avec correspondances à Paris, Nice ou Lyon.

Les compagnies *low-cost*

Plus vous réservez vos billets à l'avance, plus vous aurez des tarifs avantageux. Attention, les pénalités en cas de changement de vols peuvent être importantes. Certaines compagnies facturent les bagages en soute (vérifier le poids autorisé) et la réservation des sièges. En cabine également, le nombre de bagages est strictement limité (attention, même le plus petit sac à main est compté comme un bagage à part entière). À bord, tous les services sont payants (boissons, journaux). Attention également au moment de la résa par Internet à décocher certaines options qui sont automatiquement

cochées (assurances, etc.). Au final, même si les prix de base restent très attractifs, il convient de prendre en compte les frais annexes pour calculer le plus justement son budget.

▲ EASYJET

Service clientèle : ☎ 0820-420-315 (0,12 €/mn) tlj 8h-20h. ● easyjet.com ●

➢ Vols quotidiens depuis Bordeaux, Bâle-Mulhouse, Lyon, Nice, Paris, Toulouse et Genève pour Porto.

▲ VUELING

Résas : ☎ 0899-232-400 (1,34 € l'appel puis 0,34 €/mn) ou service clients : ☎ 01-84-88-69-48 (prix d'un appel local). ● vueling.com ●

➢ Vols depuis Paris-Orly pour Porto, avec correspondance à Barcelone.

LES ORGANISMES DE VOYAGES

– Ne pas croire que les vols à tarif réduit sont tous au même prix pour une même destination à une même époque : loin de là. On a déjà vu, dans un même avion partagé par deux organismes, des passagers qui avaient payé 40 % plus cher que les autres... De plus, une agence bon marché ne l'est pas forcément toute l'année (elle peut n'être compétitive qu'à certaines dates bien précises). Donc, contactez tous les organismes et jugez vous-même.

– Les organismes cités sont classés par ordre alphabétique, pour éviter les jalousies et les grincements de dents.

En France

▲ COMPTOIR DES VOYAGES

● comptoir.com ●

– Paris : 2-18, rue Saint-Victor, 75005. ☎ 01-53-10-30-15. Ⓜ Maubert-Mutualité. Lun-ven 9h30-18h30, sam 10h-18h30.

– Bordeaux : 26, cours du Chapeau-Rouge, 33800. ☎ 05-35-54-31-40. Lun-sam 9h30-18h30.

– Lille : 76, rue Nationale, 59800. ☎ 03-28-34-68-20. Ⓜ Rihour. Lun-sam 9h30-18h30.

– Lyon : 10, quai Tilsitt, 69002. ☎ 04-72-44-13-40. Ⓜ Bellecour. Lun-sam 9h30-18h30.

– Marseille : 12, rue Breteuil, 13001. ☎ 04-84-25-21-80. Ⓜ Estrangin. Lun-sam 9h30-18h30.

– Toulouse : 43, rue Peyrolières, 31000. ☎ 05-62-30-15-00. Ⓜ Esquirol. Lun-sam 9h30-18h30.

Pour découvrir le Portugal, Comptoir propose des séjours à Lisbonne et Porto ainsi que de jolis itinéraires en Algarve, le long de la côte lisboète ou dans la vallée du Douro.

Des voyages faits pour tous les férus d'histoire, d'art, de randos et de balnéaire avec des nuits réservées en agritourisme, *quintas* et maisons d'hôtes. Quelles que soient vos envies, leur équipe de spécialistes du Portugal est à votre écoute pour créer votre voyage sur mesure.

Comptoir des Voyages couvre plus de 70 destinations dans le monde et propose des voyages sur mesure dans une gamme de prix accessible avec une vraie immersion dans la culture locale notamment grâce à des hébergements de charme chez l'habitant.

Comptoir des Voyages est membre de l'association ATR (Agir pour un tourisme responsable) et a obtenu la certification Tourisme responsable AFAQ AFNOR.

▲ HÉLIADES

● heliades.fr ●

– Paris : 9, rue de l'Échelle, 75001. Ⓜ Pyramides. Rens et résas : ☎ 0892-231-523 (0,34 €/mn + prix d'appel) ou dans les agences de voyages, lun-ven 9h-19h, sam 9h-18h.

Depuis plus de 40 ans, Héliades propose à ses clients des formules de voyage d'une diversité inégalée, à destination de la Grèce et de ses îles, Chypre, le cap Vert et l'Italie, avec l'assurance d'un savoir-faire reconnu et d'un accueil sur place de première qualité. Au Portugal, Héliades propose un riche éventail de séjours, circuits, croisières et toutes autres formules au départ de Paris et de nombreuses villes de province... pour toutes les envies et tous les budgets. Héliades, c'est aussi la Sicile, São Tomé, la République dominicaine, Malte et Madère.

▲ NOMADE AVENTURE

☎ 0825-701-702 (0,15 €/mn + prix appel). • nomade-aventure.com •
– Paris : 40, rue de la Montagne-Sainte-Geneviève, 75005. ☎ 01-46-33-71-71. Ⓜ Maubert-Mutualité. Lun-sam 9h30-18h30.
– Lyon : 10, quai Tilsitt, 69002. Lun-sam 9h30-18h30.
– Marseille : 12, rue Breteuil, 13001. Lun-sam 9h30-18h30.
– Toulouse : 43, rue Peyrolières, 31000. Lun-sam 9h30-18h30.
Nomade Aventure propose des circuits inédits partout dans le monde à réaliser en famille, entre amis, avec ou sans guide. Également hors de groupes constitués, ils organisent des séjours libres en toute autonomie et sur mesure. Spécialiste de l'aventure avec plus de 600 itinéraires (de niveau tranquille, dynamique, sportif ou sportif +) faits d'échanges et de rencontres, avec des hébergements chez l'habitant, Nomade Aventure donne la priorité aux expériences authentiques à pied, à VTT, à cheval, à dos de chameau, en bateau ou en 4x4.

▲ PORTUGAL AUTHENTIQUE

• portugal-authentique.com •
Contactez *Portugal authentique*, une agence locale de confiance, pour organiser votre voyage sur mesure au Portugal. Ses conseillers, fins connaisseurs du terrain et de la réalité du pays, vous accompagnent dans la préparation de votre voyage en couple, en famille ou en groupe d'amis. Vous avez ainsi accès à un service personnalisé, en bénéficiant d'un prix accessible. Membre de la communauté *bynativ, Portugal authentique* propose un maximum de garanties et de services : règlement en ligne de façon sécurisée, possibilité de souscrire une assurance de voyage et de bénéficier de garanties solides en cas d'imprévu. De quoi voyager de façon authentique et en toute tranquillité.

▲ ROUTE DES VOYAGES

– Paris : 10, rue Choron, 75009. ☎ 01-55-31-98-80. Ⓜ Notre-Dame-de-Lorette.
– Angers : 6, rue Corneille, 49000. ☎ 02-41-43-26-65.
– Annecy : 4 bis, av. d'Aléry, 74000. ☎ 04-50-45-60-20.
– Bordeaux : 19, rue des Frères-Bonie, 33000. ☎ 05-56-90-11-20.
– Lyon : 59, rue Franklin, 69002. ☎ 04-78-42-53-58.
– Toulouse : 9, rue Saint-Antoine-du-T, 31000. ☎ 05-62-27-00-68.
Agences ouv lun-ven 9h-19h (18h ven). Rdv conseillé.
• route-voyages.com •
23 ans d'expériences de voyages sur mesure sur les 5 continents ! 14 pays en Europe complètent à présent leur offre de voyages sur mesure, dont bien sûr le Portugal. Cette équipe de voyageurs passionnée a développé un vrai savoir-faire du voyage personnalisé : écoute, conseils, voyages de repérage réguliers et des correspondants sur place soigneusement sélectionnés, avec qui ils travaillent en direct. Son engagement à promouvoir un tourisme responsable se traduit par des possibilités de séjours solidaires, à insérer dans les itinéraires de découverte individuelle. Elle a aussi créé un programme de compensation solidaire qui permet de financer des projets de développement locaux.

▲ TUI

Rens et résas au ☎ 0825-000-825 (0,20 €/mn + prix appel), sur • tui.fr • ou dans les agences de voyages TUI présentes dans toute la France.
TUI, n° 1 mondial du voyage, propose tous les circuits Nouvelles Frontières, ainsi que les clubs Marmara et un choix infini de vacances pour une expérience unique. TUI propose aussi des offres et services personnalisés tout au long de vos vacances, avant, pendant et après le voyage.
Un circuit accompagné dans une destination de rêves, un séjour détente au soleil sur l'une des plus belles plages du monde, un voyage sur mesure façonné pour vous, ou encore des vacances dans un hôtel ou dans un club, les conseillers TUI peuvent créer avec vous le voyage idéal adapté à vos envies. Ambiance découverte, familiale, romantique, dynamique, zen, chic... TUI propose des voyages à deux, en famille, seul ou entre amis, parmi plus de 180 destinations à

quelques heures de chez vous ou à l'autre bout du monde.

▲ VOYAGEURS EN ESPAGNE ET AU PORTUGAL

Le spécialiste du voyage en individuel sur mesure. ☎ 01-42-86-17-20. • voyageursdumonde.fr •

– Paris : La Cité des Voyageurs, 55, rue Sainte-Anne, 75002. ☎ 01-42-86-16-00. Ⓜ Opéra ou Pyramides. Lun-sam 9h30-19h. Comprend une librairie spécialisée sur les voyages.

– Également des agences à Bordeaux, Grenoble, Lille, Lyon, Marseille, Montpellier, Nantes, Nice, Rennes, Rouen, Strasbourg et Toulouse, ainsi qu'à Bruxelles et Genève.

Parce que chaque voyageur est différent, que chacun a ses rêves et ses idées pour les réaliser, Voyageurs du Monde conçoit, depuis plus de 30 ans, des projets sur mesure. Les séjours proposés sur 120 destinations sont élaborés par leurs 180 conseillers voyageurs. Spécialistes par pays et même par région, ils vous aideront à personnaliser les voyages présentés à travers une trentaine de brochures d'un nouveau type et sur le site internet où vous pourrez également découvrir les hébergements exclusifs et consulter votre espace personnalisé. Au cours de votre séjour, vous bénéficiez des services personnalisés Voyageurs du Monde, dont la possibilité de modifier à tout moment votre voyage, l'assistance d'un concierge local, la mise en place de rencontres et de visites privées et l'accès à votre carnet de voyage via une application iPhone et Android.

Voyageurs du Monde est membre de l'association ATR (Agir pour un tourisme responsable) et a obtenu sa certification Tourisme responsable AFAQ AFNOR.

> Voir aussi au sein du guide les agences locales que nous avons sélectionnées.

Comment aller à Roissy et à Orly ?

Toutes les infos sur notre site *• routard.com •* à l'adresse suivante : *• bit.ly/aeroports-routard •*

En Belgique

▲ CONTINENTS INSOLITES

– Bruxelles : rue César-Franck, 44 A, 1050. ☎ 02-218-24-84. Lun-ven 10h-18h, sam 10h-16h30 sur rdv. • continents-insolites.com •

Continents Insolites, organisateur de voyages lointains sans intermédiaire, propose une gamme étendue de formules de voyages détaillées dans leur guide annuel gratuit sur demande.

– *Voyages découverte sur mesure :* à partir de 2 personnes. Un grand choix d'hébergements soigneusement sélectionnés, du petit hôtel simple à l'établissement luxueux et de charme.

– *Circuits découverte en minigroupes :* de la grande expédition au circuit accessible à tous. Des circuits à dates fixes dans plus de 60 pays en petits groupes francophones de 7 à 12 personnes. Avant chaque départ, une réunion est organisée. Voyages encadrés par des guides francophones, spécialistes des régions visitées.

▲ TUI

• tui.be •

– Nombreuses agences dans le pays, dont Bruxelles, Charleroi, Liège, Mons, Namur, Waterloo, Wavre et au Luxembourg.

Voir texte dans la partie « En France ».

▲ SENS INVERSE ÉCOTOURISME PORTUGAL

– Cours d'Orval 5A, B 1348 Louvain-la-Neuve. ☎ 010-688-528. • sensinverse.eu •

Agence de voyages écotouristique, qui propose des voyages accompagnés de guides locaux passionnés et axés sur la découverte de l'environnement naturel, culturel, rural et humain de différentes régions de France, comme à l'étranger, notamment au Portugal. L'équipe est très engagée dans la protection de la nature et la sauvegarde du patrimoine et des cultures. Tous leurs voyages ont comme point commun la marche à un rythme modéré et en petit groupe.

▲ VOYAGEURS DU MONDE

– Bruxelles : 23, chaussée de Charleroi, 1060. ☎ 02-543-95-50.

• *voyageursdumonde.com* • *Le spécialiste du voyage en individuel sur mesure.*
Voir texte dans la partie « En France ».

En Suisse

▲ **STA TRAVEL**
• *statravel.ch* • ☎ *058-450-49-49.*
– Fribourg : rue de Lausanne, 24, 1701. ☎ *058-450-49-80.*
– Genève : rue Pierre Fatio, 19, 1204. ☎ *058-450-48-00.*
– Genève : rue Vignier, 3, 1205. ☎ *058-450-48-30.*
– Lausanne : bd de Grancy, 20, 1006. ☎ *058-450-48-50.*
– Lausanne : à l'université, Anthropole, 1015. ☎ *058-450-49-20.*
Agences spécialisées notamment dans les voyages pour jeunes et étudiants. 150 bureaux STA et plus de 700 agents du même groupe répartis dans le monde entier sont là pour donner un coup de main *(Travel Help).*
STA propose des tarifs avantageux : vols secs *(Blue Ticket),* hôtels, écoles de langues, *work & travel,* circuits d'aventure, voitures de location, etc. Délivre la carte internationale d'étudiant et la carte Jeune.

▲ **TUI**
– Genève : rue Chantepoulet, 25, 1201. ☎ *022-716-15-70.*
– Lausanne : bd de Grancy, 19, 1006. ☎ *021-616-88-91.*
Voir texte dans la partie « En France ».

Au Québec

▲ **TOURS CHANTECLERC**
• *tourschanteclerc.com* •
Tours Chanteclerc est un tour-opérateur qui publie différentes brochures de voyage : Europe, Amérique du Nord, Amérique du Sud, Asie et Pacifique sud, Afrique et le Bassin méditerranéen, en circuits ou en séjours. Il s'adresse aux voyageurs indépendants qui réservent un billet d'avion, un hébergement (dans toute l'Europe), des excursions ou une voiture de location. Également spécialiste de Paris, le tour-opérateur offre une vaste sélection d'hôtels et d'appartements dans la capitale française.

EN TRAIN

➢ ***Au départ de Paris :*** un TGV part chaque jour vers 14h pour Barcelone ; de là, correspondance le lendemain (!) autour de 9h pour Zaragosse avec changement à Vigo Guiscar et arrivée à Porto le lendemain. Pas le plus rapide.

Pour préparer votre voyage

– ***e-billet :*** réservez, achetez et imprimez votre e-billet sur Internet.
– ***m-billet :*** plus besoin de support papier, vous pouvez télécharger le code-barres de votre voyage correspondant à votre réservation directement dans votre smartphone, à l'aide de l'application *SNCF Direct.*
– ***Billet à domicile :*** commandez votre billet par Internet ou par téléphone au ☎ 36-35 *(0,40 €/mn, hors surcoût éventuel de votre opérateur)* ; la SNCF vous l'envoie gratuitement à domicile sous 48h, en France.

Pour voyager au meilleur prix

Avec les ***Pass InterRail,*** les résidents européens peuvent voyager dans 30 pays d'Europe, dont le Portugal. Plusieurs formules et autant de tarifs, en fonction de la destination et de l'âge.
À noter que le *Pass InterRail* n'est pas valable dans votre pays de résidence (cependant l'*InterRail Global Pass* offre une réduction de 50 % de votre point de départ jusqu'au point frontière en France). • *interrail.eu* •
– Pour les grands voyageurs, l'***InterRail Global Pass*** est valable dans l'ensemble des 30 pays européens concernés, intéressant si vous comptez parcourir plusieurs pays au cours du même périple. Il se présente sous 7 formes au choix :
➢ 4 formules flexibles : utilisable 5 j. sur une période de validité de 15 j. ou

bien 7, 10, ou 15 j. sur une période de validité de 1 mois (206-418 € selon âge et formule).

➢ 3 formules « continues » : *pass* 15 j., 22 j. ou 1 mois (348-632 € selon âge et formule).

Ces formules existent aussi en version 1re classe !

Les voyageurs de plus de 60 ans bénéficient d'une réduction sur le tarif de l'*InterRail Global Pass* en 1re et 2de classes (tarif senior). Également des tarifs enfants 4-12 ans et 12-27 ans.

– Si vous ne parcourez que le Portugal, le ***One Country Pass*** vous suffira. D'une période de validité de 1 mois et utilisable, selon les formules, 3, 4, 6 ou 8 j. en discontinu : tarif selon pays et formule). Là encore, ces formules se déclinent en version 1re classe (mais ce n'est pas le même prix, bien sûr). Pour voyager dans 2 pays, vous pouvez combiner 2 *One Country Pass.* Au-delà, il est préférable de prendre l'*InterRail Global Pass.*

InterRail offre également la possibilité d'obtenir des réductions ou des avantages à travers toute l'Europe avec ses partenaires bonus (musées, chemins de fer privés, hôtels, etc.).

Tous ces prix ne sont qu'indicatifs. Pour plus de renseignements, adressez-vous à la gare ou à la boutique SNCF la plus proche de chez vous.

Renseignements et réservations

– ***Internet :*** • *voyages-sncf.com* •
– ***Téléphone :*** ☎ *36-35 (0,40 € TTC/mn).*
– Également dans les gares, les boutiques SNCF et les agences de voyages agréées.

▲ TRAINLINE

Une nouvelle façon simple et rapide d'acheter vos billets de train sur le web, mobile et tablette. Réservez vos billets pour voyager en France et dans plus de 20 pays européens. Consultez les tarifs et les horaires dans une interface claire et sans publicités. Trainline compare les prix de plusieurs transporteurs européens pour vous garantir le meilleur tarif.

Réservations et paiements sur • *trainline.fr* • et sur mobile avec l'application Trainline pour iPhone et Android.

Et pour répondre à vos questions : • *guichet@trainline.fr* •

EN VOITURE

Grosso modo, on compte un peu moins de 1 600 km entre Paris et Porto. Les habitués vous diront qu'il leur faut moins de 15h pour effectuer ce trajet. Surtout si, prudents, on roule à plusieurs en se relayant au volant. De Paris à la frontière espagnole, l'itinéraire le plus commode est l'autoroute jusqu'en Espagne (A10 puis A63) ; puis les autoroutes du Pays basque jusqu'à Béhobie (environ 800 km); de là, un peu moins de 750 km vous séparent encore du Portugal (par Burgos, Léon Verín, puis Chaves).

Les aires de repos sont bien équipées au Portugal (toilettes, supérettes, cafèt').

• *tolltickets.com* • est un site où les automobilistes peuvent acheter en ligne les vignettes autoroutières, les *passes,* etc. pour un certain nombre de pays européens. Renseignements également sur les tunnels, les ferries et autres portions payantes du réseau routier.

Et pour la France, une carte avec le coût de tous les tronçons autoroutiers de l'Hexagone *(• autoroutes.fr •).*

EN BUS

Qu'à cela ne tienne, il n'y a pas que l'avion ou le train pour voyager. À condition d'y mettre le temps, on peut aussi se déplacer en bus. Bien sûr, les trajets sont longs (24h pour le Portugal...) et les horaires élastiques. À bord, on peut faire sa toilette, et les bus affrétés par les compagnies sont assez confortables : AC, dossier inclinable (demander des précisions avant

le départ). Et, en principe, des arrêts toutes les 3 ou 4h permettent de ne pas arriver en piteux état.
Cela dit, de nombreux lecteurs se sont plaints de conditions de voyage parfois assez pénibles (confort limite, mauvaise gestion des arrêts, retards...).
N'oubliez pas, pour positiver un peu, qu'avec un long trajet en avion, on se déplace ; en bus, on voyage.

Organismes de bus

▲ CLUB ALLIANCE

– Paris : 33, rue de Fleurus, 75006. ☎ 01-45-48-89-53. • cluballiance voyages.fr • Ⓜ Notre-Dame-des-Champs. Lun-sam 11h (14h sam)-19h.
Ce voyagiste propose 2 formules à destination du Portugal : la Saint-Sylvestre à Lisbonne et le Portugal par la Galicie.

▲ EUROLINES

☎ 0892-89-90-91 (0,35 €/mn + prix appel ; tlj 8h-21h, dim 10h-18h). • euro lines.fr •
– Paris : 55, rue Saint-Jacques, 75005. Lun-ven 9h30-18h30 ; sam 10h-13h, 14h-17h. N° d'urgence : ☎ 01-49-72-51-57.
Vous trouverez également les services d'Eurolines sur • routard.com •
– Gare routière internationale à Paris : 28, av. du Général-de-Gaulle, 93541 Bagnolet Cedex. Ⓜ Gallieni.
Eurolines propose 5 % de réduc pour les jeunes (12-25 ans) et les seniors. 2 bagages gratuits pers en Europe et 40 kg gratuits pour le Maroc.
Première *low-cost* par bus en Europe, Eurolines permet de voyager vers plus de 600 destinations en Europe et au Maroc avec des départs quotidiens depuis 90 villes françaises. Eurolines propose également des hébergements à petits prix sur les destinations desservies.
– *Pass Europe :* pour un prix fixe valable 15 ou 30 jours, vous voyagez autant que vous le désirez sur le réseau entre 51 villes européennes. Également un *minipass* pour visiter 2 capitales européennes (7 combinés possibles).

▲ POPVOYAGES

Rens et résas : ☎ 0899-18-95-79 (3 € l'appel illimité). • info@voyages.com • popvoyages.com • Lun-ven 10h-12h, 14h-19h.
Spécialiste des voyages en autocar à destination de toutes les grandes cités européennes. Week-ends, séjours et circuits en bus toute l'année, grands festivals et événements européens, formules pour tout public, individuel ou groupe, au départ de toutes les grandes villes de France.

PORTO UTILE

ABC de Porto

- ***Population :*** 237 591 hab.
- ***Superficie :*** 41,3 km².
- ***Langue :*** le portugais. Le français est fréquemment utilisé dans tout le pays et plus particulièrement dans la région du Minho par des personnes ayant vécu en France.
- ***Régime :*** république parlementaire.
- ***Chef de l'État :*** Marcelo Rebelo de Sousa, élu en mars 2016.
- ***Premier ministre :*** António Luis Santos da Costa.
- ***Maire de Porto :*** Rui Moreira.
- ***Indice de développement humain :*** 0,843. Rang : 41/187.

AVANT LE DÉPART

Adresses utiles

En France

Office national de tourisme portugais : *☎ 01-56-88-31-90 (lun-ven 9h30-13h, 14h-17h30). • info@visitportugal.com •* Documents et brochures à télécharger sur le site : *• visitportugal.com •*

■ ***Consulat :*** *6, rue Georges-Berger, 75017 Paris. Permanence téléphonique : ☎ 01-56-33-81-00 (lun-ven 8h30-17h). • consuladoportugalparis.org • Ⓜ Monceau.* Pour toute information, téléphoner ou consulter le site.

■ ***Ambassade du Portugal :*** *3, rue de Noisiel, 75116 Paris. ☎ 01-47-27-35-29 (lun-ven 9h30-13h, 14h-17h30). • paris.embaixadaportugal.mne.pt • Ⓜ Porte-Dauphine.*

■ ***Centre culturel Calouste-Gulbenkian :*** *39, bd de la Tour-Maubourg, 75007 Paris. ☎ 01-53-85-93-93. • gulbenkian-paris.org • Ⓜ La Tour-Maubourg, Varennes ou Invalides. Pour les expos : tlj sf mar 9h (11h w-e)-18h.* La fondation d'un homme riche et célèbre tombé amoureux du Portugal, de sa langue et de sa culture. Manifestations culturelles, concerts, conférences, expos et bibliothèque.

■ ***Instituto Camões :*** *6, passage Dombasle, 75015 Paris. ☎ 01-53-92-01-00. • ccp-paris@camoes.mne.pt • instituto-es.pt • Ⓜ Convention. Lun-ven 10h-13h, 14h-17h.* Dispense des cours de portugais le soir.

■ ***Portologia la Maison des Portos :*** *42 Rue Chapon, 75003 Paris. ☎ 09-52-59-22-29. Ⓜ Arts-et-Métiers. Lun 10h30-20h, mar-sam 10h30-22h30 et dim 12h-20h.*
Une « cave à manger » pour retrouver (presque) toutes les saveurs du Portugal. Plus de 450 références de vins de Porto, de 14 à... 3 000 €, une bouteille de 1852, bien gardée au coffre. Grandes tablées pour déguster avec fromages, charcuteries, saucisses marinées et pasteis pour finir. Chouette accueil de Julien et son équipe, des passionnés passionnants qui vous dévoileront tous les secrets de leurs boutanches. Possible de retrouver leur antenne à Porto (voir plus loin « Bars à vins (porto) »).

■ ***Librairie portugaise et brésilienne :*** *19-21, rue des Fossés-Saint-Jacques/pl. de l'Estrapade,*

75005 Paris. ☎ 01-43-36-34-37. • librairieportugaise.fr • Ⓜ Place-Monge ou Cardinal-Lemoine. Tlj sf dim 11h-13h, 14h-19h. Une librairie tenue par Michel Chandeigne, un passionné du Portugal et du Brésil, également éditeur courageux et exigeant. Tous les classiques de la littérature portugaise, et les ouvrages les plus récents (romans, essais, histoire).

En Belgique

ℹ ***Office de tourisme :*** *rens par tél slt, au ☎ 078-79-18-18. • info@visitportugal.com •*

■ ***Ambassade du Portugal :*** *12, av. de Cortenberg, Bruxelles 1040. ☎ 02-286-43-70. • ambassade@ambassade-portugal.be • Lun-ven 8h30-12h30, 13h30-15h.*

En Suisse

ℹ ***Informations touristiques (consulat) :*** *Zeltweg, 13, 8032 Zurich. ☎ 44-200-30-40 (commande de brochures). • consulado.zurique@mne.pt • Lun-ven 8h30-15h30.*

■ ***Ambassade du Portugal :*** *Weltpoststrasse, 20, 3015 Berne. ☎ 41-31-352-86-68 ou 74 (section consulaire). • embassyportugal.berna@mne.pt • Pour les visas, lun-ven 8h30-15h30.*

Au Canada

ℹ ***Bureau du tourisme du Portugal :*** *à Toronto, ☎ (416) 921-7376. • info@visitportugal.com • Lun-ven 9h-17h ou 18h.*

■ ***Ambassade du Portugal :*** *645 Island Park Dr, Ottawa (Ontario) K1Y 0B8. ☎ (613) 729-0883. • embportugal@embportugal-ottawa.org • Lun-ven 9h-13h.*

Formalités

Pour les ressortissants de l'Union européenne et de la Suisse, carte nationale d'identité ou passeport en cours de validité. Pour les ressortissants canadiens, un passeport valide est nécessaire. Permis de conduire modèle de la Communauté européenne ou permis international. Carte verte d'assurance. Pour tout véhicule prêté, carte grise, bien sûr, et autorisation écrite du propriétaire.
Les ***mineurs*** doivent être munis de leur propre pièce d'identité (carte d'identité ou passeport). Pour l'autorisation de sortie de territoire lorsque les enfants ne sont pas accompagnés par un de leurs parents, chaque pays a mis en place sa propre régulation. Ainsi, pour ***les mineurs français,*** une loi entrée en vigueur en janvier 2017 a ***rétabli l'autorisation de sortie du territoire.*** Pour voyager à l'étranger, ils doivent être munis d'une pièce d'identité (carte d'identité ou passeport), d'un formulaire signé par l'un des parents titulaire de l'autorité parentale et de la photocopie de la pièce d'identité du parent signataire. Renseignements auprès des services de votre commune et sur *• service-public.fr •*

> Pensez à scanner passeport, visa, carte de paiement, billet d'avion et *vouchers* d'hôtel. Ensuite, adressez-les-vous par e-mail, en pièces jointes. En cas de perte ou de vol, rien de plus facile pour les récupérer dans un cybercafé. Les démarches administratives en seront bien plus rapides. Merci tonton *Routard !*

Avoir un passeport européen, ça peut être utile !

L'Union européenne a organisé une assistance consulaire mutuelle pour les ressortissants de l'UE en cas de problème en voyage.
Vous pouvez y faire appel lorsque la France (c'est rare) ou la Belgique (c'est plus fréquent) ne disposent pas d'une représentation dans le pays où vous vous

trouvez. Concrètement, cette assistance vous permet de demander de l'aide à l'ambassade ou au consulat (pas à un consulat honoraire) de n'importe quel état membre de l'UE. Leurs services vous indiqueront s'ils peuvent directement vous aider, ou vous préciseront ce qu'il faut faire.
Leur assistance est, bien entendu, limitée aux situations d'urgence : décès, accidents ayant entraîné des blessures ou des lésions, maladie grave, rapatriement pour raison médicale, arrestation ou détention. En cas de **perte ou de vol de votre passeport,** ils pourront également vous procurer un **document provisoire de voyage.**
Cette entraide consulaire entre les États membres de l'UE ne peut vous garantir un accueil dans votre langue. En général, une langue européenne courante sera pratiquée.

Assurances voyages

■ ***Routard Assurance :*** *c/o AVI International, 40-44, rue Washington, 75008 Paris. ☎ 01-44-63-51-00. • avi-international.com • Ⓜ George-V.* Depuis 20 ans, Routard Assurance en collaboration avec AVI International, spécialiste de l'assurance voyage, propose aux voyageurs un contrat d'assurance complet à la semaine, qui inclut le rapatriement, l'hospitalisation, les frais médicaux, le retour anticipé et les bagages. Ce contrat se décline en différentes formules : individuel, senior, famille, light et annulation. Pour les séjours longs (2 mois à 1 an), consultez le site. L'inscription se fait en ligne et vous recevrez, dès la souscription, tous vos documents d'assurance par e-mail.

■ ***AVA :*** *25, rue de Maubeuge, 75009 Paris. ☎ 01-53-20-44-20. • ava.fr • Ⓜ Cadet.* Un autre courtier fiable pour ceux qui souhaitent s'assurer en cas de décès-invalidité-accident lors d'un voyage à l'étranger, mais surtout pour bénéficier d'une assistance rapatriement, perte de bagages et annulation. Attention, franchises pour leurs contrats d'assurance voyage.

■ ***Pixel Assur :*** *18, rue des Plantes, BP 35, 78601 Maisons-Laffitte. ☎ 01-39-62-28-63. • pixel-assur.com • RER A : Maisons-Laffitte.* Assurance de matériel photo et vidéo tous risques (casse, vol, immersion) dans le monde entier. Devis en ligne basé sur le prix d'achat de votre matériel. Avantage : garantie à l'année.

Carte d'adhésion internationale aux auberges de jeunesse (carte FUAJ)

Cette carte vous ouvre les portes des 4 000 auberges de jeunesse du réseau HI-Hostelling International en France et dans le monde. Vous pouvez ainsi parcourir 90 pays à des prix avantageux et bénéficier de tarifs préférentiels avec les partenaires des auberges de jeunesse HI. Enfin, vous intégrez une communauté mondiale de voyageurs partageant les mêmes valeurs : plaisir de la rencontre, respect des différences et échange dans un esprit convivial. Il n'y a pas de limite d'âge pour séjourner en auberge de jeunesse. Il faut simplement être adhérent.

Renseignements et inscriptions

– ***En France :*** *• hifrance.org •*
– ***En Belgique :*** *• lesaubergesdejeunesse.be •*
– ***En Suisse :*** *• youthhostel.ch •*
– ***Au Canada :*** *• hihostels.ca •*

Si vous prévoyez un séjour itinérant, vous pouvez réserver plusieurs auberges en une seule fois en France et dans le monde : • *hihostels.com* •

Carte internationale d'étudiant (carte ISIC)

Elle prouve le statut d'étudiant dans le monde entier et permet de bénéficier de tous les avantages, services et réductions dans les domaines du transport, de l'hébergement, de la culture, des loisirs, du shopping...
La carte ISIC permet aussi d'accéder à des avantages exclusifs (billets d'avion spécial étudiants, hôtels et auberges de jeunesse, assurances, cartes SIM internationales, location de voiture...).

Renseignements et inscriptions

- ***En France :*** • *isic.fr* • *13 € pour 1 année scolaire.*
- ***En Belgique :*** • *isic.be* •
- ***En Suisse :*** • *isic.ch* •
- ***Au Canada :*** • *isiccanada.com* •

ARGENT, BANQUES

La monnaie du Portugal est l'***euro.*** Taux de change : 1 € = 1,09 Fs = 1,48 $Ca.

Les banques

Elles sont ouvertes du lundi au vendredi de 8h30 à 15h (certaines jusqu'à 16h).

Les cartes de paiement

Avertissement

Si vous comptez effectuer des retraits d'argent aux distributeurs, il est très vivement conseillé d'**avertir votre banque avant votre départ** (pays visités et dates). En effet, **votre carte peut être bloquée dès le premier retrait** pour suspicion de fraude. C'est de plus en plus fréquent. Bonjour les tracasseries administratives pour faire rentrer les choses dans l'ordre, et on se retrouve vite dans l'embarras !

Quand vous partez à l'étranger, pensez à téléphoner à votre banque pour relever le plafond de retrait aux distributeurs et pour les paiements par carte, quitte à le faire rebaisser à votre retour.
Avant de partir, notez bien le numéro d'opposition propre à votre banque (il figure souvent au dos des tickets de retrait, sur votre contrat, ou à côté des distributeurs de billets), ainsi que le numéro à seize chiffres de votre carte. Bien entendu, conservez ces informations en lieu sûr et séparément de votre carte.
Par ailleurs, l'assistance médicale se limite aux 90 premiers jours du voyage et l'assistance véhicule aux cartes haut de gamme (renseignez-vous auprès de votre banque). Et surtout, n'oubliez pas aussi de VÉRIFIER LA DATE D'EXPIRATION DE VOTRE CARTE DE PAIEMENT avant votre départ !
En zone Euro, pas de frais bancaires sur les paiements par carte. Les retraits sont soumis aux mêmes conditions tarifaires que ceux effectués en France (gratuits pour la plupart des cartes).

Une carte perdue ou volée peut être rapidement remplacée. En appelant sa banque, un système d'opposition, d'avance d'argent et de remplacement pourra être mis en place afin de poursuivre son séjour en toute quiétude.
En cas de perte ou de vol, quelle que soit la carte que vous possédez, chaque banque gère elle-même le processus d'opposition et le numéro de téléphone correspondant.

– ***Carte Bleue Visa :*** *numéro d'urgence (Europ Assistance) : ☎ (00-33) 1-41-85-85-85 (24h/24).* • *visa.fr* •
– ***Carte MasterCard :*** *numéro d'urgence : ☎ (00-33) 1-45-16-65-65.* • *mastercardfrance.com* •
– ***Carte American Express :*** *numéro d'urgence ☎ (00-33) 1-47-77-72-00.* • *americanexpress.fr* •

Petite mesure de précaution : si vous retirez de l'argent dans un distributeur, utilisez de préférence les distributeurs attenants à une agence bancaire. En cas de pépin avec votre carte (carte avalée, erreurs de code secret...), vous aurez un interlocuteur dans l'agence, pendant les heures ouvrables du moins.

Besoin urgent d'argent liquide

Vous pouvez être dépanné en quelques minutes grâce au système ***Western Union Money Transfer*** présent dans les supérettes *7-Eleven* et les bureaux de change *Forex.* L'argent vous est transféré en moins d'une heure. La commission, assez élevée, est payée par l'expéditeur. Possibilité d'effectuer un transfert auprès d'un des bureaux *Western Union* ou, plus rapide, en ligne, 24h/24 par carte de paiement (*Visa* ou *MasterCard*).
Même principe avec d'autres organismes de transfert d'argent liquide comme ***MoneyGram, PayTop*** ou ***Azimo.*** Transfert en ligne sécurisé, en moins d'une heure.
Dans tous les cas, se munir d'une pièce d'identité. Toutefois, en cas de perte/vol de papiers, certains organismes permettent de convenir d'une question/réponse-type pour pouvoir récupérer votre argent. Chacun de ces organismes possède aussi des applications disponibles sur téléphone portable. Consulter les sites internet pour connaître les pays concernés, les conditions tarifaires (frais, commission) et trouver le correspondant local le plus proche :
• *westernunion.com* • *moneygram.fr* • *paytop.com* • *azimo.com/fr* •
– Autre solution, envoyer de l'argent par ***la Poste*** : le bénéficiaire, muni de sa pièce d'identité, peut retirer les fonds dans n'importe quel bureau du réseau local. Le transfert s'effectue avec un mandat ordinaire international (jusqu'à 3 500 €) et la transaction prend 4-5 jours en Europe (8-10 jours vers l'international). Plus cher, mais plus rapide, le mandat express international permet d'envoyer de l'argent (montant variable selon la destination – 34 pays au total) sous 2 jours maximum, 24h lorsque la démarche est faite en ligne. *Infos :* • *labanquepostale.fr* •

ACHATS

La plupart des magasins ferment le week-end à partir du samedi 13h, à l'exception de certaines chaînes de supermarchés, comme *Pingo Doce,* qui sont ouverts tous les jours jusqu'à 21h, et *Minipreço,* du lundi au dimanche de 9h à 21h-22h. À noter encore que les *Intermarché, Continente, Leclerc, Corte Inglés, Lidl, Jumbo, Modelo, Alisuper* et autres restent ouverts le dimanche en saison touristique. Quant aux boutiques en ville, elles ouvrent généralement du lundi au vendredi de 9h à 19h, avec une pause pour le déjeuner, et le samedi de 9h à 13h.

L'artisanat du Portugal est riche, avec en vedette les éternels ***azulejos,*** fameux carreaux de céramique assemblés en fresque murale. Toujours très populaires, y compris pour habiller les murs des constructions neuves, ils peuvent être commandés auprès d'artisans, en fournissant le modèle, mais attention à la facture ! Et gare aux délais d'attente ; néanmoins, certains ateliers expédient à l'étranger.
Vous craquerez peut-être pour du linge de maison en dentelle (confectionné au crochet ou au fuseau), l'une des autres spécialités nationales, ou encore pour les ***céramiques,*** la ***vannerie,*** le ***cuir,*** etc. Il y en a pour tous les goûts.
Au rayon papilles, quelques spécialités de ***charcuterie,*** de ***fromages*** locaux et des boissons alcoolisées bien sûr. Impossible de revenir sans une bouteille de ***porto,*** mais vous pourrez aussi faire bien plus original en vous approvisionnant en ***vinho licoroso*** (vin liquoreux), ***amêndoa amarga*** ou ***amarguinha*** (liqueur à l'amande), ***ginginha*** (apéro à base de griottes), ***aguardente*** (eau-de-vie), ***faváios*** (le meilleur est à Óbidos ou à Setúbal), ***absinto*** (absinthe) même, pour les plus fouineurs, sans oublier les très nombreux et excellents vins du Portugal (lire la rubrique « Boissons » dans le chapitre « Hommes, culture, environnement »).

BUDGET

Recommandation à ceux qui souhaitent profiter des réductions et avantages proposés dans le *Routard* par les hôteliers et les restaurateurs.

À l'hôtel, pensez à les demander au moment de la réservation ou, si vous n'avez pas réservé, **à l'arrivée.** Ils ne sont valables que pour les réservations en direct et ne sont pas cumulables avec d'autres offres promotionnelles (notamment sur Internet). Au restaurant, parlez-en **au moment** de la commande et surtout **avant** que l'addition ne soit établie. Poser votre *Routard* sur la table ne suffit pas : le personnel de salle n'est pas toujours au courant et une fois le ticket de caisse imprimé, il est souvent difficile de modifier le total. En cas de doute, montrez la notice relative à l'établissement dans le *Routard* de l'année et, bien sûr, ne manquez pas de nous faire part de toute difficulté rencontrée.

Hébergement (prix pour deux personnes, petit déj inclus le plus souvent)

En saison (à Pâques et de juin à octobre), les prix peuvent grimper de 30 à 50 %.
– ***Très bon marché :*** camping et lit en dortoir dans les auberges de jeunesse (la plupart privées) : de 15 à 25 €. Pour les campings, nous indiquons le prix de l'emplacement pour deux, tente et véhicule inclus.
– ***Bon marché*** (certaines chambres chez l'habitant et pensions) ***:*** 25-45 €.
– ***Prix moyens*** (incluant les chambres privées des AJ) ***:*** de 45 à 70 €.
– ***Plus chic :*** de 70 à 95 €.
– ***Beaucoup plus chic :*** de 95 à 150 €.
– ***Très chic :*** au-delà de 150 €.

Repas (prix par personne)

Attention aux amuse-gueules ***(petiscos)*** que l'on vous apporte d'office avant le repas, comme le fromage, les olives, la charcuterie, etc. On ne vous les offre pas car vous avez l'air sympathique : ils vous seront facturés (leur prix est théoriquement mentionné sur la carte), sauf si vous les refusez expressément ; dans ce cas, le serveur les retire de la table. Idem pour le pain et le beurre. Le principe, c'est que l'on ne paie que ce que l'on consomme. À noter que l'IVA (équivalent de notre TVA) est de 23 % !

- ***Très bon marché :*** moins de 10 €.
- ***Bon marché :*** de 10 à 15 €.
- ***Prix moyens :*** de 15 à 25 €.
- ***Plus chic :*** de 25 à 45 €.
- ***Beaucoup plus chic :*** au-delà de 45 €.

Quelques prix de produits courants

- Un litre d'essence sans plomb : environ 1,50 €.
- Un litre de gasoil : environ 1,35 €.
- Un café dans un bar : 0,60-0,80 €.
- Un litre d'eau minérale : environ 0,20-0,50 €.
- Un timbre (carte postale vers l'Europe) : 0,80 €.

Visites, musées

À Porto, des cartes de réduction sont souvent disponibles, offrant les transports illimités et les entrées de musées. Lire la rubrique « Musées » plus loin.

CLIMAT

La présence de l'Atlantique apporte à la fois douceur et humidité au pays quasiment toute l'année. Notez qu'il est quasiment impossible de se baigner entre Porto et Lisbonne. ***Attention : hôtels et appartements ne sont pas toujours équipés de chauffage pour l'hiver,*** et les Français habitués à un certain confort peuvent souffrir du froid.

DANGERS ET ENQUIQUINEMENTS

- ***Perte ou vol de votre carte d'identité ou de votre passeport :*** allez directement au bureau de gendarmerie et déclarez le vol ou la perte de papiers, en payant sur place un timbre fiscal *(selon fiscal)* de 10 €, à la suite de quoi on vous délivrera un certificat. C'est ce document officiel, et uniquement celui-ci, qui servira pour l'assurance, ou pour faire établir un document de voyage temporaire à l'ambassade.
- On observe souvent la présence de ***gardiens de voitures.*** Il s'agit la plupart du temps de marginaux ou SDF qui essaient de glaner quelques euros sous le prétexte que votre voiture peut être abîmée sans surveillance.
- ***Ne laissez rien dans votre voiture,*** en particulier aux abords des plages en été.
- Pas mal de lecteurs nous demandent d'insister sur la ***conduite dangereuse*** au Portugal. Non-respect des panneaux routiers et des limitations de vitesse, doublement intempestif sans visibilité... Attention aussi aux passages piétons, devant lesquels les automobilistes portugais s'arrêtent bien plus civiquement que chez nous. Du coup, les piétons sont assez imprudents et traversent souvent de manière assurée ou sans regarder...
- L'addition ne reflète pas le repas ? La chambre de l'hôtel diffère de celle convenue lors de la réservation ? Et le personnel n'est pas disposé à vous satisfaire ? Une seule solution : « *Quero fazer uma reclamação.* » Depuis janvier 2006, ***le livre de réclamations*** est obligatoire dans tous les établissements fournissant biens ou

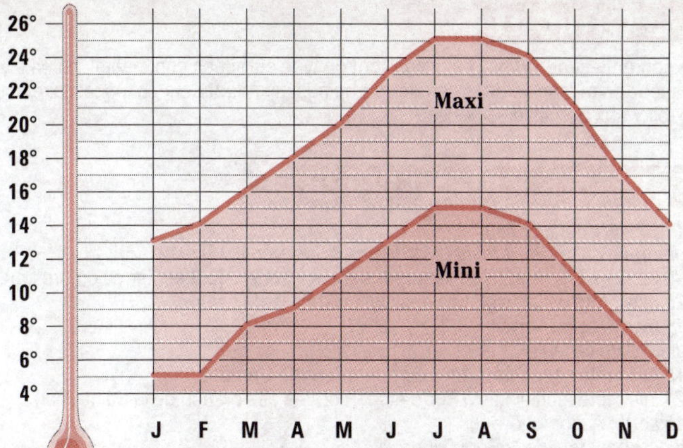

Moyenne des températures atmosphériques

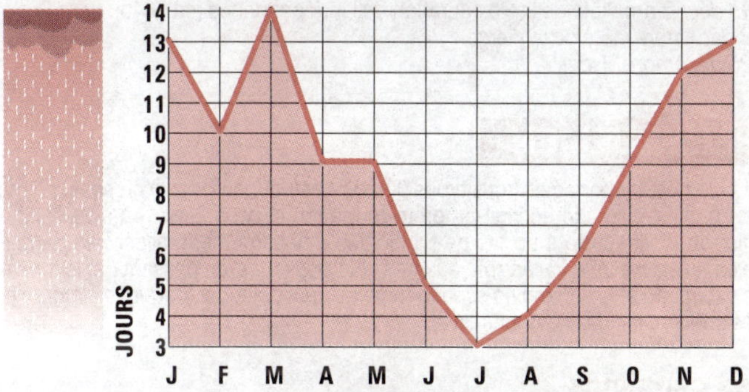

Nombre de jours de pluie

PORTUGAL (Porto)

services au public ; en plus des cafés et restaurants, on peut désormais y avoir accès dans tout commerce, établissement touristique, lieu de spectacle ou parking gardé. En cas de problème lors de la prestation d'un service ou de l'achat d'un bien, n'hésitez pas à rédiger une réclamation en triple exemplaire comportant vos nom, adresse et numéro de pièce d'identité, ainsi que le motif de la plainte. Un des exemplaires vous sera remis. Et au cas où l'accès au *livro das reclamações* vous serait refusé, appelez la police... et profitez-en pour vous plaindre également de ce refus !

DÉCALAGE HORAIRE

Il y a 1h de décalage entre le Portugal et la France : quand il est 12h à Paris, il est 11h à Porto, été comme hiver.

ÉLECTRICITÉ

Le courant est du 220 V. Les prises sont de type européen continental, comme en France ; en revanche, dans certains campings, un adaptateur est nécessaire pour se relier aux bornes électriques.

FÊTES ET JOURS FÉRIÉS

- *1er janvier :* Jour de l'an.
- *de mi-février à début mars :* Mardi gras *(13 février 2018).*
- *30 mars et 1-2 avril 2018 :* Vendredi saint et Pâques. Tout est fermé ou presque.
- *25 avril :* fête de la révolution des Œillets (fête de la Liberté).
- *1er mai :* fête du Travail.
- *Juin (date variable) :* Fête-Dieu *(31 mai 2018).*
- *10 juin :* fête nationale, décès du poète Luís de Camões.
- *24 juin :* fête municipale à Porto et mémorable célébration de la Saint-Jean.
- *15 août :* Assomption.
- *5 octobre :* fête de la République.
- *1er novembre :* fête de la Toussaint.
- *1er décembre :* fête de la Restauration de l'indépendance (en 1640).
- *8 décembre :* fête de la Vierge.
- *25 décembre :* Noël.

HÉBERGEMENT

Le parc hôtelier portugais (tous types d'hébergement confondus) présente un rapport qualité-prix-soin-accueil-propreté tout à fait exceptionnel ! La classification officielle distingue tout un tas de typologies d'hébergement, allant des *parques de campismo e de caravanismo* aux très chic *pousadas,* en passant par le *turismo de habitação* et le *turismo no espaço rural.* Le petit déjeuner *(pequeno almoço)* est très souvent inclus, y compris en AJ.

Les campings

Le Portugal dispose d'un bon réseau de campings, situés – pour les trois quarts d'entre eux – près du littoral ; l'été, ils se remplissent vite (mieux vaut réserver bien à l'avance !). Les municipaux ne sont pas toujours très beaux, mais sont corrects et pas trop chers. Ceux de la chaîne ***Orbitur*** (● fr.orbitur.pt ●) sont plus chers, mais en général mieux organisés et mieux tenus. Une réduction y est accordée aux moins de 35 ans et aux plus de 55 ans, ainsi qu'aux détenteurs de la carte *Orbitur Camping Club* *(22 €, 11 € pour les jeunes et seniors, valable 1 an).*
La plupart des campings louent tipis (micro-abris basiques), caravanes, mobile homes et, parfois, chalets ou appartements.
Procurez-vous le *Roteiro Campista, Camping Portugal,* mis à jour chaque année. Vendu en librairie sur place, dans certains offices de tourisme et dans la plupart des campings, il indique les tarifs, les voies d'accès, les prestations fournies, etc. Quelques infos également sur le site ● roteiro-campista.pt ●
Le ***camping sauvage*** est interdit sous peine d'amende (la police municipale veille !), et cela est valable tant pour planter sa tente que pour le stationnement des ***camping-cars*** en dehors des zones habilitées.

Les auberges de jeunesse

Il y a les ***pousadas da juventude*** institutionnelles et, parallèlement, un nombre sans cesse croissant d'***AJ privées*** notamment destinées aux surfeurs. Les

premières sont pratiques et de prix raisonnable, mais souvent pas très seyantes ni festives... Les secondes sont tout le contraire : occupant souvent villas et demeures anciennes, elles sont parfois vraiment jolies et presque toujours conviviales. Elles proposent presque toujours dortoirs confortables et chambres privées, sans et/ou avec salle de bains individuelle. Le confort y est meilleur, avec casier et lumière personnelle pour chaque lit et, souvent, aussi, une prise individuelle pour recharger ses appareils (bien pratique). Mais si la carte des AJ n'y est pas demandée, les prix sont quand même plus élevés.
Dans les AJ institutionnelles, on peut acquitter un droit à la nuitée (2 € par personne) qui se transforme en carte annuelle au bout de 6 nuits. Infos sur le site : *• pousadasjuventude.pt •*
Lire aussi en début de chapitre la rubrique « Avant le départ. Carte d'adhésion internationale aux auberges de jeunesse (carte FUAJ) ».

Les chambres chez l'habitant

On en trouve quasiment partout. Soit des panneaux vous annoncent *alugam-se quartos* ou *rooms,* soit les offices de tourisme régionaux vous en fournissent la liste. Relativement bon marché. Consultez aussi les sites *Air BnB* (*• airbnb.fr •*) ou *BedyCasa* (voir ci-dessous).

■ ***BedyCasa :*** *• bedycasa.com •* *BedyCasa* offre une manière différente de voyager au Portugal, plus authentique et plus économique. La chambre chez l'habitant permet aux voyageurs de découvrir une ville, une culture et des traditions à travers les yeux des locaux. En quelques clics sur *BedyCasa,* il est possible de réserver un hébergement, ainsi que de lire des témoignages d'autres voyageurs pour guider son choix. *BedyCasa,* c'est aussi un label communautaire, une assurance et un service client gratuit 6 jours sur 7.

Les hôtels et les appartements

Au bas de l'échelle figurent les *alojamentos locales (AL),* autrement dit de petits hôtels souvent très simples, parfois un peu moins ; certains ont la clim, d'autres non. Outre les hôtels classiques, il y a aussi les hôtels-apparts, les appartements de plein droit (du studio au T2 le plus souvent) et les complexes *(resorts),* généralement balnéaires.

Turismo rural et *turismo de habitação*

Le terme recouvre plusieurs réalités : les petits hôtels ruraux qui ne se distinguent guère des autres (on les trouve aussi bien en pleine campagne que dans les villages et les petites villes) ; les *casas de campo,* occupant souvent des bâtiments historiques ou anciens, s'inscrivent dans un cadre rural préservé ; et l'*agro-turismo* proprement dit, dans des exploitations agricoles.
La ***quinta*** (« ferme » en français), belle propriété de maître, est une sorte de manoir rural, gouvernant généralement à un vaste domaine agricole, vignoble ou parc. On trouve l'appellation *quinta* aussi en Alentejo et en Algarve, terme sans doute plus « vendeur » sur le plan touristique quand une grosse maison se transforme en chambres chez l'habitant à la campagne... Un ***solar*** est un manoir. Enfin, un ***monte*** est un long corps de ferme tout blanc (un peu cousin de l'hacienda espagnole) d'une exploitation agricole et/ou d'élevage, généralement perché sur une colline en Alentejo et dans l'hinterland de l'Algarve.
Dans la moitié nord du Portugal (et surtout dans le Minho), principalement, certains propriétaires de *quintas* et de *solares* ont ouvert des chambres d'hôtes de charme et de prestige, désignées sous le nom de *turismo de habitação.* Chic donc, mais moins cher que la *pousada.* L'occasion d'un vrai contact avec les propriétaires, souvent issus de vieilles familles. Une association, incontournable, regroupe la plupart de ce type d'établissements : *Solares de Portugal.*

■ ***Solares de Portugal :*** *praça da República, 4990* ***Ponte de Lima.*** ☎ *258-931-750.* ● *solaresdeportugal.pt* ●

Les pousadas

La ***pousada,*** c'est l'équivalent portugais du *parador* espagnol : un établissement chic (géré par l'État), installé soit dans un monument historique (ancien monastère, château, etc.), soit dans une construction récente, mais valorisée par son site exceptionnel. Le site ● *pousadas.pt* ● recense l'ensemble des *pousadas* du pays. Les prix varient sensiblement selon la catégorie de l'établissement et la saison. Réserver le plus longtemps possible à l'avance.
À noter que, avec la crise, certaines *pousadas* ont dernièrement fermé leurs portes ou pris quelques rides...

LANGUE

Peu de soucis pour le voyageur : beaucoup de Portugais parlent bien, voire très bien le français, et quand ce n'est pas le cas, ils causent anglais ou comprennent (plus ou moins) l'espagnol. Pour vous aider à communiquer, n'oubliez pas notre ***Guide de conversation du routard*** en portugais. Pour info, « ão » se prononce « aou », « nh » se prononce « gne » et le « o » se prononce « ou ». Cela peut aider !

KESKIDI ?

L'huître portugaise a inspiré nos zélés argotiers parigots qui lui trouvaient une forme d'oreille. D'où l'origine de l'expression : « Avoir les portugaises ensablées » !

Quelques mots et formules qui vous seront utiles

Politesse

oui, non	*sim, não*
s'il vous plaît	*por favor / faz favor*
merci (par un homme)	*obrigado*
merci (par une femme)	*obrigada*
pardon !	*desculpe !*
bonjour (le matin)	*bom dia*
bonjour (l'après-midi)	*boa tarde*
bonsoir, bonne nuit	*boa noite*
au revoir	*adeus*

Expressions courantes

je m'appelle	*meu nome é / chamo me*
je ne comprends pas	*não entendo / não compreendo*

Vie pratique

où se trouve... ?	*onde está... ?*
appelez un médecin	*chame um médico*
je suis malade	*estou doente*

Transports

gare	*estação*
train	*comboio*
wagon	*carruagem*
car	*camioneta*

autobus	*autocarro*
tramway	*eléctrico*
à gauche	*a esquerda*
à droite	*a direita*
tout droit	*em frente*

Argent

combien coûte... ?	*quanto custa... ?*
puis-je payer avec la carte *Visa* ?	*posso pagar com cartão* Visa ?
quel est le prix... ?	*qual é o preço... ? / quanto é ?*

À l'hôtel et au restaurant

nous voudrions une chambre	*queriamos um quarto*
puis-je voir la chambre ?	*posso ver o quarto ?*
j'ai réservé...	*tenho reservado...*
toilettes, salle de bains	*casa de banho*
une douche	*um duche*
lavabo	*lavatório*
petit déjeuner	*pequeno almoço*
le déjeuner	*o almoço*
le dîner	*o jantar*
le plat du jour	*o prato do dia*
menu	*carta, ementa*
l'addition	*a conta*
chaud / froid	*quente / frio*
eau / vin	*água / vinho*

Jours de la semaine

lundi	*segunda-feira*
mardi	*terça-feira*
mercredi	*quarta-feira*
jeudi	*quinta-feira*
vendredi	*sexta-feira*
samedi	*sábado*
dimanche	*domingo*

Nombres

1	*um*
2	*dois*
3	*três*
4	*quatro*
5	*cinco*
6	*seis*
7	*sete*
8	*oito*
9	*nove*
10	*dez*

LIVRES DE ROUTE

Romans, fictions

– Pour saisir l'âme de Porto et de la vallée du Douro, reportez-vous aux ouvrages, tous publiés aux éditions Métailié, d'***Agustina Bessa Luís,*** surnommée la « Marguerite Yourcenar portugaise ».

– ***Ode maritime*** (1915), de Fernando Pessoa, La Différence bilingue (2009, 84 p.). Monologue signé Alvaro de Campos, l'un des nombreux doubles littéraires de Pessoa, ce poème philosophique met en relation l'interrogation sur l'identité, l'existence du moi, avec la mer elle-même, ses légendes, son histoire, sa cruauté, son caractère perpétuellement mouvant.

– ***Les Maia*** (1888), d'Eça de Queiroz, Chandeigne (1997, 800 p.). LE chef-d'œuvre du roman portugais. Une sulfureuse histoire d'amour, la vision d'une société bourgeoise décadente, l'ironie constante de l'auteur sont les principaux ingrédients de cette saga familiale qui a immortalisé Lisbonne dans la littérature.

– Les romans d'***António Lobo Antunes,*** publiés aux éditions Bourgois et Métailié et en collection « Points Seuil », donnent un éclairage sans complaisance sur la ville de Lisbonne et sur le passé colonial du Portugal. Un de ses traducteurs en France, Carlos Batista, a publié ***Poulailler*** (Albin Michel), qui raconte la vie d'un immigré portugais en France, et quelques visions originales de Fátima et du cimetière des Plaisirs de Lisbonne.

– ***Contes et nouveaux contes de la montagne,*** éd. José Corti (1995, 320 p.). Le chef-d'œuvre de Miguel Torga (1908-1995), décrivant comme nul autre la vie des paysans portugais du Nord.

– Et pourquoi ne pas vous lancer dans les ouvrages du Prix Nobel de littérature 1998, José Saramago ? Les férus de romans historiques opteront pour l'***Histoire du siège de Lisbonne*** (1989 ; Seuil, coll. « Points », n° 619, 1999, 342 p.) ; ceux qui aiment les romans « à réflexion » choisiront ***L'Aveuglement*** (Seuil, coll. « Points », 2000), ou, un bijou, ***Pérégrinations portugaises*** (1994 ; Seuil, 2003, 438 p.).

– ***La Reine morte,*** d'Henry de Montherlant, Gallimard, coll. « Folio » (n° 12, 192 p.). Un classique de notre enfance qui relate l'histoire d'Inés et de Pedro, fils d'Alphonse IV, roi du Portugal, qu'on chercha à écarter de sa jeune maîtresse.

HARRY POTTER EST NÉ À PORTO

J. K. Rowling, l'auteur de Harry Potter, *était en poste à Porto quand elle a créé son fameux personnage. Elle s'est inspirée de la librairie « Lello e Irmão » pour imaginer la boutique « Fleury et Bott ». Elle aurait commencé à écrire la saga au* Café Majestic, *semblable au « Chaudron baveur », limite entre les moldus et les sorciers. Quant aux balais de la droguerie Escovaria Do Belomonte (au n° 34), ils auraient inspiré le Nimbus 2000 !*

Histoire, récits de voyage, documents

– ***Les Lusiades*** (*Os Lusíadas ;* XVIe s), de Luís de Camões, Robert Laffont, coll. « Bouquins bilingues » (1999, 582 p.). Chronique épique et poétique narrant les grandes heures de l'histoire du Portugal et les hauts faits d'armes des Lusitaniens sur toutes les mers du monde.

– ***Mythologie de la Saudade. Essais sur la mélancolie portugaise,*** d'Eduardo Lourenço, Chandeigne (1998, 208 p.). Pour les méandres de l'âme lusitanienne.

– ***Portugal,*** de Christian Auscher, Points-Planète (1992, 252 p.). Même daté, ce livre reste l'un des plus fins jamais écrits sur le Portugal.

– ***Femme de Porto Pim et autres histoires,*** d'Antonio Tabucchi, récits, Christian Bourgois (1987, rééd. chez 10/18 en 1993, 108 p.). L'auteur voyage dans l'archipel portugais de l'Atlantique, à la recherche des baleines et des derniers baleiniers.

– ***Saveurs de Porto,*** L'Escampette (2003, 156 p.). Une anthologie de textes d'écrivains, illustrés de photographies, qui nous fait découvrir la « capitale du Nord ».

MUSÉES

En général, les ***musées nationaux*** (IMC) sont fermés le lundi, certains jours fériés (1er janvier, dimanche de Pâques, 1er mai et le 25 décembre notamment).
– Ils sont souvent gratuits pour les moins de 12 ans, et parfois aussi pour tous, le 1er dimanche du mois.
– La carte *Jeune* permet des réductions souvent plus intéressantes (60 % pour les musées nationaux). La carte internationale d'étudiant ISIC offre le demi-tarif dans presque tous les musées, mais il faut le demander.
– Les personnes de plus de 65 ans et les handicapés paient demi-tarif dans les musées nationaux, parfois rien dans d'autres privés ou publics.
– Enfin, la *Porto Card* permet des réductions importantes, voire la gratuité dans certains musées, y compris dans certaines villes alentour. Elle permet aussi de ne pas faire la queue à l'entrée des sites.
– Pour horaires et tarifs, consultez : • *museusportugal.org* •

POSTE

Les boîtes aux lettres portugaises doivent figurer parmi les plus visibles du monde ! Des minitours de contrôle rouge pompier (courrier ordinaire) ou bleu marine (courrier express), avec inscrit « ***Correios*** » dessus. Immanquable, même en y mettant de la mauvaise volonté. Pour un courrier vers l'Europe, compter 0,80 € en courrier ordinaire. « Timbre » se dit ***selo.***

POURBOIRE

Il n'est pas obligatoire, mais il est bienvenu.

SANTÉ

– ***Urgences :*** ☎ *112.*
– Pensez à vous procurer la ***carte européenne d'assurance maladie.*** Elle permet de bénéficier de la prise en charge des soins médicalement nécessaires par les services publics. Pour l'obtenir, contacter votre centre de Sécurité sociale, qui vous enverra sous 15 j. votre carte plastifiée bleue, valable 2 ans, gratuite et personnelle (chaque membre de la famille doit avoir la sienne). Elle fonctionne avec tous les pays membres de l'UE ainsi qu'en Islande, au Liechtenstein, en Norvège et en Suisse.
Une consultation coûte entre 25 et 35 €. Pour être remboursé, il faut se faire soigner à l'hôpital... généralement bondé, et parfois attendre son tour une journée entière (voire plus !) pour avoir une chance d'être reçu, perdant ainsi un temps fou. Alors, on vous souhaite d'être en bonne santé.
En cas d'urgence, dirigez-vous vers les centres SAP/CATUS, qui sont des « Services d'assistance permanents ». Toutes les municipalités en possèdent au moins un et, dans les grandes villes, il y en a plusieurs. Ils sont signalés par une croix rouge.

SITES INTERNET ET APPLICATIONS SMARTPHONES

• ***routard.com*** • Le site de voyage nº 1, avec plus de 800 000 membres et plusieurs millions d'internautes chaque mois. Pour s'inspirer et s'organiser, près de 300 guides destinations actualisés, avec les infos pratiques, les incontournables

et les dernières actus, ainsi que les reportages terrain et idées week-end de la rédaction. Partagez vos expériences avec la communauté de voyageurs : forums de discussion avec avis et bons plans, carnets de route et photos de voyage. Enfin, vous trouverez tout pour vos vols, hébergements, voitures et activités, sans oublier notre sélection de bons plans, pour réserver votre voyage au meilleur prix.
• ***visitportugal.com*** • En français. Le site officiel du tourisme portugais, bien conçu, regroupe des informations concernant tout ce qui touche au pays : lieux à visiter présentés par régions, infos pratiques, news, festivités, etc.
• ***pai.pt*** • Les Pages jaunes, en portugais.
• ***pousadasjuventude.pt*** • Le site officiel des auberges de jeunesse portugaises, avec descriptions et résas possibles.
• ***Maps.me*** • ***OutDoors GPS France IGN*** • ***Osmand*** • Cartes du monde précises, embarquées sans connexion, mais à télécharger avant le départ.
• ***Google Maps*** • ***Waze*** • Cartes embarquées avec connexion, mais à télécharger avant le départ. Indiquent en temps réel la qualité du réseau, les points radar, les limitations de vitesse et autres incidents sur le réseau routier.
Voir aussi les sites des adresses mentionnées dans « Adresses utiles » en début du chapitre.

TÉLÉPHONE ET TÉLÉCOMS

– ***France → Portugal :*** 00 + 351 + numéro du correspondant. Que l'on téléphone de France ou à l'intérieur du pays, le numéro est le même.
– ***Portugal → France :*** 00 + 33 (indicatif de la France) + numéro du correspondant sans le 0. Pour la Suisse, 00 + 41, et pour la Belgique, 00 + 32, et tout pareil ensuite !
– ***Pour appeler en PCV*** (demander « *Pagar no destino* ») ***:*** ☎ 171 en Europe ; ou ☎ 800-800-330 – numéro gratuit depuis une cabine – qui donne accès à un opérateur en France.
– Les appels vers les numéros débutant par 707 ou 808 sont au tarif local. Les numéros en 800 sont gratuits.

Portables

Les principaux réseaux de téléphone portable sont *Vodafone, Optimus* et *TMN.* Un numéro de téléphone portable compte 9 chiffres.

Urgence : en cas de perte ou de vol de votre téléphone portable

Suspendre aussitôt sa ligne permet d'éviter de douloureuses surprises au retour du voyage ! Voici les numéros des quatre opérateurs français, accessibles depuis la France et l'étranger :

– ***SFR :*** *depuis la France, ☎ 1023 ; depuis l'étranger, 📱 + 33-6-1000-1023.*
– ***Bouygues Télécom :*** *depuis la France comme depuis l'étranger, ☎ + 33-800-29-1000.*
– ***Orange :*** *depuis la France, ☎ 0800-100-740 ; depuis l'étranger, ☎ + 33-969-39-39-00.*
– ***Free :*** *depuis la France, ☎ 3244 ; depuis l'étranger, ☎ + 33-1-78-56-95-60.*

Vous pouvez aussi demander la suspension de votre ligne depuis le site internet de votre opérateur.
Avant de partir, notez (ailleurs que dans votre téléphone portable !) votre numéro IMEI utile, pour bloquer à distance l'accès à votre téléphone en cas de perte ou de vol. Comment avoir ce numéro ? Il suffit de taper sur votre clavier *#06# puis reportez-vous au site • *mobilevole-mobilebloque.fr* •

Le téléphone portable en voyage

Depuis juin 2017, un voyageur européen titulaire d'un forfait dans son pays d'origine peut utiliser son téléphone mobile ***au tarif national*** dans les 27 pays de l'Union européenne, sans craindre de voir flamber sa facture. Des plafonds sont néanmoins fixés par les opérateurs pour éviter les excès... Cet accord avantageux signé entre l'UE et ses opérateurs télécoms concerne aussi la consommation de ***données internet 3G ou 4G,*** dont le volume utilisable sans surcoût dépend du prix du forfait national (se renseigner). Par ailleurs, si le voyageur réside plusieurs mois en dehors de son pays, des frais peuvent lui être prélevés... Dans ces pays donc, plus besoin d'acheter une carte SIM locale pour diminuer ses frais.

Utiliser son téléphone à l'étranger

– ***Se brancher sur les réseaux wifi*** est le meilleur moyen de se connecter au Web gratuitement ou à moindre coût. La majorité des hôtels, restos et bars disposent d'un réseau, payant ou non. Une fois connecté au wifi, à vous les joies de la ***téléphonie par Internet*** ! Les logiciels *Skype, WhatsApp* et *FaceTime* vous permettent d'appeler vos correspondants gratuitement, s'ils sont eux aussi connectés, ou à coût très réduit si vous voulez les joindre sur leur téléphone. Autre application qui connaît un succès grandissant : *Viber,* qui permet d'appeler et d'envoyer des SMS, des photos et des vidéos aux quatre coins de la planète, sans frais. Il suffit de télécharger – gratuitement – l'appli sur votre smartphone, celle-ci se synchronise avec votre liste de contacts et détecte ceux qui ont *Viber.*

TRANSPORTS INTÉRIEURS

Routes

Le réseau routier est en bon état et on circule parfaitement bien dans l'ensemble du pays. Attention, la police veille : certains de nos lecteurs ont dû payer une très grosse amende (et si l'on ne paie pas, le véhicule est saisi !).
Voici quelques repères routiers :
– ***Taux d'alcoolémie : 0,5 g/l.***
– Ceintures de sécurité obligatoires à l'avant et à l'arrière. Gilet de sécurité fluorescent et triangle de présignalisation obligatoires à bord du véhicule.
– Les ***limitations de vitesse*** n'offrent guère de surprise : 120 km/h sur les autoroutes, 100 km/h sur les *routes principales* (symbolisées ***IP*** ou ***IC***), 90 km/h sur les nationales classiques et 50 km/h en ville et dans les agglomérations. Les agglomérations se couvrent de feux tricolores, qui passent au rouge à votre approche dès que vous dépassez la vitesse autorisée.
– En cas de panne ou d'accident sur les autoroutes, le numéro d'***urgence*** est le ☎ 808-508-508 ou le 112.
– Les cartes Michelin les plus précises sont au 1/300 000. Elles couvrent le pays en 3 cartes, avec index des noms de lieux et plans des principales villes.
– Applications smartphone et tablette : • *Maps.me* • *OutDoors GPS-France IGN* • *Osmand* •, cartes précises du monde, embarquées sans connexion mais à télécharger avant le départ. • *GoogleMaps* • *Waze* •, cartes embarquées avec connexion mais à télécharger avant le départ. Indiquent en temps réel la qualité du réseau, les points radar, limitations de vitesse, et autres incidents sur le réseau routier.

Les péages

Les autoroutes sont payantes. À noter que les véhicules dont l'essieu mesure plus de 1,10 m (type monospace) paient plus du double des voitures ordinaires.

On rencontre deux types de péages. Le premier est le ***péage traditionnel,*** où l'on prend un ticket à la barrière, puis le paiement se fait à la sortie. Mais, de plus en plus, les autoroutes sont équipées du ***paiement exclusivement électronique*** *(« electronic toll only »),* sans possibilité de paiement manuel... Dans ce cas, au niveau des portiques, des caméras identifient les plaques d'immatriculation des véhicules, ou un système reconnaît un boîtier électronique spécifique installé à bord.
Et pour vous ? Si vous arrivez d'Espagne, cap sur la file réservée aux véhicules étrangers... Là, vos coordonnées bancaires seront enregistrées par le terminal de paiement et associées à vos plaques d'immatriculation ; gardez bien le ticket qui vous est délivré, il sert de justificatif. Il est valable 30 jours ; en cas de voyage prolongé, il faudra s'enregistrer à nouveau...
Sinon, il est possible d'acheter des titres de passage prépayés à activer via SMS, ou de louer un boîtier électronique pour en équiper votre véhicule (voir ● *portugaltolls.com* ●).
Si vous circulez avec un véhicule de location, la plupart des loueurs fournissent d'office le dispositif électronique. À l'aéroport de Porto, il est carrément obligatoire pour se rendre au centre-ville. Les frais sont ensuite débités sur votre carte de paiement (on reçoit la facture 2 semaines après avoir rendu la voiture). ***Lorsque vous signez le contrat, vérifiez bien la date de prise du véhicule,*** afin que l'on ne vous fasse pas payer l'utilisation autoroutière du prédécesseur ! Si le dispositif n'est pas fourni, vous devrez régler la section de péage électronique empruntée entre 48h et 5 j. au plus tard dans un bureau de poste.
Attention : le ticket d'autoroute n'est valable que 12h !

Location de voitures

Toutes les compagnies de location comme *Hertz, Avis* ou *Budget* sont disponibles depuis la France et au Portugal.

■ ***BSP Auto :*** ☎ *01-43-46-20-74 (tlj).* ● *bsp-auto.com* ● Les prix proposés sont attractifs et comprennent le kilométrage illimité et les assurances. *BSP Auto* propose exclusivement les grandes compagnies de location sur place, assurant un très bon niveau de service. Les plus : vous ne payez votre location que 5 jours avant le départ. Remise spéciale de 5 % aux lecteurs de ce guide avec le code « ROUTARD18 ».
Et aussi :
■ ***Hertz :*** ☎ *0825-861-861 (0,15 €/mn).* ● *hertz.com* ●
■ ***Avis :*** ☎ *0821-230-760 (0,15 €/mn).* ● *avis.fr* ●
■ ***Budget :*** ☎ *0825-00-35-64 (0,15 €/mn).* ● *budget.fr* ●
■ ***Europcar :*** ☎ *0825-358-358 (0,15 €/mn).* ● *europcar.fr* ●

Essence

L'essence se dit « *gasolina* », sans plomb « *sem chumbo 95* » ou « *98 octanes* », le diesel se dit « *diesel* » ou « *gasóleo* ». Les prix des carburants sont légèrement supérieurs à ceux de la France et assez homogènes dans tout le pays.

Le train *(comboio)*

Il existe plusieurs catégories de trains : les ***Intercidades*** (les plus rapides), les ***Regionais/Urbano*** *(Regional),* qui constituent le réseau le plus étendu, et les ***Inter-Regionais*** (omnibus). Mentionnons aussi l'***Alfa Pendular,*** la crème de la crème, qui relie l'extrême Sud (Faro) à l'extrême Nord (Braga) en passant par Lisbonne, Coimbra et Porto (entre autres).
Pour l'*Alfa Pendular* et les *Intercidades*, **la réservation est obligatoire.** Les billets sont vendus dans les gares, les agences de voyages, les distributeurs *Multibanco*

Distances en km	AVEIRO	COIMBRA	ELVAS	ÉVORA	FARO	LAGOS	LEIRIA	LISBONNE	NAZARÉ	PORTALEGRE	PORTIMÃO	PORTO	SANTARÉM	SETÚBAL	TOMAR	VIANA DO CASTELO	VISEU
AVEIRO		60	300	300	483	500	120	250	160	240	480	70	183	285	138	145	90
COIMBRA	60		240	250	435	450	72	200	112	183	435	115	135	240	82	190	83
ELVAS	300	240		86	311	327	217	210	240	60	310	353	195	180	173	427	318
ÉVORA	300	250	86		227	244	190	135	204	100	226	354	117	105	182	428	334
FARO	483	435	311	227		82	375	277	386	328	65	538	300	237	366	612	518
LAGOS	500	450	327	244	82		390	293	400	345	20	555	320	255	382	628	534
LEIRIA	120	72	217	190	375	390		140	37	160	375	176	76	178	47	250	156
LISBONNE	250	200	210	135	277	293	140		120	220	276	305	80	48	133	379	285
NAZARÉ	160	112	240	204	386	400	37	120		183	385	216	90	160	85	290	196
PORTALEGRE	240	183	60	100	328	345	160	220	183		327	295	154	195	116	370	260
PORTIMÃO	480	435	310	226	65	20	375	276	385	327		537	300	236	365	610	517
PORTO	70	115	353	354	538	555	176	305	216	295	537		240	340	195	76	131
SANTARÉM	183	135	195	117	300	320	76	80	90	154	300	240		115	66	312	218
SETÚBAL	285	240	180	105	237	255	178	48	160	195	236	340	115		170	415	320
TOMAR	138	82	173	182	366	382	47	133	85	116	365	195	66	170		268	157
VIANA DO CASTELO	145	190	427	428	612	628	250	379	290	370	610	76	312	415	268		205
VISEU	90	83	318	334	518	534	156	285	196	260	517	131	218	320	157	205	

et sur Internet. On choisit entre 1re classe *(conforto)* et 2e classe *(turística)*. Vérifiez toujours les horaires à l'avance sur le site : les préavis de grève y figurent. Et pensez à réserver suffisamment à l'avance : les trains portugais sont bondés à certaines périodes.

– ***Infos complètes sur les trains :*** *pour tt le Portugal, sur • cp.pt • ou au ☎ 707-210-220 (en portugais ; 0,10 €/mn depuis un fixe, 0,25 €/mn depuis un portable).*

➢ ***Lignes internationales :*** compter une vingtaine d'heures en train entre Paris et Lisbonne, et une bonne nuit entre Madrid et Lisbonne. Départs tlj. Également des trains au départ de Porto vers Vigo, en Galice ; durée : 2h15.

– ***Spécial étudiants :*** de nombreuses réductions avec votre carte d'étudiant !

L'autocar *(autocarro)*

Le Portugal possède un réseau de bus dense, desservi par de grands autocars confortables (*Pullman* avec AC pour les longs trajets). Ils sont plus fréquents que les trains, mais souvent aussi plus chers. Il est nécessaire de réserver plusieurs jours à l'avance en haute saison et au moins la veille en mi-saison. Réductions fréquentes pour les étudiants.

La compagnie nationale ***Rede Expressos*** (de loin la plus répandue) effectue des liaisons directes entre les villes importantes *(☎ 707-22-33-44 ; • rede-expressos.pt •)*. Il y a même le wifi à bord de nombreux bus ! Mais d'autres compagnies privées desservent aussi pas mal de destinations intérieures : ***Eva, Renex, Rodonorte, Internorte...*** Dans certaines régions, il existe en outre des compagnies locales. À cela s'ajoutent naturellement des liaisons (***Eurolines,*** *● eurolines.fr ●*) de/vers Madrid, Paris, Bruxelles, Genève... en direction de Lisbonne, Porto, Faro et une vingtaine d'autres villes. Réductions pour les étudiants et les seniors.

L'auto-stop

Les auto-stoppeurs en seront pour leurs frais, l'auto-stop est très peu pratiqué et assez difficile.

URGENCES

☎ **112 :** c'est le numéro d'urgence commun à la France et à tous les pays de l'UE, à composer en cas d'accident, agression ou détresse. Il permet de se faire localiser et aider en français, tout en améliorant les délais d'intervention des services de secours.

– ***Urgences (santé) ou pompiers :*** ☎ *112 ou 115 (plusieurs langues).* Pour demander l'hôpital, dites « *O Hospital* ».

– ***Numéro d'urgence pour les touristes :*** ☎ *800-296-296.*

– ***En cas de panne ou d'accident sur les autoroutes :*** ☎ *808-508-508.*

RÉSEAU FERROVIAIRE DU PORTUGAL

PORTO

• Pour se repérer dans Porto, voir le plan détachable en fin de guide (centre, plan d'ensemble, métro).

ARRIVER – QUITTER

En bus

Voici les principales compagnies qui desservent la région, le pays et l'international.

🚌 ***Rede Expressos*** *(plan centre, E3, **5**)* **:** • *rede-expressos.pt* • *Les bus partent du terminal Rodoviario do Porto situé au Campo 24 de Agosto, 125.* • *terminal24deagosto.com* • Ⓜ *Campo 24 de Agosto. Bus nos 206, 300, 301, 302, 305 et 401.* ☎ *707-22-33-44 (infos 8h-22h).* C'est la compagnie la plus importante, installée depuis 2017 dans un nouveau terminal moderne. Elle dessert de nombreuses villes au nord, au centre et au sud du Portugal. Très bien organisée et prix doux.

🚌 ***Renex*** *(plan centre, D3, **7**)* **:** *campo dos Mártires da Pátria, 37.* ☎ *222-00-33-95.* • *renex.pt* • Cette compagnie assure la liaison Lisbonne-Porto et Porto-Braga-Barcelos.

🚌 ***Rodonorte*** *(plan centre, E3, **6**)* **:** *rua Ateneu Comercial do Porto, 19.* ☎ *222-00-56-37.* • *rodonorte.pt* • Ⓜ *Bolhão. Dans un bâtiment vert.* Pour la moitié nord du Portugal essentiellement (Amarante, Bragança, Chaves, Miranda do Douro, Vila Real).

🚌 ***A.V. Minho*** *(plan centre, E2, **8**)* **:** *rua Régulo Maguanha, 46.* ☎ *222-00-61-21.* • *avminho.pt* • Ⓜ *Trindade. Bureau dans la cour, à droite.* Dessert des villes du Nord dont Viana do Castelo.

➢ ***Guimarães :*** avec *Rede Expressos,* 4 bus/j. 11h-18h45. Trajet : 52 km, 1h.

➢ ***Braga :*** avec *Renex,* env 10 bus/j. 9h-22h30. Avec *Rede Expressos,* ttes les 30 mn-1h, 4h30-23h. Trajet : 55 km, 1h. ➢ ***Barcelos :*** avec *Renex*, 4 bus/j. Trajet : 1h.

➢ ***Viana do Castelo :*** avec *Rede Expressos,* 5 bus/j. 11h-20h30. Avec *A.V. Minho,* env 4 bus/j. 6h30-17h. Trajet : 73 km, 2h10.

➢ ***Ponte de Lima :*** avec *Rede Expressos,* 1 bus/j. en fin d'ap-m. Trajet : 84 km, env 2h.

➢ ***Amarante et Vila Real :*** avec *Rodonorte*, une vingtaine de bus/j. 7h-22h, avec escale à Amarante. Trajet : 96 km, 1h20 pour Vila Real.

➢ ***Caminha et Valença do Minho :*** 3 bus/j. avec *Rede Expressos* pour Caminha (trajet : 99 km, 2h15) et 4 bus/j. pour Valença (même ligne, trajet 131 km, 2h45).

➢ ***Coimbra :*** avec *Rede Expressos,* env 12 bus/j., 6h45-20h30. Trajet : 114 km, env 1h30.

➢ ***Bragança :*** avec *Rede Expressos,* 7-8 bus/j. Trajet : 214 km, 3h15.

➢ ***Lisbonne :*** avec *Renex* et *Rede Expressos,* 1 bus/h, env 6h-21h. Trajet : 316 km, 3h30. Correspondance vers Évora (trajet Porto-Évora 407 km, env 6h-7h) et Porto-Faro (550 km, trajet 8h).

En train

Porto est un important nœud ferroviaire desservant les villes principales de la région : ***Braga*** *(3,15 €/pers),* ***Guimarães, Barcelos, Viana do Castelo...*** Il existe plusieurs types de trains : l'*Alfa Pendular* (rapide, confortable et services à bord), l'*Intercidades* (un peu moins cher) ou l'*Urbano* (omnibus et bien moins onéreux). 1re et 2e classes dans chaque train. Juin-sept, des liaisons par train auto-couchettes sont assurées 1-3 fois/sem avec l'Algarve, via Aveiro, Coimbra, Tunes... *Rens :* ☎ *707-210-220.* ● *cp.pt* ● Les guichets automatiques (« CP ») ne rendent pas la monnaie sur les billets de banque, mais délivrent un reçu utilisable sur d'autres trajets ou remboursable aux guichets. Dans les 3 gares principales, possibilité d'acheter la carte *Andante* (voir plus bas « Comment se déplacer ? En transports en commun »).

Gare ferroviaire de São Bento *(plan centre, E3) :* ☎ *0707-210-220.* Ⓜ *S. Bento.* Pour le Nord et l'intérieur.

➢ ***Lisbonne :*** une quinzaine de liaisons/j. avec changement à la gare de l'Oriente, 6h-20h45. Trajet : 2h30-3h. Il existe aussi 2 trains pendulaires *(Alfa Pendular)* directs Porto-Lisbonne qui continuent sur ***Faro*** (trajet le plus rapide : 5h36). Tous les trains de la ligne Porto-Lisbonne desservent ***Coimbra*** au passage, à 1h de Porto.

➢ ***Braga :*** env ttes les 30 mn (au moins 25 trains/j., moins le w-e), de 1h15 à 22h45. Trajet : 50 mn en *Alfa Pendular,* 1h en *Urbano.* Attention, un billet dans les trains pendulaires *(Alfa Pendular)* coûte plus cher (de 14 à 19 € au lieu de 3,15 € !).

➢ ***Guimarães :*** env ttes les heures, 6h20-23h20. La plupart directs. Trajet : 1h à 1h18 selon train. Part de la gare de São Bento et passe par celle de Campanhã.

➢ ***Aveiro :*** un départ ttes les 30-40 mn, 4h55-23h55. Trajet : 49 mn-1h18.

➢ ***Pinhão (Vallée du Haut-Douro) :*** 5 trains/j. 7h05-17h05. Trajet : env 2h25. Billet : 10-12 €. C'est l'un des plus beaux voyages ferroviaires du nord du Portugal. La ligne suit le fleuve Douro, en se faufilant dans cette superbe vallée au pied des collines couvertes de champs de vignes en terrasse. Les trains partent de la gare de São Bento ou de celle de Campanhã. Certains partent d'abord de São Bento et font quand même une escale à celle de Campanhã (à 5 mn seulement de São Bento). Dans tous les cas, ils continuent tous directement jusqu'à Pinhão, sauf un qui effectue un changement à Regua. On descend à la charmante petite gare de Pinhão.

Gare ferroviaire de Campanhã *(plan d'ensemble) :* ☎ *0707-210-220.* Ⓜ *Campanhã.* Pour Pinhão (voir plus haut), le sud du Portugal et l'international.

En avion

✈ ***Aéroport Francisco Sá Carneiro*** *(hors plan d'ensemble) : à une quinzaine de km au nord de la ville.* ☎ *229-43-24-00.* ● *loja.aeroporto@portoenorte.pt* ● *ana.pt* ● Ⓜ *Aeroporto.* Depuis Porto, ne pas confondre l'accès « cargo » avec l'accès passagers, un peu plus loin.

Informations touristiques (Posto de Turismo) : *bureau touristique dans le hall des arrivées.* ☎ *229-42-04-96. Tlj 8h-21h (23h déc-mars).* Accueil francophone, plans et doc avec le sourire. Achat des titres de transport pour se rendre en ville (métro, bus).

✉ ***Poste :*** *dans le hall des arrivées. Lun-ven 8h30-21h ; w-e 9h-12h30, 14h-17h.* Distributeurs de timbres à disposition 24h/24.

■ ***Argent :*** *distributeurs à chaque niveau. Change possible à* ***Unicambio,*** *dans le hall des arrivées et celui des départs ; tlj 5h-22h.*

■ @ ***Téléphone et Internet :*** ***Vodafone,*** *dans le hall des arrivées.* Pour acheter un forfait local de téléphone portable dès l'arrivée. ***Postes Internet*** gratuits dans la zone des départs, près de la porte 32.

■ ***Location de voitures :*** *une dizaine de compagnies en tt, plus ou moins connues. Les principales agences ouvrent tlj, 7h-minuit.* ***Hertz :*** *☎ 219-42-63-00 ;* ***Avis-Budget :*** *☎ 229-43-69-00 ;* ***Europcar :*** *☎ 229-482-452 ;* ***Guerin-Alamo :*** *☎ 229-415-939, et aussi* ***Goldcar*** *et* ***Sixt.*** Ces compagnies ont des comptoirs dans le hall des arrivées de l'aéroport, mais les voitures se prennent à l'extérieur dans un vaste parking entièrement réservé aux loueurs. Des navettes gratuites de minibus *(shuttle)* y transportent les passagers en 5 mn. C'est là que l'on prend les véhicules et qu'on doit les retourner. Si vous ne prenez pas la voiture à l'aéroport, vous pouvez aussi la prendre en ville où ces agences ont des bureaux.

Pour aller dans le centre-ville

➢ ***En métro :*** face à la sortie du terminal. La façon la plus simple de rejoindre le centre-ville. La ligne E relie le cœur de Porto et dessert notamment ***Trindade*** en 30 mn puis ***Bolhão*** et ***Campanhã.*** Pour ***Aliados*** et ***São Bento,*** changer à Trindade. Une rame ttes les 30 mn 6h-1h. Achat aux distributeurs automatiques ou au bureau d'informations touristique du hall des arrivées : carte rechargeable *Andante* 0,60 € (voir plus loin la rubrique « Comment se déplacer ? En transports en commun ») et billet pour le centre-ville 2,45 € (zone tarifaire Z4).

Bon à savoir : ne pas oublier de valider son titre de transport avant de monter à bord, en passant sa carte *Andante* devant la petite borne jaune située sur le quai.

➢ ***En bus :*** moins rapide que le métro. Le bus n° 601 relie l'aéroport au jardin de Cordoaria ttes les 20 mn, 5h30-23h30. Trajet : 50 mn env. Il y a aussi la ligne 3M : très pratique pour les arrivées tardives et les départs matinaux, ttes les heures, minuit-5h du mat, trajet 30 mn env depuis/vers Aliados (terminus à côté de la station de métro). Tarif (de jour comme de nuit) : 1,85 € (2,50 € si on achète son billet à bord).

➢ ***En taxi :*** à gauche en sortant du hall. Compter 20-30 € pour gagner le centre-ville (majoration de 20 % les j. fériés).

➢ Le trajet en ***voiture*** par l'autoroute IC1 se fait en moins de 30 mn (si le trafic est fluide !).

➢ ***Bus Getbus de l'aéroport vers Guimarães et Braga :*** *☎ 253-262-371. ● getbus.eu ●* Cette compagnie privée dessert les villes de Guimarães et Braga. Attention, *Getbus* n'a pas de comptoir dans l'aéroport. Près du guichet *Info Kiosk* (différent du *Posto de Turismo*), dans le hall des arrivées, il y a toutefois un panneau électronique d'infos qui donne les horaires et les fréquences des bus *Getbus*. Pour Guimarães, 7 bus/j. 9h15-minuit. Pour Braga, 10 bus/j. 5h-20h30. On réserve son billet sur leur site et on le paie en ligne. Autre solution, acheter son billet dans le bus et payer en espèces.

ADRESSES ET INFOS UTILES

ℹ ***Office de tourisme Centro*** *(plan centre, E2,* ***1****) : rua Clube dos Fenianos, 25. ☎ 223-39-34-72. ● info@visitportoandnorth.travel ● visitporto.travel ● Ⓜ Aliados. À gauche de l'hôtel de ville en montant l'av. dos Aliados. Tlj 9h-19h (20h en été).* Dans ce bureau, comme dans les autres, excellent accueil, très professionnel, et toujours quelqu'un pour vous aider en français. Bonne documentation très complète.

ℹ ***Office de tourisme Casa da Câmara*** *(plan centre, E4,* ***2****) : Torre da Rua de Don Pedro Pitoes. ☎ 223-32-51-74. ● turismo.casadacamara@cm-porto.pt ● Ⓜ S. Bento. Dans la tour, au pied de la cathédrale. Tlj 9h-20h (19h l'hiver).* On y trouve le plan de Porto, et de la doc. On peut y réserver la visite des caves et les billets pour des croisières sur le Douro.

■ ***Agence consulaire de France :*** *rua Capela do Telheiro, 70, 4465-054 São Mamede de Infesta. ☎ 229-05-94-30.*

■ ***Police touristique*** *(plan E2)* **:** *juste à côté de l'office de tourisme Centro. ☎ 222-092-006. Ⓜ Aliados.*
✉ **Poste** *(plan centre, E2)* **:** *à droite de l'hôtel de ville en montant l'av. dos Aliados. Ⓜ Aliados. Tlj sf dim et j. fériés 8h-21h (18h sam).*
■ ***Téléphone : Portugal Telecom*** *(plan E3), praça da Liberdade, 62. Lun-ven 9h-19h. Nombreuses autres agences en ville.*
@ ***Zones wifi gratuites :*** *nombreuses en ville (précisées sur le plan de l'office de tourisme) ; sur l'av. dos Aliados, au jardim da Cordoaria, sur la praça da Ribeira, etc.*
■ ***Fnac*** *(plan centre, E3)* **:** *rua de Santa Catarina 73. Tlj 10h (12h dim et j. fériés)-20h.* Petit rayon francophone avec B.D., littérature et tourisme, dont votre guide préféré !
■ ***Location de vélos et de scooters Vieguini*** *(plan centre, D4,* ***3****)* **:** *rua Nova da Alfândega, 7. 📱 914-306-838. • vieguiniscooters@gmail.com • vieguini.pt • Tlj 9h-19h30. Tarifs : vélo classique ou VTT 2h (5 €), 4h (10 €), 1 j. (12 €) ; scooters 50 cc : ½ journée 20 €, 1 j. 25 € ; scooter 125 cc, un peu plus cher. Dépôt de garantie obligatoire (à partir de 100 €).* Des mollets bien entraînés sont exigés pour se déplacer dans la ville, à moins de se cantonner aux rives plates du Douro... Le scooter, pour les conducteurs expérimentés, est un agréable moyen de sillonner la ville et de faire des excursions (Vila Nova de Gaia, la plage...).

PORTO

COMMENT SE DÉPLACER ?

En voiture

Le centre de Porto est une vaste zone semi-piétonne, présentant quelques bizarreries de sens de circulation, alors évitez les complications inutiles. Porto n'est pas très grande et se visite très bien à pied ou en transports en commun. En fait, il est déconseillé d'avoir une voiture en ville compte tenu de la topographie, de l'étroitesse de certaines voies, des difficultés de stationnement et des embouteillages fréquents. Si vous en avez une, alors prévoyez un budget pour les parkings souterrains. Les panneaux bleus « P » signifient « *privado* » (privé). Attention, la fourrière est active, évitez de la tester !

🅿 ***Parkings*** *(estacionamento)* **:** de nombreux parkings souterrains partout en ville. *Compter env 20 €/j. Tarif forfaitaire la nuit.* La plupart des hôtels offrent des tarifs négociés intéressants (réduction de 50 % environ), quand ils ne disposent pas de leur propre garage.

– ***Parcmètres :*** *payants lun-ven 8h-20h. Tarif : compter 0,50 à 1 €/h selon quartier. Min 12 mn, max 2h.*

Location de voitures

Toutes ces compagnies ont aussi des comptoirs à l'aéroport de Porto, hormis *Turiscar.*

■ ***Hertz :*** *rua de Santa Catarina, 899. ☎ 219-42-63-00. • hertz.com • Lun-sam 8h (9h sam)-19h.*
■ ***Avis :*** *av. de Boa Vista, 918. ☎ 226-07-69-70. • avis.com • Lun-ven 8h-19h, w-e 9h-13h, 14h-18h.*
■ ***Sixt :*** *av. de Boa Vista, 1203. ☎ 222-06-13-90 et 229-43-92-40. Lun-ven 9h-12h30, 14h-19h ; sam 9h-12h.*
■ ***Europcar :*** *rua Antonio Bessa Leite, 1478. ☎ 222-05-77-37 • europcar.pt • Lun-ven 8h-19h30 ; w-e 9h-13h, 14h30-18h30.*
■ ***Turiscar :*** *rua 5 de Outubro, 400-412. ☎ 219-49-26-26. • turiscar.pt • Tlj 8h-22h (dim 9h-22h).*

En transports en commun

– ***Carte Andante :*** *• linhandante.com •* C'est la formule la plus pratique pour découvrir la ville. Cette carte est très économique et englobe les moyens de transport suivants : métro et bus (mais pas le tram, ni le funiculaire). S'achète *(0,60 €)* lors du premier trajet, puis se recharge du nombre et du type de voyages souhaités. Les principaux sites à visiter se trouvent dans la zone tarifaire Z2. Trajet : 1,20 € (valable 1h). Il existe également une carte *Andante*

Tour qui donne droit à des trajets illimités sur une période de 24h (7 €) ou 3 j. (15 €).

– ***Transports gratuits avec la* Porto Card :** lire la rubrique « À voir ».

– ***Métro :*** ☎ *808-20-50-60.* • *metrodoporto.pt* • Le métro fonctionne tlj 6h-1h avec une fréquence de 6-15 mn selon heure et jour. Prix d'un billet valable 1h-3h : 1,20-env 5 € ; pour 24h, *Andante 24* : 4,15-17,25 € selon le nombre de zones. Si l'on achète 10 titres de voyage, le 11e est gratuit. Ne pas oublier de valider votre billet aux bornes jaunes, y compris lors des correspondances, sinon ça peut coûter cher ! 6 lignes de couleurs différentes (A, B, C, D, E, F) desservent les principaux centres d'intérêt de la ville, à l'exception de la partie ouest. La construction de ce réseau souterrain est une prouesse : le sous-sol de Porto est un socle de granit et la ville est bâtie sur plusieurs collines !

– ***Bus publics urbains :*** **Société de transports collectifs de Porto** (STCP). ☎ *(linha azul) 808-200-166.* • *stcp.pt* • Fonctionnent 6h-1h. Horaires variables selon ligne. Prix du billet (en restant dans le bus) 1,90 €. Ce n'est pas la meilleure formule, mieux vaut opter pour la carte *Andante.*

– ***Taxis :*** **Taxis Invicta,** ☎ *225-07-64-00 ;* **Raditaxis,** ☎ *225-07-39-00.* On trouve sans problème des taxis en ville, la plupart de couleur noir et vert. Ils ont tous des compteurs.

– ***Funiculaire*** (*plan centre, E4,* **4**) **:** *au pied du pont Dom Luís I.* • *metrodoporto.pt* • *Mai-oct, tlj 8h-22h (minuit jeu-sam et août) ; nov-avr, tlj 8h-20h. Fréquence : ttes les 8 mn. Trajet : 2,50 €.* On grimpe de la Ribeira jusqu'au plateau de Batalha, soit 230 m en 2 mn ! Pratique pour échapper aux escaliers ; belle vue sur le Douro et le pont.

En transports touristiques

➢ ***Tramway*** (*eléctricos*) **:** ☎ *226-158-158.* • *portotramcitytour.pt* • *Achat possible des billets dans les trams.* Billet : 3 € (à chaque voyage) ou 4 € combiné avec l'entrée du museu do Carro eléctrico (lire la rubrique « À voir. Dans la ville basse et le quartier de la Ribeira »). *Pass* de 1 j. (trajets et musée) 10 €, enfant jusqu'à 12 ans : 5 €. 3 lignes parcourent la ville au rythme couinant de ces drôles d'engins tout droit sortis des Années folles. La plus intéressante est indéniablement la ligne no 1 qui part de l'arrêt Infante près de l'église São Francisco *(plan centre, B3),* suit les rives du Douro vers le museu do Carro eléctrico *(plan centre, A3)* et jusqu'à Passeio Alegre à l'embouchure du fleuve *(avr-sept, tlj 9h30-20h38 ; oct-mars, 9h45-17h45 ; ttes les 30 mn env).* La ligne no 22 est intéressante aussi. Elle commence à Massarelos, la station haute du funiculaire *(plan centre, C2),* passe par la praça da Batalha et pousse jusqu'à « Carmo » (derrière l'église dos Clerigos ; *plan centre, A-B2*) à travers des rues commerçantes et pentues *(oct-mars, tlj 9h30-18h30 ; avr-sept, 9h15-19h15 ; ttes les 30 mn env).* La no 18 fait une boucle entre « Carmo » et le museu do Carro eléctrico via la rua da Restauração *(oct-mars, tlj 8h18-18h48 ; avr-sept, 8h03-18h03 ; ttes les 30 mn env).*

➢ ***Bus touristiques :*** 2 compagnies se partagent le gâteau des promenades touristiques en bus à impériale (plateau supérieur à ciel ouvert, *of course*). Prestations très proches. Dans les 2 cas, on descend du bus et on remonte librement dans le suivant avec le même billet (on achète son billet directement dans le bus).

– ***Yellow Bus :*** ☎ *225-07-10-10.* • *yellowbustours.com* • *Tour 1 (Porto historique) ttes les 30 mn (hiver ttes les 45 mn), tlj 9h15-18h15 juin-sept, 9h30-17h30 l'hiver. Durée : 1h50. Tour 2 (les châteaux) : ttes les heures 10h-18h (17h l'hiver). Durée : 1h50 (si l'on ne descend pas pour visiter). Prix : circuit « Porto historique » 13,50 € ; circuit « Porto Premium 3 in 1 » (avec tour en tramway de la Stcp et un autre à bord du funiculaire dos Gundais) 23,40 €.* Propose 2 circuits distincts, ainsi que des formules combinées avec une balade en bateau, en tram ou la visite de caves.

– ***City Sightseeing Portugal :*** ☎ *222-08-06-77.* • *city-sightseeing.com* • *Tlj 9h-18h30 (9h15-18h45 oct-juin), ttes les 30 mn env. Durée : 1h-1h30 (si on* *ne descend pas pour visiter).* Le circuit le plus intéressant est le « Hop-On-Hop-Off Porto », avec 43 arrêts. Billet : 15 €.

➢ ***Balades en bateau sur le Douro – Porto Tours :*** *au pied de la cathédrale (Sé), dans la tour médiévale (plan centre, E4). ☎ 223-393-472. Call Center : ☎ 939-552-340. • portotours.com • Également un point de vente à l'office de tourisme Centro. En hte saison, 10h-19h, ttes les 30 mn.* Départs du quai de la Ribeira ou de Vila Nova de Gaia. Compter env 12 € pour 50 mn de navigation et le passage sous 5 des 6 ponts de la ville. Nombreuses autres formules, dont une nocturne.

OÙ DORMIR ?

Campings

Il faut aller sur la côte pour trouver les campings les plus proches, soit au sud de Porto à ***Vila Nova de Gaia,*** soit au nord de la ville. Les campings de la région côtière se trouvent dans des zones très urbanisées. Ne pensez pas dormir en pleine nature.

⛺ ***Parque de campismo Orbitur Madalena :*** *rua do Cerro, 608, praia da Madalena, à **Vila Nova de Gaia** (8 km au sud de Porto). ☎ 227-12-25-20. • infomadalena@orbitur.pt • orbitur.pt • Bien indiqué depuis l'A29, sortie Madalena. Bus nº 906 (6h-minuit) depuis la gare de São Bento, arrêt Parque Campismo. Tte l'année. Empl. pour 2 avec tente et voiture en moyenne et hte saisons 18-22 € (avec eau et électricité 34-42 €).* 📶 Plage à 300 m. Terrain ombragé par des eucalyptus et des pins, sol dur et pas d'emplacements bien marqués. Accueille des tentes et des mobile homes. Piscine, activités sportives, supermarché, tennis et sanitaires en nombre. Assez moche et mal entretenu, à choisir en dépannage seulement.

⛺ ***Parque municipal de campismo de Espinho :*** *rua Nova de Praia, à **Espinho** (20 km au sud de Porto). ☎ 227-33-58-71. • campismo@cm-espinho.pt • À 2 km de la gare d'Espinho (fléché depuis l'autoroute). Trains fréquents depuis São Bento et Campanhã (trajet 30 mn). Ouv tte l'année. Empl. pour 2 avec tente et voiture en hte saison env 16 €/nuit. Loc de vélo.* Terrain sans prétention posé dans le seul creux de verdure épargné par un environnement urbain assez présent. Pas très glamour, mais il a l'avantage d'être le plus calme du secteur. Sanitaires délabrés mais bien tenus. De l'ombre et même une piscine et un bout de rivière. Plage à 800 m.

⛺ ***Parque de campismo Orbitur Angeiras :*** *rua de Angeiras, à Lavra (20 km au nord-ouest de Porto). ☎ 229-27-05-71. • infoangeiras@orbitur.pt • orbitur.pt • Fléché depuis Lavra-centre. À 50 mn de Porto en bus Resende nº 104 depuis la praça Cordoaria (6h-23h30). Ouv tte l'année. Empl. pour 2 avec tente et voiture 29-36 € selon saison.* 📶 À 2 km de l'aéroport de Porto, à proximité de la mer (700 m). Un camping en partie ombragé dans une pinède, mais pas pratique pour camper car le terrain est en terrasse et un peu en pente. Petits bungalows et mobile homes. Sanitaires à l'ancienne mais propres. Piscine extérieure et bassin pour les enfants. Snack et resto. Un bémol : le trafic aérien qui commence de bonne heure.

Auberges de jeunesse (hostels)

Porto recèle une formidable brochette d'AJ privées, dont certaines offrent plus de confort et de charme que bien des hôtels !

🏠 🍽 ***Tattva Design Hostel*** *(plan centre, E3, **20**) **:** rua do Cativo, 26-28. ☎ 220-94-46-22. 📱 939-887-070. • tattvaporto.com • reservation@tattvadesignhostel.com • Ⓜ S. Bento. ♿ Lit en dortoir 15-25 €/pers ; doubles à partir de 50 € ; petit déj compris.*

Menu 10 €. Réduc de 10 % sur le prix de la chambre sur présentation de ce guide. Située au cœur de la Ribeira, une magnifique AJ, sans doute une des plus belles du Portugal et d'Europe ! Quishan, son propriétaire, est un Indien jovial (francophone) originaire du Mozambique (ex-colonie portugaise). Abrite plus de 150 lits. Ici, rien n'a été laissé au hasard : sanitaires et balcon dans tous les dortoirs (6 à 10 lits) et pour les 2 chambres doubles, matelas de grande qualité, lits séparés par des rideaux de style indien et dotés d'un casier, et même d'un petit ventilo au-dessus de la tête... Splendide terrasse sur le toit avec vue sur la ville, fauteuils en osier, barbecue et ambiance relax ; cuisine suréquipée, laverie, resto (ouvert à tous).

Rivoli Cinema Hostel *(plan centre, E3,* ***21****) : rua Dr Magalhães Lemos, 83. ☎ 220-17-46-34. 968-958-637. • rivolicinemahostel@gmail.com • rivolicinemahostel.com • Ⓜ Aliados. Lits en dortoir 17-28 €/pers, doubles 50-66 € selon saison, petit déj inclus. Digestif offert sur présentation de ce guide.* Difficile de trouver un emplacement plus central que celui de cette AJ décorée et aménagée sur le thème du cinéma, de l'extravagant Tim Burton à Kubrick, en passant par Almodóvar. Dortoirs impeccables (tous avec AC) et clairs (4 lits), chambres agréables à l'oeil et bien tenues, sanitaires extérieurs très propres. Il ne manque rien : cuisine équipée, salle à manger, vaste salle commune avec DVDthèque, jeux de plateau et console de jeu, laverie, bar sur le toit-terrasse. Une autre excellente adresse économique !

Garden House Hostel *(plan centre, E-F2,* ***22****) : rua de Santa Catarina, 501. ☎ 222-08-14-26. • gardenhousehostelporto.com • Ⓜ Bolhão à 200 m. Selon saison, 20-24 €/pers en dortoir ; doubles 60-70 € selon saison et confort ; petit déj inclus.* Dans une longue rue piétonne et commerçante, cette auberge privée aménagée dans une vénérable demeure du XIXe s propose 2 chambres doubles et une demi-douzaine de dortoirs de 4, 6 et 8 lits distribués autour d'un atrium central. Ensemble bien arrangé, spacieux et lumineux. Lits en bois blanc, casiers et lampes individuelles, salles de bains communes impeccables. Les logements du haut sont climatisés. Les parties communes sont au diapason des chambres : petit jardin pour se détendre, belle cuisine pour préparer son frichti, petit salon. Et des murs d'une blancheur éclatante, rehaussés par quelques touches de couleur savamment dosées et de beaux parquets. *Live music* l'été, en fin de semaine. Une belle adresse en plein cœur de Porto.

Urban Garden Porto Central Hostel *(plan, centre, F2,* ***23****) : rua a Alegria, 291, fait l'angle avec la rua da Firmeza. ☎ 223-32-40-63. • porto-hostel.com • Ⓜ Bolhão. Lits en dortoir 14-35 €/pers selon confort et saison. Doubles 60-90 €.* Sur les hauteurs, non loin du marché Bolhão, un immeuble de 1800 abrite, depuis 2017, une nouvelle et remarquable AJ. Elle est tenue par le jovial Julien Ribeiro, un jeune Portugais né en France, qui a baroudé dans l'hôtellerie aux 4 coins du monde. Revenu au pays, il a monté l'AJ de ses rêves. Dortoirs impeccables (6, 8 et 10 lits) avec douche-w-c privatifs, tous avec fenêtres. Ils sont bien adaptés aux besoins des voyageurs : pour chaque lit, prise électrique, lampe de chevet orientable, rideau, *locker*. Pas d'AC, mais ventilo en été. Les hôtes peuvent profiter du charmant jardin ombragé où Julien a installé un bar.

Oporto Invictus Hostel *(plan centre, D2,* ***24****) : rua das Oliveiras, 73. ☎ 222-02-43-71. • info@oportoinvinctushostel.com • oportoinvinctushostel.com • Ⓜ Trindade. Compter 13-18 €/pers selon saison et confort (dortoirs 4 ou 12 lits) ; double sans ou avec sdb env 40 €. Café ou thé offert sur présentation de ce guide.* Petite auberge très routarde et accueillante, située au cœur du vieux Porto. Dans la pièce commune, une TV, des bouquins et un ordi. Dans les étages, des dortoirs très propres avec des couchettes style SNCF. Préférez ceux de 4 lits, plus intimes et, pour certains, dotés d'une salle de bains. Pas d'AC mais des ventilos au plafond. Chambres doubles avec sanitaires privatifs. De la cuisine commune, située au dernier étage, belle vue sur la ville. Tours guidés gratuits.

O Porto City Hostel *(plan centre, E2,* **25***)* **:** *rua Guedes de Azevedo, 219. ☎ 222-08-44-52. • oportocityhostel@gmail.com • oportocityhostel.com • Ⓜ Trindade (à 1 mn). Lits en dortoir 10-35 €/pers, doubles 46-126 €/pers selon saison et confort ; petit déj en plus.* Une belle AJ aux murs d'un blanc immaculé avec une déco jeune, colorée, gaie. Elle offre d'agréables dortoirs (4, 6 et 12 lits) et des doubles aussi impeccables (tous avec salle de bains). Excellente literie de bois blanc (lumière individuelle), *lockers* et belle cuisine équipée. Accueil pro et anglophone. Plaisant patio, BBQ. Quelques places de parking gratuites dans la cour de l'*hostel*.

Poets Inn *(plan centre, D3,* **26***)* **:** *rua dos Caldeireiros, 261. ☎ 223-32-42-09. • info@thepoetsinn.com • thepoetsinn.com • Ⓜ S. Bento. Lits en dortoir 13-16 €/pers ; doubles 40-55 € selon saison ; petit déj inclus.* En plein cœur du centre-ville et de l'animation, proche de la tour des Clérigos, une vieille demeure entièrement restaurée et modernisée avec un ascenseur conduisant aux dortoirs (mixtes, 4 à 8 lits) et aux chambres (avec ou sans salle de bains). Celles-ci sont très propres et joliment aménagées, suffisamment confortables. Dans une annexe, elles donnent sur un jardin en contrebas. Dans chaque section : salon avec canapé confortable, TV grand écran et vaste cuisine suréquipée où le petit déj se concocte. Comme à la maison, voire mieux ! Accueil jeune, dynamique et professionnel.

Yes Hostel *(plan centre, D3,* **27***)* **:** *rua Arq. Nicolau-Nazoni, 31. ☎ 222-08-23-91. • yeshostels.com • Ⓜ Aliados. Lit en dortoir 13-30 €/pers selon saison.* Dans un immeuble remarquablement rénové (4 étages), une confortable AJ dans les tonalités blanc et bleu reposantes, offrant de très agréables dortoirs climatisés (4 ou 5 lits, mixtes ou filles seules), avec lits en bois blanc, une excellente literie, grands casiers et lumière individuelle. Sanitaires impeccables sur le palier, cuisine équipée spacieuse et fonctionnelle. Certains dortoirs ont la vue sur la Torre de los Clérigos. Bien d'autres services (laverie...). Encore une bonne adresse. Alors on dit « oui » au *Yes* !

Dans le centre, autour de l'avenida dos Aliados, Carmo, torre dos Clérigos, jusqu'à la rue de Miguel Bombarda

De bon marché à prix moyens

Gallery Hostel *(plan centre, C2,* **28***)* **:** *rua Miguel Bombarda, 222. ☎ 224-96-43-13. 📱 965-348-930. • info@gallery-hostel.com • gallery-hostel.com • Ⓜ Aliados. En dortoir 4-6 lits 25-27 €/pers ; double 75 € ; triple 100 € ; petit déj compris. Réduc de 10 % sur le prix de la chambre sur présentation de ce guide et en cas de réservation directe à l'hôtel ou sur leur site internet.* Située dans un quartier tranquille un peu à l'écart du centre, dans la rue des galeries d'art et des studios d'artistes, cette auberge privée est tenue par une équipe de jeunes très affables, de vrais professionnels. Tout ici a été pensé avec un sens pratique et une recherche artistique évidente dans la déco. Dortoirs (4 ou 6 lits) vastes et climatisés, possédant une belle hauteur sous plafond. Aménagés dans un style *High Key*, ils sont très lumineux. Sanitaires design et très propres dans chaque chambre. Au fond du jardin, 3 chambres doubles et une triple, avec salle de bains. Dans les parties communes, un petit patio, avec bar (ouvert 24h/24) pour déguster ou acheter des vins et du porto, salle de lecture et de projection de films. Expo-vente d'œuvres d'art et parfois des concerts. Grande cuisine où l'on prend son petit déj, mais où l'on peut également cuisiner. Une de nos plus séduisantes adresses.

Duas Nações Guest-House *(plan centre, D3,* **29***)* **:** *praça Guilherme Gomes Fernandes, 59. ☎ 222-08-16-16. • duasnacoes.com.pt • Ⓜ Aliados. En dortoir 4 lits 15 €/pers ; doubles sans ou avec sdb 35-55 € ; studios et apparts 50-60 € pour 2-3 pers. Petit déj*

PORTO

en plus ; cafétéria au rdc. Service de laverie. Parking payant (15 €/j.). Sur une jolie petite place, à proximité des rues les plus animées le soir, ce petit immeuble propose des chambres très agréables aux murs colorés, avec TV satellite et double vitrage. Certaines sont sans fenêtre sur l'extérieur et sans AC. Intérieur chaleureux, mobilier moderne. Quelques triples et quadruples spacieuses. Loue aussi de beaux studios et appartements fraîchement rénovés juste à côté, avec cuisine équipée, AC et double-fenêtre. Patron francophone et accueillant. Notre adresse préférée dans cette catégorie.

Hotel Estoril *(plan centre, D2,* ***30****) : rua de Cedofeita, 193. ☎ 222-00-27-51 et 52. • hotelestorilporto.com • Doubles 64-74 €, selon confort et saison.* Dans l'une des rues piétonnes les plus animées de la ville, fréquentée par les étudiants de l'université voisine. Il fait bon traîner à pied dans ce quartier en pleine renaissance. Une bonne quinzaine de chambres, toutes avec salle de bains, donnant – pour certaines – sur un petit jardin fleuri à l'arrière. Les moins chères n'ont pas de fenêtre. L'été, éviter celles sous les toits : étouffantes. Terrasse ensoleillée et agréable petit salon. Accueil jovial.

Residencial Triunfo *(plan centre, E3,* ***31****) : rua de Cativo, 9. ☎ 222-02-11-66. 914-436-725. • residencialtriunfo@hotmail.com • Ⓜ S. Bento. Proche de la gare, au sud. Doubles 40-50 €. Pas de petit déj.* Rien de triomphal dans cet hôtel sans prétention, aux chambres propres et meublées simplement. Attention, pas de climatisation en été ! Les chambres les moins chères sont aveugles. Quelques triples aussi. Curieux, ce magasin de billards au rez-de-chaussée.

De prix moyens à plus chic

Pensão Favorita *(plan centre, C2,* ***32****) : rua Miguel Bombarda, 267. ☎ 220-13-41-57. 913-904-635. • welcome@pensaofavorita.pt • pensaofavorita.pt • Ⓜ Aliados. Doubles 90-100 € selon confort et saison, petit déj inclus. Parking. Réduc de 10 % sur le prix de la chambre sur présentation de ce guide.* À peine excentrée (5 mn à pied du centre), une très belle demeure qui allie l'ancien et le contemporain. Tout a été rénové et arrangé avec imagination et bon goût. La déco ton sur ton hésite entre les *seventies* et le plus ancien. Tout ici respire le bien-être. Des chambres mansardées à celles donnant sur le jardin en passant par les grandes doubles (avec dressing et terrasse couverte), situées à l'étage, la qualité et le confort sont omniprésents. Également des suites familiales à prix attractifs. Excellent accueil francophone. Un vrai coup de cœur ! *Favorita* est notre adresse favorite dans ce quartier !

Mercador Guest House *(plan centre, C2,* ***33****) : rua Miguel Bombarda, 382. ☎ 224-08-15-45. 910-059-755. • mercadorporto@mercador.com.pt • M. Aliados. Doubles 98-138 €, selon saison, petit déj inclus. Promo pour 2 nuits.* Dans la rue des galeries d'art, une belle demeure de charme et de caractère. Datant du XIXe s, entièrement rénovée, elle offre 7 chambres à l'élégant style contemporain et d'excellent confort. Tons doux, joliment décorées, avec clim et de belles salles de bains. Agréable jardin. Attention, pas d'ascenseur (chambres dans les étages). Accueil affable et francophone.

Grande Hotel de Paris *(plan centre, D3,* ***34****) : rua da Fábrica, 27-29. ☎ 222-07-31-40. • info@hotelparis.pt • hotelparis.pt • Ⓜ Aliados. En plein centre. Doubles 80-140 € selon saison.* Une grande bâtisse de 1853 où l'eau fut installée par un Français à la fin du XIXe s, d'où le nom de l'hôtel (inauguré en 1877). Le bel escalier à l'entrée dessert un intérieur ancien plein de charme, à la décoration rétro et patinée, avec un piano, des statues, un vieux standard téléphonique, dans le style de la maison. Ce serait presque un hôtel-musée, un beau décor de film ! Ni très grandes ni très insonorisées, les chambres sont claires, propres, avec TV, téléphone, chauffage central, disposées autour d'une belle rotonde. Préférer les chambres sur l'arrière (plus calmes). Le petit déj, très copieux, se prend dans une superbe salle à manger (l'ancien resto de l'hôtel) ouverte sur un délicieux jardin centenaire, un îlot de tranquilité et de lumière, en plein centre.

🏠 ***Hotel Aliados*** *(plan centre, E3,* ***35****) : rua Elísio de Melo, 27 ; 1°. ☎ 222-00-48-53. • aliados@mail.telepac.pt • hotelaliados.com • Ⓜ Aliados. Résa conseillée. Doubles 65-185 € selon saison, remplissage et taille, petit déj inclus. Garage payant en face.* 💻 📶 Si l'accès se fait par une ruelle, l'hôtel donne sur la grande place-avenue dos Aliados. Cet immeuble d'angle massif en granit, au chic suranné, est néanmoins très bien tenu. Chambres (avec AC) aussi hautes de plafond que petites, mais qui ne manquent pas de charme. Bonne literie. Elles sont parfois bruyantes, mais certaines ont un double vitrage. Le petit déjeuner se prend dans une salle sobre, là encore haute de plafond et de style Grand Siècle. Bon accueil.

🏠 ***Hotel Peninsular*** *(plan centre, E3,* ***36****) : rua Sá da Bandeira, 21. ☎ 222-00-30-12. • info@hotel-peninsular.net • hotel-peninsular.net • Ⓜ S. Bento. À droite en sortant de la gare de São Bento. Doubles 40-80 € selon confort et saison ; petit déj inclus. Parking payant (8 €/j).* 📶 Grand hôtel de style Art déco avec des céramiques vertes en façade et des azulejos à l'intérieur. Il propose des chambres propres et pour toutes les bourses. La plupart sont refaites (sans double vitrage), avec parquet tout neuf ou ancien mais bien ciré, d'autres sont plus simples avec moquette mais sans fenêtre. Toutes sont équipées d'un mobilier démodé, style années 1950, parfois plus ancien. Accueil routinier.

🏠 ***Hotel Malaposta*** *(plan centre, D2,* ***37****) : rua da Conceição, 80. ☎ 223-39-19-20. • info@hotelmalaposta.com • hotelmalaposta.com • Ⓜ Aliados ou Trindade. Doubles 60-70 € selon saison. Petit déj 6 €. Parking gratuit 20h-8h w-e et j. fériés.* 💻 📶 Peu engageant de l'extérieur, il ressemble à un quelconque immeuble de bureaux des pays de l'Est. Néanmoins, à l'intérieur, tout est bien aménagé, avec des chambres standard confortables (TV, AC). Celles du 4ᵉ étage jouissent d'une terrasse commune avec vue dégagée sur la ville. Personnel affable et francophone.

Plus chic

🏠 🍽 ***Rosa et Al Townhouse*** *(plan centre, C2,* ***38****) : rua do Rosário, 233. 📱 916-000-081. • rosaetal.pt • Ⓜ Aliados. Doubles à partir de 133 €.* 📶 Ce n'est pas vraiment un hôtel, mais plutôt une maison d'hôtes chic et tendance dans un quartier tranquille. La façade ne laisse pas deviner l'intérieur. La réception abrite une vraie boutique de produits de qualité. Les chambres et les suites, toutes confortables, ouvrent sur un paisible jardin à l'arrière. Elles sont aménagées et décorées avec goût dans un esprit contemporain et chaleureux. Possibilité de prendre ses repas (sur réservation) : cuisine soignée et bio. Accueil jeune et dynamique.

Au sud dans le quartier de la Ribeira, de la gare de São Bento aux rives du Douro

Bon marché

🏠 ***Bluesock Hostel*** *(plan centre, D4,* ***39****) : rua São João, 40. ☎ 227-66-41-71. • bluesockhostels.com • Ⓜ Estação de São Bento. Lits en dortoir 18-29 € selon saison et confort. Doubles 84-94 €.* En haut du quartier de la Ribeira, en descendant vers le Douro, cet *hostel* est installé dans une vieille demeure couverte d'azulejos, avec de gros murs en granit. La « Chaussette bleue » est une grande auberge économique très bien aménagée, dans un esprit contemporain, moderne et jeune. Réception design vendant des T-shirts et... des chaussettes ! Dortoirs superbes et climatisés (4-13 lits), mixtes ou pour femmes uniquement, avec des lits équipés de rideaux, lampes de lecture, prises électriques. Les sanitaires sont privatifs ou collectifs.

Porto Alive Hostel (plan centre, D3, **40**) : *rua das Flores, 138. ☎ 220-93-76-93. • portoalivehostel.com • Ⓜ Estação de São Bento. Lits en dortoir 15-31 €/pers ; doubles 69-82 € selon saison.* Une AJ super bien placée (dans une rue piétonne animée), entre le haut et le bas de la ville. Intime, propre, dortoirs mixtes ou non (8 ou 10 lits), agréables, avec bonne literie. Noter que les sanitaires sont collectifs et non privatifs. Prendre également en compte l'inconvénient majeur : en été, il n'y a ni ventilateur, ni AC ! Accueil pro, staff serviable. Au sous-sol, cuisine équipée et coin détente. Derrière, agréable courette.

Plus chic

In Patio Guesthouse (plan centre, D4, **41**) : *pátio de São Salvador, 22, 4050. ☎ 222-08-54-79. 934-323-448. • info@inpatio.pt • inpatio.pt • Ⓜ Estação de São Bento. Doubles 85-115 € (plus cher juil-août), petit déj inclus.* En face du palais de la Bourse, dans un immeuble du XIXe s, soigneusement restauré. L'emplacement, le charme intérieur et l'accueil exceptionnel des propriétaires en font une remarquable adresse à Porto. La pierre, le bois et l'esprit design se marient bien dans la déco des 5 chambres d'hôtes. Celles-ci donnent sur une courette calme. On y prend le petit déj en été.

Flores dos Loios Boutique Guesthouse – Shiadu (plan centre, D3, **42**) : *rua das Flores, 245. 914-176-969. • shiadu.com • Ⓜ Estação de São Bento. Doubles 80-200 € selon saison.* Appelé aussi *Casa dos Loios.* Non, ce n'est pas un complexe hôtelier japonais, comme le laisse croire le nom du groupe – déjà bien implanté à Lisbonne –, mais un superbe hôtel de charme et de caractère, dans une vieille demeure. Chambres arrangées avec la meilleure imagination, mélange subtil d'ancien et de contemporain, avec tout le confort nécessaire : douche-w-c, AC. Elles donnent sur la rue pour la plupart. Très bon accueil.

À l'est, dans le quartier de la praça da Batalha et du marché de Bolhão

Bon marché

IStay Hotel Porto (plan centre, F3, **43**) : *rua Alexandre Herculano, 296. ☎ 222-06-13-50. • reservas.porto@istayhotels.com • istayhoteis.com • Ⓜ Bolhão ou S. Bento. Doubles 39-59 € selon saison ; petit déj en plus. Parking public payant.* L'hôtellerie *low cost* débarque à Porto ! Fonctionnelles et bien équipées, les chambres ont toutes douche-w-c et AC. Ne pas chercher le charme, mais la simplicité avec des tarifs très raisonnables. Un rappel pour ceux qui ne connaissent pas le principe du *low cost* : tous les extras viennent en supplément, y compris la TV ou le sèche-cheveux !

De prix moyens à plus chic

Moov Hotel Porto Centro (plan centre, E3, **44**) : *praça de Batalha, 32-34. ☎ 220-40-70-00 et 01. • porto@hotelmoov.com • hotelmoov.com • Ⓜ Bolhão ou S. Bento. Doubles 49-62 € ; familiales 4 pers 65-70 € ; petit déj en plus. Parking 8 €/j.* Cet hôtel Moov suit le « Moovement » de renouveau de Porto. Il est à l'image de cette ville qui bouge ! Une belle métamorphose ! La façade rococo, celle de l'ex-cinéma *Batalha,* cache maintenant un hôtel de chaîne au design épuré, avec 125 chambres tout confort (avec AC) et d'un excellent rapport qualité-prix. Cadre contemporain à l'élégant design. Les *family rooms* donnent sur la place, et les doubles sur un jardin à l'arrière. Pas moins de 3 lits doubles dans les familiales !

6 Only Guesthouse (plan centre, F3, **45**) : *rua Duque de Loulé, 97. ☎ 222-01-39-71. 926-885-187. • 6only.pt • Ⓜ Bolhão ou S. Bento. Entrée discrète, sans enseigne. Doubles 70-85 € selon saison et confort ; petit déj inclus.* Une adresse de charme et de grande qualité, et l'une de nos préférées. Belle maison ancienne rénovée avec goût, avec seulement 12 chambres aménagées avec personnalité. On est loin des hôtels classiques et anonymes. Les jeunes propriétaires francophones habitent sur place et réservent à leurs hôtes un accueil charmant. Chambres au style design chaleureux. Celles côté rue sont plus spacieuses et avec double vitrage, les autres qui donnent à l'arrière ont un balcon ouvrant sur une petite cour. Belle salle de petit déj, bar, salon DVD et musique à dispo.

BB by Bolhão (*plan centre, E2,* **46**) *: rua Alexandre Braga, 76. ☎ 223-26-02-67. 916-789-511. • teresa.mascarenhas@bybolhao.pt • bobolhaoapartments.com • Ⓜ Bolhão. Studios à partir de 70 €, ainsi que 2 lofts. Pas de petit déj.* Hyper bien placé, en face du grand marché Bolhão, dans un élégant édifice du XIXe s. Studios confortables et lumineux, au design contemporain, avec des parquets, de la clarté et des fenêtres au double vitrage... Sanitaires impeccables, kitchenette équipée. Coup de cœur pour les superbes lofts mansardés, spacieux et romantiques. Dans le genre, l'une de nos plus intéressantes adresses.

Oporto Aparthotel (*plan centre, F3,* **47**) *: rua Entreparedes, 7. 911-928-244. • aparthoteloporto@gmail.com • aparthoteloporto.com • Ⓜ Bolhão. Apparts 55-95 € selon taille et saison. Attention : séjour de 2 nuits min (3 nuits min en hte saison).* Dans un immeuble très central, voici une formule d'hébergement intéressante notamment pour les familles ou couples d'amis. Car ces appartements de 34 à 60 m² peuvent accueillir jusqu'à 4 personnes, grâce au sofa convertible du salon. Certains apparts ont même 2 chambres. Pièces fraîchement rénovées, spacieuses et bien équipées (cuisine complète, TV câblée), parquet de bois clair, décorées dans un style moderne et fonctionnel, tout en sobriété. Également des apparts dans un autre immeuble tout proche, au nº 127 de la rua do Sol.

Hotel São Gabriel (*plan centre, F3,* **48**) *: rua da Alegria, 98. ☎ 222-00-54-99 et 223-32-39-32. • hotelsolarsaogabriel.com • Ⓜ Bolhão. Double 75 €, petit déj inclus. Parking couvert gratuit.* La façade carrelée, très *seventies*, de cet hôtel vieillissant et de confort standard, n'est pas déplaisante. On y trouve des chambres moquettées et climatisées, avec un mobilier classique un peu vieillot mais l'ensemble est très propre et bien tenu. Gros avantage : le parking privé et gratuit.

Beaucoup plus chic

Palácio Fenizia (*plan centre F2-3,* **53**) *: rua de Fernandes Tomás 215. ☎ 225-37-13-03. • palaciofenizia.com • Ⓜ 24 de Augusto ou Bolhão. Doubles à partir de 120 € selon saison et confort. 2 nuits min.* Dans un ancien palais réhabilité par un architecte italien, ancien créateur des boutiques *Valentino, Dolce & Gabbana* ou encore *Bulgari*. Superbe façade d'azulejos. 5 chambres d'hôtes superbement rénovées, spacieuses, aux noms colorés, en étage ou au rez-de-chaussée, avec tout le confort moderne et le charme du mobilier ancien. Parquets, accès au jardin pour certaines, baignoires et salles de bains monumentales. Fait aussi galerie d'art et boutique. Jardin sympa pour paresser. Une adresse charmante.

Grande Hotel do Porto (*plan centre, E3,* **49**) *: rua de Santa Catarina, 197. ☎ 222-07-66-90 et 96. • reservas@grandehotelporto.com • grandehotelporto.com • Ⓜ Bolhão. ♿ Doubles 60-190 € selon saison et confort ; suites à partir de 200 €. Promos intéressantes sur Internet ou par tél. Parking payant (9 €/j.).* Le plus ancien hôtel de luxe de la ville (1880). Selon le prix, belles chambres très modernes au 3e étage ou plus classiques, de tailles inégales et surévaluées aux étages inférieurs. Également quelques superbes suites luxueuses. Elles donnent sur la rue piétonne, sur les côtés ou sur l'arrière. Les parties communes possèdent une élégance de palace du XIXe s. Bar et salons, avec leurs grosses colonnes baroques, les plafonds moulurés, les objets vintage et les atmosphères tamisées dans toutes les tonalités de rouge et de pourpre se révèlent de vrais décors de film. Accueil très pro et dévoué. Bon petit déj.

Teatro Hotel *(plan centre, E3,* ***50****) : rua Sá Bandeira, 84. ☎ 220-40-96-20. • geral@hotelteatro.pt • hotel teatro.pt • Doubles 130-160 € selon saison.* Derrière une façade d'immeuble de bureaux se cache un ancien théâtre transformé en hôtel glamour et artiste. Une lourde porte s'ouvre sur... un décor de théâtre. Costumes de scène accrochés à des cintres, grandes photos racontant les riches heures du lieu, design brillant et sophistiqué. Les 74 chambres prolongent le charme, débauche d'étoffes précieuses, d'ors, de bronze et de lourdes tentures. Pour les acteurs et actrices d'une nuit, confort garanti et, à l'entracte, ils adoreront le bar élégant. Resto à l'avenant offrant une bonne cuisine, pas si chère *(le midi en sem plats 14-15 €, le soir 19-26 €).* Ô rage, ô désespoir de n'y être resté qu'une nuit !

Au nord, dans le quartier de la praça da República

Prix moyens

Hotel Rex *(plan centre, D1,* ***51****) : praça da Republica, 117. ☎ 222-07-45-90. • rexhotel-porto.com • hotel rex117@gmail.com • Ⓜ Lapa ou Trindade. Doubles 73-93 € selon confort et saison. Parking privé (7,5 €/j.).* À l'écart du centre-ville, cette vieille demeure bourgeoise de 1850 regarde les arbres de la place de la République. Belle façade avec ses carreaux en céramique, la cage d'escalier élégante, les hauts plafonds aux stucs moulurés, le mobilier ancien ou moderne, le charme de la maison s'associe au confort des chambres (toutes avec AC, douche-w-c). Celles-ci donnent sur le parc ou bien sur le côté, ou encore sur l'arrière (plus calme). Pour l'anecdote littéraire : c'est ici que logea l'écrivain Dominique Fernandez dans les années 1990, admirateur de Porto, pour son livre *L'Or des Tropiques.*

De prix moyens à plus chic

Castelo Santa Catarina *(plan centre, F1,* ***52****) : rua de Santa Catarina, 1347 (ne pas confondre avec la Residencial Santa Catarina, 150 m plus bas). ☎ 225-09-55-99. • porto@caste losantacatarina.com.pt • castelosanta catarina.com.pt • Ⓜ Marquês. Selon confort et saison, doubles au château 55-85 € ; 3 suites 80-100 € ; petit déj compris. Parking gratuit.* Une demeure unique par son style et sa beauté : des murs couverts d'azulejos, une chapelle, des pins d'Alep et des palmiers, des tourterelles qui roucoulent... Ce manoir du début du XXe s abrite des chambres à la déco soignée toutes différentes, avec un mobilier XIXe s en harmonie avec le lieu (certains lits sculptés sont étonnants !). Les suites ont des balcons. L'une, au sommet de la grande tour carrée, offre une belle vue sur Porto, ses toits de tuiles et, au loin, l'océan. Dans le superbe jardin, les chambres les moins chères sont lovées dans de petits pavillons climatisés, plus fonctionnels.

OÙ MANGER ?

Dans le centre, autour de l'avenida dos Aliados, Carmo, torre dos Clérigos, jusqu'à la rue de Miguel Bombarda

Un quartier idéal pour dîner avant de poursuivre la soirée dans un des nombreux bars de nuit.

Sandwichs, hamburgers

Sin's *(plan centre, D2,* ***60****) : rua da Conceiçao, 59. ☎ 222-01-06-48. Ⓜ Aliados.* À gauche du très branché resto *Flow,* au bord d'une rue animée le soir, cette petite boutique serrée dans ses murs de granit est le reflet de l'esprit *revival* du quartier. On mange sur place ou on peut emporter la nourriture. Pour des sandwichs (5-7 €) et des hamburgers goûteux et bien faits, c'est ici qu'il faut venir : au poulet, à la viande, à l'espadon, aux 3 fromages... Il y a aussi un sandwich végétarien. Les ingrédients sont sélectionnés avec soin. Pour d'autres hamburgers de qualité, une seconde adresse en face, au nº 106 : ***O Maria.***

Très bon marché

🍴 ***Novo Mundo*** *(plan centre, D-E3,* **61***)* **:** *rua dos Caldeireiros, 73. ☎ 223-32-25-32. Ⓜ S. Bento. Tlj sf dim, jusqu'à 21h. Menu env 5 € (boissons non comprises).* Cantine de poche hors du temps proposant un menu simple et copieux (entrée, plat, dessert, vin et café). Grillades de poissons et de viandes, tripes à la mode de Porto, *feijoada,* la liste change tous les jours. Arriver assez tôt au déjeuner comme au dîner (eh oui, lieu bien connu !). L'un des meilleurs rapports qualité-prix de Porto ! Juste à côté, si jamais c'est plein (ce qui est fréquent), on conseille ***A Sandeira*** *(lun-sam 11h-minuit)* qui prépare d'excellents sandwiches.

🍴 ***Café Santiago*** *(plan centre, F3,* **62***)* **:** *aux nos 198 et 226 rua Passos Manuel. ☎ 222-08-18-04. Ⓜ Bolhao. Tlj jusqu'à 23h.* Petit resto discret mais jouissant d'une bonne réputation. Considéré par beaucoup comme le lieu servant la meilleure *francesinha* de la ville. Si vous n'aimez pas ce plat, alors on vous proposera d'autres mets classiques portugais. Entre les 2 salles, on a préféré celle du nº 198. Accueil cordial et bon service.

🍴 ***O Ernesto*** *(plan centre, D2,* **63***)* **:** *rua Picaria, 85. ☎ 222-00-26-00. Ⓜ Aliados. Tlj sf dim et lun soir, 8h30-21h30 (23h sam). Résa recommandée le w-e. Plats 6-12 €. Vin de la casa 6 €.* Ici, on ne suit pas les modes ! Ernesto n'aime pas le bling-bling et ne veut pas changer. Entrée très discrète, long comptoir de zinc et 2 petites salles en enfilade, grosses pierres apparentes. Il régale le quartier depuis 1938 (dont Bono de U2). Pas énormément de choix, mais les classiques, une saine cuisine familiale pas chère du tout. Viandes, poissons, poulpe, morue...

🍴 ***Casa Viúva*** *(plan centre, D3,* **64***)* **:** *rua do Actor João Guedes, 15. ☎ 222-00-06-72. 📱 933-538-184. Ⓜ Aliados. Tlj sf dim 12h-15h et 19h-23h. Plats 5-6,5 €.* Rien de gastronomique ni de glamour dans cette cantine populaire, en dehors des sentiers battus. Le cuistot, aidé de sa femme, sert une cuisine franche et sincère, à prix dérisoires. Une dizaine de plats (morue *al forno,* daurade grillée, *rojões...*). Bien pour les petits budgets affamés, mais petite salle confinée. Il est probable qu'il déménage en 2018.

De bon marché à prix moyens

🍴 ***Museu d'Avó*** *(plan centre, D2,* **65***)* **:** *travessa Cedofeita, 54. 📱 933-130-382. Tlj sf dim 20h-4h. Petiscos 2-4 €. Repas 12-14 €. 📶 Café offert sur présentation de ce guide.* Non, ce lieu discret n'est ni une brocante ni un musée. C'est un resto du soir qui sert de succulents *petiscos* (ne dites pas « tapas » aux gens du cru, ça les agace). Pots de chambre et cruches pendus aux poutres, vieux jouets en vitrine : Prévert en aurait fait un poème. Morue en salade, calamars en beignets, poulpe, chorizo et jambon. Simple et pas trop cher (tout dépend du nombre de plats commandés, dont certains s'imposent un peu sur la table, gare !).

🍴 ***Brick*** *(plan centre, D3,* **66***)* **:** *Campo Mártires da Pátria, 103. ☎ 223-23-47-35. Ⓜ Aliados. Tlj sf dim-lun 12h-minuit (2h w-e).* La cuisine « honnête » des partisans du « *slow food* » a trouvé son refuge dans ce petit resto convivial et alternatif. Avec son décor bobo de batterie de cuisine, ses casiers en bois et tous ces pots de bonnes choses, on a vraiment envie de s'asseoir autour de la grande table en bois où se serrent les hôtes. Spécialisé dans les *petiscos,* copieux sandwichs, *Brick* sert aussi des salades et gâteaux maison à partir de produits naturels et sélectionnés. *Tostas* du jour au tableau noir. Certes, un peu plus cher qu'ailleurs, mais c'est mérité.

🍴 ***Le Chien qui Fume*** *(plan centre, D-E2,* **67***)* **:** *rua do Almada, 405. ☎ 222-05-93-40. Ⓜ Trindade. Tlj sf* *sam midi et dim. Congés : août. Plats 6,50-12 €. Dessert offert sur présentation de ce guide.* Fondé par un Français pendant la Seconde Guerre mondiale, tenu à présent par l'aimable António, patron et cuistot, qui parle français. Encore un resto discret et sans chichi, petite salle au fond avec poutres au plafond et azulejos. Cuisine sans triche, servie généreusement (ça devient de la tautologie au Portugal). Garder de la place pour les desserts (surtout la glace maison).

Cervejaria Brasão (plan centre, E2, **68**) : *rua Ramalho Ortigão, 28. 934-158-672. Aliados. Plats 7-15 €.* Proche de l'hôtel de ville, cette brasserie portugaise est réputée pour ces *francesinhas* et ses *petiscos.* C'est une sorte d'institution locale, de bon rapport qualité-prix. Murs de grosses pierres en granit, boiseries rustiques, gros abat-jour en cuivre, mezzanine... Il y a aussi des salades, des viandes et quelques plats de la mer. Souvent plein à midi, plus calme le soir.

Prix moyens

Talisman (plan centre, D2, **69**) : *rua José Falcao, 199. ☎ 222-05-90-84. Aliados. Tlj sf lun et dim, 19h-4h du mat.* Naguère propriété d'un riche portugais revenu des Indes, ce superbe palais de style néo-arabe abrite un restaurant français *(Comme Ça)* au rez-de-chaussée et un resto portugais à l'étage. C'est le *Talisman,* et c'est de lui dont on parle ici. Cuisine soignée dans un très beau décor : une grande salle aux plafonds moulurés et aux superbes armoires vitrées. Très bon service. Que ce *Talisman* vous porte chance !

Casa Zé Bota (plan centre, D3, **70**) : *travessa do Carmo, 16-20. Étroite ruelle donnant dans la rua Anibal Cunha. ☎ 222-05-46-97. 918-807-154. Lapa ou Aliados. Tlj sf dim 12h-22h45 (20h-22h45 sam). Repas env 20 €.* Cachée dans une étroite ruelle, une taverne populaire et chaleureuse où s'entassent des cartons et des caisses de vin. Cuisine familiale faite avec d'excellents produits et un savoir-faire évident. Portions pantagruéliques, demi-portion conseillée (surtout les différentes déclinaisons de *bacalhau*).

Plus chic

Flow (plan centre, D2, **60**) : *rua da Conceição, 63. ☎ 222-05-40-16. • reservations@flowrestaurant.pt • reservations@flowrestaurant.pt • Lun 20h-23h30 ; mar-ven 12h30-15h, 20h-23h30 ; sam 13h-15h20, 20h-minuit. Fermé lun midi et dim.* Voici le resto chic et glamour de cette rue nocturne et animée, installé au rez-de-chaussée d'une vieille demeure couverte d'azulejos. De la porte d'entrée à la table, du service à la décoration, tout est attirant dans cette très grande salle stylée, aménagée d'une manière intelligente et contemporaine. Cuisine bien faite, joliment préparée, avec tous les classiques du Portugal (*bacalhau,* thon, poulpe) et de la Méditerrannée (*pastas,* risottos), revus et corrigés par un chef inspiré et attentionné.

Ostras Coisas (plan centre, D3, **71**) : *rua da Fábrica, 73. ☎ 223-28-05-27. Aliados. Tlj 12h-23h (minuit le w-e). Attention, prix au poids ! Compter 25-30 €. Vins à partir de 10 €.* Installé dans une vénérable ancienne demeure (regardez les belles fenêtres au 1er étage) qui a été aménagée dans un esprit design (tons blanc, gris, beige) avec des éclairages mesurés et petite musique jazzy. Ici, c'est l'Atlantique qui dirige la maison. On y offre une cuisine de la mer exclusivement, avec des poissons, des crustacés et des fruits de mer d'une belle fraîcheur : crème de *mariscos, navalheiras* (étrilles parfumées aux épices), excellent cheesecake à la citrouille pour finir. Service en continu pour les *petiscos* et petits crustacés (mais gros plats de poisson aux heures de repas traditionnelles)...

Au nord, dans le quartier de la praça da República

Bon marché

Antunes (plan centre, E2, **72**) : *rua do Bonjardim, 525. ☎ 222-05-24-06. • restauranteantunes@sapo.*

pt • Ⓜ *Trindade. Tlj sf dim 12h-15h, 19h-22h. Congés : de mi-août à mi-sept. Plats 6-15 € ; menu 13 €.* Si vous aimez le typique et l'authentique, alors voici ce petit resto traditionnel servant une cuisine sincère et bien mijotée à prix sages. Décoration simple, accueil jovial, et quelques caricatures égaient les lieux. Grande spécialité : le jarret de porc braisé (pour 2 !), ainsi que *tripas* (le mercredi), *cozido à portuguesa* (le jeudi), *rojões à moda do minho* (le vendredi), *et* le *cabrito assado* (le samedi). Excellents vins maison.

|●| ***Ginjal*** *(plan centre, E2,* ***73****) : rua Bonjardim, 726.* Ⓜ *Trindade.* ☎ *222-03-10-15.* 📱 *933-101-600. Tlj sf lun 12h-23h. Plats 8-10 €.* Dans une élégante demeure particulière, à l'écart du centre, avec une fresque murale côté boulevard. Préférer les 2 agréables petites salles du 1er étage, fraîches, lumineuses, aux sobres tonalités blanc et gris. Excellente cuisine traditionnelle servie sur des nappes en tissu. Spécialiste des tripes (présentées de façon originale), et de la *feijoada à Transmontana.* Quelques plats italiens aussi. Service efficace et, le midi, clientèle d'employés du quartier.

|●| ***Lusíada*** *(plan centre, E1,* ***74****) : rua de Camões, 398.* ☎ *222-00-37-76.* • *restaurantelusiada@gmail.com* • Ⓜ *Trindade. Tlj sf w-e et j. fériés. Menu avec vin et café 15 € ; plats 5-10 €, imbattable !* Pas obligé d'avoir lu les *Lusiades* de Camões pour apprécier ce petit resto modeste (rénové en 2017), tout carrelé de blanc, tenu par une famille aimable et joviale. Les habitués y apprécient l'heureuse combinaison de la cuisine traditionnelle à petits prix et du service attentionné et dynamique. À la fin du repas, digestif généreusement offert.

À l'est, dans le quartier de la praça da Batalha et du marché Bolhão

Ce quartier populaire regorge de bons petits restos en dehors des circuits habituels.

Très bon marché

|●| ***Confeitaria do Bolhão*** *(plan centre, E3,* ***76****) : rua Formosa, 339.* ☎ *223-39-52-20.* • *geral@confeitariadobolhao.com* • Ⓜ *Bolhão. Face à l'entrée du marché. Tlj sf dim 6h-21h (19h sam). Plats à partir de 4,50 €.* Ne désemplit pas depuis 1896, et l'on comprend pourquoi ! Derrière sa devanture ancienne, une belle salle style Art déco. On y mange sur le pouce sandwichs, quiches et pâtisseries. Grande variété de pains. Excellents jus de fruits frais.

|●| ***Casa Guedes*** *(plan centre, F3,* ***77****) : praça dos Poveiros, 130.* ☎ *222-00-28-74.* Ⓜ *Campo 24 de Agosto. Tlj 11h-22h. Les fameux sandwichs maison 2,90 et 3,90 €.* Dans un cadre ordinaire de petit resto-snack, découvrez le sandwich au porc *(sande de pernil)* le plus fameux de Porto. Il y a souvent de l'attente, mais c'est délicieux : de l'épaule braisée, à la cuisson parfaite, tendre, juteuse, au goût venu d'ailleurs. Une recette secrète, dit-on ! Au pain croustillant et son jambon, on ajoute par ailleurs une couche de fromage de brebis frais... Un conseil, commandez-en deux, ça évite d'avoir à refaire la queue. Également des snacks, soupes, filets de poisson, saucisses, mais cols blancs et étudiants ne viennent que pour ce goût remarquable ! Terrasse aux beaux jours.

De bon marché à prix moyens

|●| ***Maria Rita*** *(plan centre, F3,* ***78****) : rua de Alegria, 16.* ☎ *222-05-06-93.* Ⓜ *Bolhão. Tlj sf dim 12h-15h, 19h-22h. Plats 4,50-22 €. CB refusées.* En face de l'hôtel *Ibis,* resto de quartier à l'enseigne peu visible, clientèle populaire et atmosphère délicieusement familiale. Simple et goûteuse cuisine traditionnelle concoctée avec cœur, comme la *bacalhau a Maria Rita* (au four, avec patates et mayonnaise).

|●| ***O Buraco*** *(plan centre, E2,* ***79****) : rua de Bolhão, 95.* ☎ *222-00-67-17.* Ⓜ *Bolhao. Tlj sf dim 12h-15h, 19h-22h. Plats 5-10 €.* Son nom signifie « Le trou ». Voici l'une des cantines les plus anciennes et populaires du quartier. Bien ridée et patinée, sombre et anachronique, elle délivre une cuisine toujours de marché (il est à côté) et de qualité régulière. Tous les classiques :

croquettes de morue, tripes, sardines... Une institution privilégiée par les locaux ! Attention, parfois la queue le soir, venir de bonne heure et préférer la salle au rez-de-chaussée.

|●| ***Abadia do Porto*** *(plan centre, E3,* ***80****) : rua do Ateneu Comercial, 22-24. ☎ 222-00-87-57. • geral@abadiadoporto.com • Ⓜ Bolhão. Face au terminal Rodonorte. Tlj sf dim et lun midi, 12h-15h30, 18h30-23h. Plats 9-16 € ; compter 20 € le repas.* Immense resto sur 2 niveaux. Murs en pierre de taille recouverts d'azulejos et tables bien dressées. Carte variée et en français, avec 2 options (et prix) possibles pour 1 ou 2 personnes : *bacalhau* à toutes les sauces, excellent *cabrito assado,* poulpe grillé... Bref, tous les classiques de la cuisine du nord du Portugal. Si copieux qu'on a du mal à finir une simple demi-portion.

|●| ***Taberna do Doutor*** *(plan centre, E2,* ***81****) : rua da Firmeza, 489. ☎ 223-24-70-96. Ⓜ Bolhão. Tlj sf dim 12h30-23h30. Plat du jour 4,50 €, bacalhau à braga 7 €. Vin au verre 1 €.* Déco de caféteria rustique, avec une collection de bouteilles au-dessus du bar. Bonne cuisine traditionnelle sans fard : spécialités de morue et de sardines, bien sûr. Tripes le jeudi pour les amateurs et, en février et mars, délicieuse *lampreia* à la bordelaise.

Plus chic

|●| ***Restaurante Escondidinho*** *(plan centre, E3,* ***82****) : rua Passos-Manuel, 144. ☎ 222-00-10-79. 📱 933-101-600. Ⓜ Bolhao. Tlj 12h-15h, 19h-minuit. Petit menu le midi, 34 € le soir. À la carte, compter env 30 €.* Situé en face du Coliseum. Depuis 1931, le resto chic traditionnel de Porto, chouchou des familles bourgeoises. Charme, calme, sérénité et excellente cuisine soignée. Salle à manger évoquant une demeure aristocratique : azulejos et murs blancs ornés de belles assiettes, mobilier de bois sombre... Idéal pour un repas en amoureux ! Service impeccable. Très conseillé de réserver ou d'arriver de bonne heure.

Au sud, dans le quartier de la Ribeira, de la gare de São Bento aux rives du Douro

Beaucoup de restos touristiques servant une cuisine médiocre, avec de petits à-côtés glissés l'air de rien sur la table, et au final une addition coup de massue. La Ribeira ne vous veut pas que du bien ! Mais on vous a tout de même déniché quelques bonnes surprises.

De bon marché à prix moyens

|●| ***Mercearia das Flores*** *(plan centre, D3,* ***83****) : rua das Flores, 110. ☎ 222-08-32-32. • geral@merceariadasflores.com • Tlj sf dim 10h30-20h (22h jeu-sam). Petits plats 4-6 € ; compter 10-20 €/pers selon votre gourmandise.* Cette petite épicerie fine au cadre frais et coloré fait également resto. Elle nous a plu par la qualité de ses produits et la bonne humeur ambiante. On se serre autour de quelques tables hautes que l'on partage avec d'autres convives ou sur la petite terrasse dans la rue piétonne. Parmi les délices régionaux choisis avec soin et souvent bio : cochonnaille et fromage, bien sûr, mais aussi poisson en conserve, tartines, cakes, tartes salées ou sucrées... À ce propos, ne loupez surtout pas les desserts maison, ils sont à se damner ! Accueil souriant.

|●| ***Adega São Nicolau*** *(plan centre, D4,* ***84****) : rua São Nicolau, 1. ☎ 222-00-82-32. Ⓜ Estação São Bento. Tlj sf dim 12h-23h. Plats 9-24 €.* Dans sa petite ruelle en pente, ce resto traditionnel est réputé pour la franchise de sa cuisine, faite avec des produits naturels. À la carte, viandes (dont les tripes de Porto) et poissons sont à égalité, mais on a une préférence pour ces derniers, notamment l'excellent poulpe et les sardines grillées. On déjeune dehors sur quelques tables ou à l'intérieur.

|●| ***A Grade*** *(plan centre, D4,* ***84****) : rua São Nicolau, 9. ☎ 223-32-11-30. • restaurantegrade@gmail.com • Ⓜ Estação São Bento. Tlj sf dim.*

Congés : en janv. Plats 10-19 €. Digestif offert sur présentation de ce guide. On mange dans la même petite ruelle en pente que *Adega São Nicolau*, à l'écart de l'agitation et à l'ombre. Les produits de la mer tiennent le haut de la carte. Autrement, on sait aussi griller le colin ou la sardine, mijoter le cabri au four et frire de délicieux beignets de morue. Bref, une cuisine du cru, sans chichi.

Papavinhos *(plan centre, C3,* ***85****) : rua de Monchique, 23. ☎ 222-00-02-04. 968-065-145. Excentré par rapport au métro Estação São Bento, mais proche du* World of Discoveries. *Tlj sf lun, midi et soir. Repas 10-12 €. Menus (en français) 5,50 € et 16,50 €.* À l'abri de la tourmente touristique, un gentil petit resto de quartier livrant une cuisine franche et à prix doux. En prime, accueil particulièrement affable. Salle à l'étage. Copieuse *bacalhau, ameijoas al pescador* (palourdes) et *creme do mariscos* parfumées à souhait.

Prix moyens

Miss'Opo Cafe Bar *(plan centre, D3,* ***86****) : rua dos Caldeireiros, 100. ☎ 222-08-21-79. Ⓜ Estação São Bento. Tlj mar-dim 19h-minuit. Repas 15-20 €.* Ana Luandina et Paula Lopez avaient un rêve de restaurant dans le quartier de la Ribeira. Elles l'ont réalisé. La déco contemporaine, le style postmoderne, les murs en ciment, le mobilier de bistrot, le grand comptoir, tout contribue à faire de ce lieu à peine signalé une adresse alternative et décalée, mais à taille humaine. Pas de grande cuisine gastronomique, mais une carte fraîche qui allie Portugal et Méditerranée. Savoureux brunch du dimanche matin.

De plus chic à très chic

Cantinho de Avillez *(plan centre, D4,* ***87****) : rua Mouzinho da Silveira, 166. ☎ 223-22-78-79. Ⓜ Estação São Bento. Tlj 12h30-15h, 19h-minuit. Petiscos 7-12 €. Plats 17-22 €.* Petit frère de celui de Lisbonne, établi au cœur de la partie haute de la Ribeira, ce resto sert une cuisine portugaise inventive et très soignée, inspirée toujours de la tradition locale. Les prix plus élevés qu'ailleurs sont vite justifiés vu la qualité des plats mitonnés par des cuistots formés par le chef José Avillez. Celui-ci est considéré comme une étoile montante de la gastronomie portugaise. Cet endroit, c'est la petite table à prix (encore) sages de ce grand chef talentueux ! Quant au décor, c'est celui d'un bistrot chaleureux et de caractère. Excellent accueil et service diligent.

DOP *(plan centre, D4,* ***88****) : Palacio das Artes, largo de S. Domingo, 18. ☎ 222-01-43-13. 910-014-041. Ⓜ Estação de São Bento. Tlj sf dim et lun midi 12h30-23h. Le soir, résa quasi obligatoire. Menus 20 € (midi en sem), 65-75 €. À la carte 40 € min.* Situé au rez-de-chaussée d'un superbe palais. Immense espace au cadre contemporain avec une longue table d'hôtes pour les familles ou ceux qui n'ont pas réservé. Cuisine portugaise moderne et raffinée à base de superbes produits (beaucoup de bio). Le chef, Rui Paula (né à Porto en 1967), est une vraie vedette gastronomique. Il a su redonner une nouvelle jeunesse aux recettes de sa grand-mère. Goûter aux onctueuses langues de morue et au tendre *polvo lagareiro.* Remarquable menu de la mer, délicieux desserts maison. Service jeune et stylé.

OÙ BOIRE UN THÉ ? OÙ DÉGUSTER UNE PÂTISSERIE ?

La Rota do Chá *(plan centre, C2,* ***100****) : Artes em Partes, rua Miguel Bombarda, 457. ☎ 220-13-67-26. 914-394-027. • rotadocha.pt • Ⓜ Aliados. Lun-jeu 11h-20h, ven-sam 12h-minuit, dim 13h-20h. Compter 2-4 € la minithéière. Menu au déj slt 8 €.* Au rez-de-chaussée d'un édifice dédié à l'art contemporain, un salon de thé à l'enseigne de la sagesse orientale. On se souvient ici que les Portugais furent parmi les tout premiers à introduire le thé en Europe. Depuis la Chine jusqu'aux confins de l'Himalaya, en passant par le Japon et la Russie, on se laisse facilement emporter par cette route du thé au gré de presque 1 000 sortes différentes proposées ici. Les plus gourmands dégusteront une petite pâtisserie, bien portugaise celle-là. Cadre apaisant, idéal pour se ressourcer. C'est petit, chaleureux et intime, et la salle ouvre sur un très agréable jardin derrière. Vente de thé.

Casa de Ló *(plan centre, D2,* ***101****)* ***:*** *travessa Cedofeita, 20.* *914-900-409.* *Ⓜ Aliados. Tlj sf dim, 15h-minuit (ven-sam 4h du mat).* Ambiance décontractée dans ce petit bar-salon de thé apprécié notamment des étudiants. Le lieu n'a guère changé de vocation, puisqu'il s'agit d'une ancienne boulangerie qui a conservé son look rétro, ses vieilles étagères et boîtes à gâteaux dans l'entrée. On y vendait jadis le *pão de ló* (un gâteau traditionnel un peu spongieux), aujourd'hui, plein d'autres pâtisseries fraîches et de gâteaux maison à s'en lécher les babines ! Avec ça, on sirote des tisanes, des jus ou des thés glacés artisanaux, voire une bonne sangria ou un verre en soirée. À l'arrière, une courette reposante avec quelques tables et des jardinières de menthe. Musique le week-end.

Le long de la *rua Galeria de Paris (plan centre, D3,* ***102****)*, quelques salons de thé, bars et bistrots très animés en fin d'après-midi et le soir... Faites votre choix suivant goûts et humeur ! Au nº 56, le **Café de Paris** *(café offert sur présentation de ce guide)* nous fait pénétrer dans une sorte de cabinet de curiosités. Extérieur avec des stores blanc et vert, terrasse sur le trottoir, et intérieur original où les murs sont couverts de vitrines remplies du plus grand bric-à-brac (bien rangé) de Porto. Jouets d'enfants, petites voitures, soldats, vaisselle, appareils photos, transistors...

OÙ BOIRE UN VERRE ? OÙ ÉCOUTER DE LA MUSIQUE ?

Les grands classiques

Majestic Café *(plan centre, E3,* ***110****)* ***:*** *rua de Santa Catarina, 112. ☎ 222-00-38-87. Ⓜ Bolhão. Tlj sf dim 9h30-minuit.* Le café le plus célèbre de la ville (ça se voit en bas de la note !), œuvre de l'architecte João Queiros. Superbe décoration néo-classique d'époque 1920 : moulures, stucs, miroirs géants piquetés. Une partie de l'histoire de la ville s'est écrite au *Majestic*. Les intellectuels se réunissaient ici : l'ancien président d'Angola, Agostinho Neto, avocats, universitaires... Sous Salazar, républicains et libéraux y cohabitaient même ! Plus proche de nous, Jacques Chirac, feu Manoel de Oliveira et l'ancien Premier ministre portugais, José Sócrates qui, du fond de sa cellule, regrettait fort la qualité du café maison ! C'est ici que J. K. Rowling aurait imaginé le personnage de Harry Potter. Aujourd'hui, des serveurs en costume noir et blanc s'agitent dans cette vénérable salle où les meilleures places sont les banquettes en vieux cuir gravé, le long des murs. En été, un pianiste d'ambiance joue en journée des airs mélancoliques, laissant place à des concerts de fado certains week-ends.

Café Guarany *(plan centre, E3,* ***111****)* ***:*** *av. dos Aliados, 89. ☎ 223-32-12-72.* *918-023-920. • cafeguarany.com • Ⓜ Aliados. Tlj 9h-minuit.* À l'instar du *Majestic*, du même propriétaire, un autre café mythique de Porto depuis les années 1930. Mobilier Art déco, tables aux superbes pieds fuselés bois et acier ; fresques et bas-reliefs évoquant les Indiens guaranis, une tribu du sud du Brésil. Clientèle chic et de tous âges. Plats plutôt chers et décevants, mais on vient ici surtout pour le décor, vous l'aurez compris !

Soirées fado régulières et gratuites plusieurs fois par semaine, vers 21h30 et uniquement le samedi en haute saison.

Les lieux tendance

Casa do Livro *(plan centre, D3,* ***102****) : rua Galeria de Paris, 85. 912-958-284. Ⓜ Aliados. Tlj 21h-3h (4h le w-e). Cocktails 6-15 €.* Dans l'une des rues qui bougent le plus à Porto. Magnifique endroit très feutré, avec 2 belles salles aux volumes généreux et décorées de livres. Clientèle d'artistes et de *beautiful people* qui se posent dans du mobilier style Empire, face au bar, ou dans la salle du fond avec sa grande bibliothèque. Concert de jazz le jeudi et DJ sets les vendredi et samedi. Une adresse immanquable de la nouvelle scène où l'on vient voir et être vu.

Aduela Taberna Bar *(plan centre, D2-3,* ***113****) : rua das Oliveiras, 36, à côté du Teatro Aberto. ☎ 222-08-43-98. Ⓜ Aliados. Tlj 12h-2h du mat (dim 15h-minuit, lun 15h-2h).* Loin du vacarme, à l'angle de 2 rues calmes et étroites, une terrasse triangulaire ombragée par un olivier et une salle jeune et chaleureuse. Excellente ambiance artiste et bohème, bières artisanales remarquables : vraiment, ne pas rater ce petit bistrot dans l'air du temps. Un bar à la forte personnalité.

Bars à vins (porto)

Portologia *(La maison des Porto ; plan centre, D4,* ***114****) : rua de São João, 28-30. ☎ 222-01-10-50. Ⓜ Sao Bento. Tlj 11h-minuit.* Il s'agit d'une belle boutique dans le quartier de la Ribeira, tenue par une équipe francophone. La maison-mère est à Paris. C'est aussi un bar de dégustation. Ici, on pratique la dégustation commentée des vins de Porto. Le choix est énorme, car il y a près de 200 variétés, toutes issues des domaines de producteurs indépendants et non des grandes et célèbres compagnies. Adresse unique et incontournable fonctionnant sur un excellent concept ! Demandez Maria Pinto ou Julien.

Linha 22 *(plan centre, D3,* ***115****) : rua dos Clérigos, 23. ☎ 222-01-22-34. Ⓜ Sao Bento. Tlj 9h-19h.* En montant vers la tour et l'église des Clérigos, sur la gauche de la rue, voici un lieu de rendez-vous qui mérite notre attention. Le sympathique Pedro Sousa y propose des vins au verre (excellent Porto Bulas), du café Luso (savoureux arabica, made in Portugal), à déguster avec des *pastéis de nata.* Les produits et les vins viennent de petits producteurs locaux choisis avec diligence. Au rez-de-chaussée ou au 1er étage, ce lieu chaleureux et bien conçu est une bonne étape en bordure de la ligne 22 du tram. Les étages supérieurs abritent une *guesthouse.*

Bars musicaux

Breyner 85 *(plan centre, C2,* ***116****) : rua do Breiner, 85. 936-440-865. • breyner85.com • Ⓜ Aliados. Tlj sf lun et mar, Pub-lounge & Wine Bar, 19h-2h du mat. Club et Bar Concerto (2e étage), 22h ou 23h-2h (6h jeu, ven, dim et plus tard encore le sam).* Que l'on soit installé dans le jardin ou dans la salle cosy avec son mobilier ancien, ce bar à l'ambiance jeune dégage des ondes positives. Si le calme règne en journée, c'est pour faire le plein d'énergie avant la tempête du soir ! Car le lieu est surtout connu pour ses soirées à thème, bien souvent gratuites : pub quiz, karaoké le vendredi, concert ou DJ le samedi et surtout la légendaire jam-session du dimanche (vers 23h), qui remporte d'autant plus de succès que, ce jour-là, presque tous les autres bars sont fermés ! L'endroit fait également école de danse et de musique : il s'y passe toujours quelque chose.

Café Lusitano *(plan centre, D2,* ***117****) : rua José Falcão, 137. ☎ 222-01-10-67. 914-413-882. • cafelusitano.porto@gmail.com • Ⓜ Aliados. Mer-jeu 21h30-2h, ven-sam 22h-4h. Fermé dim-lun. Concert mer soir à 22h30 (conso obligatoire 5 €), DJ les autres jours.* Un lieu branché et *gay-friendly* plein de charme, où règne une bonne ambiance dès 23h. Belle salle à l'ancienne avec une déco Belle Époque mise au goût du jour, un grand bar et de belles boiseries, sous un lustre imposant. Arrière-salle avec scène pour des concerts très éclectiques de fado, tango, flamenco, rock... et coin DJ pour les autres soirs. Une 2e salle au fond pour cocooner. Service et clientèle jeunes.

🍸 ♩ ***Maus Hábitos*** *(plan centre, E3,* ***118****)* **:** *rua Passos Manuel, 178 ; 4e étage. ☎ 222-08-72-68. 📱 918-526-985 (resto). • maushabitos.com • Ⓜ Bolhão ou S. Bento. Face au Coliseu. Lun-sam 12h-15h (2h mer-ven, 4h sam). Concerts et jam-sessions fréquents.* Au cœur de la ville, au dernier étage (ascenseur) d'un immeuble de parking, un espace culturel vivant, jeune et créatif, où il se passe toujours quelque chose. Expos, concerts, spectacles et plusieurs bars répartis dans un dédale de salles aux ambiances très différentes. On y vient pour boire des verres et faire de bonnes rencontres. Ambiance jeune et un peu friquée, très festive certains soirs. Fait aussi resto *(mar-dim midi, 12h-15h, 20h-23h ; le midi, menus 5,50 et 8 €).* Passez jeter un coup d'œil, le lieu est vraiment accueillant.

🍸 ♩ ***Pinguim Café*** *(plan centre, D4,* ***119****)* **:** *rua de Belmonte, 65. 📱 916-048-413. Tlj 21h-4h. Café offert sur présentation de ce guide.* Dans la Ribeira, à l'écart du quartier nocturne. Café tenu par Luís, qui a voulu créer un lieu de rencontre dans un décor différent : expos de peinture, poésie, musique jazz, rock et groupes portugais. Clientèle de tous âges. Excellents cocktails.

– Dans le quartier de l'université, la ***praça de Parada Leitão,*** au nord du jardim de Cordoaria, haut lieu de rassemblement de la jeunesse survoltée. Le week-end, particulièrement, de gros attroupements se forment devant les cafés *D'Ouro* et *Universidal,* où la bière coule à flots.

OÙ ÉCOUTER DU FADO ?

Porto n'est pas la ville du fado comme Lisbonne. Néanmoins, il existe quelques lieux où il est possible d'entendre cette mélopée mélancolique typiquement portugaise.

♩ ***Casa da Mariquinhas*** *(plan centre, D-E4,* ***120****)* **:** *rua de São Sebatião, 25. 📱 915-613-877. • casadamariquinhas.pt • Ⓜ Sao Bento. Tlj sf dim-lun, 20h-1h (2h ven-sam). Compter 37-40 €/pers la soirée, dîner et fado inclus.* À l'ombre de la cathédrale (Sé), cachée dans une ruelle discrète, cette maison de fado est une vieille institution à Porto depuis 1968. Les meilleurs artistes du Portugal s'y produisent.

♩ ***Clérigos Bar*** *(plan centre, D3,* ***121****)* **:** *rua dos Caldeireiros, 164. 📱 917-335-751. Ⓜ São Bento. Soirée fado le jeu 18h-20h30. Résa obligatoire. Entrée : 10 €/pers.* Petit local *(15-20 places slt)* aux gros murs de granit orné de quelques œuvres d'art, tenu par l'aimable Manuel qui parle français. Les *fadistos* sont tous des chanteurs professionnels. Après eux, il arrive que des clients prennent le micro pour chanter à leur tour...

OÙ SORTIR ? OÙ DANSER ?

🍸 ♩ 👫 ***Pitch Club*** *(plan centre, E3,* ***130****)* **:** *rua Passos Manuel, 34-38. ☎ 222-01-23-49. • pitch-club.com • Ⓜ Aliados. Ven-sam (et certains jeu) minuit-6h. Entrée gratuite, mais conso min 6 € (plus pour certaines soirées spéciales).* En face du Coliseum, 3 immeubles anciens du vieux Porto ont été rénovés et aménagés en discothèque. Le bar à l'étage ouvre à minuit : déco moderne avec immense *dance floor* pour se chauffer et faire des rencontres avant d'aller guincher au club dès 2h. Musique électro plutôt, live certains soirs. Bien pratique, car en plein centre-ville.

🍸 ♩ 👫 ***Plano B*** *(plan centre, D3,* ***131****)* **:** *rua Cândido dos Reis, 30. ☎ 222-01-25-00. • planobporto.com • Ⓜ Aliados. Jeu-sam 22h-6h. Fermé dim-mer.* Un incontournable de la scène

« alter » de Porto. Un immense volume composé de plusieurs pièces avec 2 bars, salle de concerts *ao vivo* (souvent excellents) et belle piste de danse avec DJs branchouilles (ambiance vraiment chaud-chaud). Ne pas arriver avant minuit si vous avez des fourmis dans les jambes !

Hot five Jazz & Blues Club *(plan centre, E4,* ***132****) : Largo Actor Dias, 51. 934-328-583. • hotfive.pt • Ⓜ Guindais. Mer-sam 22h-3h. Conso 5 €.* Pour le jazz, c'est ici que cela se passe ! Le club se trouve à l'écart du centre-ville dans une maison isolée à l'ombre de l'église Santa Clara et des vieilles murailles (Muralha Fernandina). Les concerts, souvent excellents, ne gênent personne !

À l'extérieur du centre (ouest)

Indústria Club *(plan d'ensemble,* ***133****) : av. do Brasil, 835-843. ☎ 224-10-27-48. Sur l'av. de bord de mer, entre les quartiers de Foz do Douro et de Matosinhos. Bus n° 500 jusqu'à 23h30 depuis São Bento, vers praça da Liberdade, arrêt Molhe. Bus de nuit 1M pour le retour (1h-5h), jusqu'à Aliados. Ven-sam et veilles de j. fériés minuit-6h. Entrée : 8-10 €.* Musique *lounge* au bar, électro-house sur le *dance floor.* Déco néo-baroque avec fauteuils en cuir blanc. À l'entrée, on vous donne une carte de conso et vous payez à la sortie.

PORTO

ACHATS

Comer e Chorar por Mais *(plan centre, E3,* ***140****) : rua Formosa, 300. 916-641-607. À côté du marché. Tlj sf dim 9h-19h30 (19h sam).* Belle boutique-épicerie à la façade Art déco qui comblera les gourmands. On y trouve d'excellents produits locaux de petits producteurs : jambon serrano et charcuterie variée sous vide (bien pratique pour rapporter), grand choix de fromages, de confitures, de vins et d'alcools... à prix raisonnables. Accueil souriant.

A Vida Portuguesa *(plan centre, D3,* ***141****) : rua Galeria de Paris, 20. ☎ 222-02-21-05. Ⓜ Sao Bento ou Aliados. Tlj sf dim 9h-20h.* Un superbe magasin, beau comme un souvenir d'enfance. Leur devise : « Depuis toujours ». De l'époque où l'on y vendait du tissu, ce vaste magasin a conservé son style ancien et rétro, et sa personnalité patinée par le temps : parquet, longues tables et étagères de bois, ainsi que de remarquables lustres Art déco. Le rez-de-chaussée, dédié aux arts de la maison, ne propose rien de régional, ni de typique. Mais, à l'étage, c'est tout le Portugal d'hier qui ressurgit grâce aux rééditions d'articles qui en faisaient le quotidien. Savonnettes parfumées aux emballages rétro, friandises, vaisselle, plaques émaillées, jouets et papeterie d'antan...

Garrafeira A.M. Santos *(plan centre, D2,* ***142****) : rua da Conceição, 38-40. ☎ 222-08-35-71. Ⓜ Aliados. Tlj sf dim 9h30-minuit (2h jeu-sam).* Une adresse remarquable pour acheter du vin de Porto. La boutique est tenue par un homme jovial et très compétent. Il parle français et saura vous conseiller. Des bouteilles et encore des bouteilles, le stock semble couvrir tout ce que le pays peut produire en matière de vins et spiritueux. Il y en a pour tous les budgets à des prix toujours pondérés. Et pour s'en régaler sur place, la boutique se transforme en bar à vins certains soirs.

Livraria Timtim por Timtim *(plan centre, D2,* ***145****) : rua da Conçeição, 27-29. ☎ 222-01-10-83. 938-615-339. • timtimportimtim@iol.pt • Ⓜ Aliados. Tlj sf dim 10h-12h30, 14h30-19h (15h-18h sam).* Toutes les B.D. dont on peut rêver, du Belge Tintin au Gaulois Astérix et autres grands classiques et raretés anciennes. Dans la langue portugaise mais aussi dans celle de Voltaire. Pour les aficionados, une belle caverne d'Ali Baba remplie de trésors !

Máquinas de Outros Tempos *(plan centre, D2,* ***146****) : rua dos Mártires da Liberdade, 154. ☎ 223-21-29-68. 914-845-695. Ⓜ Aliados.*

Tlj sf dim et sam mat 10h30-12h30, 14h30-19h30. LE magasin d'occase de la photographie et du cinéma, des milliers d'articles garantis 6 mois qu'on ne trouve plus ailleurs (caméras, projos, objectifs, accessoires, Polaroid...). Accueil pro.

À VOIR

– La ***Porto Card :*** *☎ 223-39-34-72. • short.visitporto.travel/portocard •* On achète cette carte aux différents bureaux des offices de tourisme (officiels) de Porto et au bureau de change Novo Cambios dans le hall des arrivées de l'aéroport. *Porto Card* offre des réductions de 50 % et des entrées gratuites pour 11 musées, et quelques rabais sur les croisières, dans certains restos et magasins. Elle propose plusieurs formules : 1 jour ou 3 jours, avec ou sans les transports en commun (dans ce cas, le tram et le funiculaire ne sont pas inclus dans le forfait). La formule une journée à pied à 6 € (sans transport, donc) suffit amplement (10 € 2 jours et 13 € 3 jours). Autres options : 13 € pour 1 jour (avec transports) et 25 € pour 3 jours (avec transports aussi).

– ***Official Tours :*** *📱 916-43-64-79. • officialtoursporto@gmail.com • officialtoursporto.com.pt • Tlj depuis la gare de São Bento à 9h30 et 14h30. Tarif : 15 €/pers. Résa par e-mail.* Avec son équipe de 3 guides professionnels, Karen Falaix, une adorable Franco-Portugaise, propose des visites guidées à pied de la vieille ville. On apprend l'histoire de Porto et on découvre la vraie personnalité de cette ville, en marchant au long de ses ruelles bordées de belles façades d'azulejos. Une bonne manière de découvrir, à travers monuments et églises, les secrets de ce Porto insolite et méconnu. On s'arrête aussi dans des ateliers d'artisans traditionnels et dans des boutiques hors du temps. Durée : 4h qu'on ne voit pas passer !

Dans la ville haute : Praça da Liberdade, rua de Santa Catarina, Aliados et Hôtel de Ville, Estaçao de São Bento, Carmo et autour de la cathédrale (Sé)

Le centre historique de Porto est inscrit au Patrimoine mondial de l'Unesco depuis 1996.

Sé *(cathédrale ; plan centre, E4) : terreiro da Sé. ☎ 222-05-90-28. Ⓜ S. Bento. Avr-oct, tlj 9h-19h (18h en hiver). Cloître et musée : 9h-18h30 (entrée : 3 € ; gratuit moins de 10 ans), ferment 30 mn avt.*

La cathédrale de Porto coiffe une des collines de la ville. Vous ne verrez pas de hautes flèches, ni de clocher pointu : elle a une silhouette trapue, presque une église-forteresse massive et granitique. Un édifice sans unité architecturale. La cathédrale mâtine son style roman originel de gothique et de baroque, à l'instar de la façade, dont la rosace romane fut affublée en 1732 d'un portail baroque, œuvre de l'Italien Niccoló Nasoni. De même, le mur nord s'est habillé d'une élégante loggia avec des escaliers à balustres. L'intérieur présente peu d'originalité, excepté des stalles très ouvragées, l'autel assez impressionnant, ainsi que des fresques polychromes dans le chœur. Dans la chapelle du bras gauche du transept, autel en argent massif ciselé.

Joli ***cloître,*** mariage harmonieux de voûtes gothiques en granit et de fresques d'azulejos. Au rez-de-chaussée, belle sacristie recouverte de fresques colorées et deux chapelles. À l'étage, on accède à la terrasse et à la salle capitulaire recouverte d'azulejos et de tableaux au plafond. En redescendant par l'escalier opposé, on ne manquera pas la ***salle des trésors*** présentant une belle collection d'objets religieux des XVIIe et XVIIIe s. – Sur la place de la cathédrale, un *palais épiscopal,* une *tour carrée* du XIVe s et un élégant *pelourinho* (pilori) baroque, couronné et torsadé à souhait. Quelques vestiges des remparts du XVIe s. Depuis la cathédrale, on peut soit rejoindre le tablier supérieur du ponte Dom Luís Iro (vue plongeante sur le Douro), soit descendre vers la basse ville et les rives du fleuve via un réseau de ruelles sinueuses.

Casa-museu Guerra Junqueiro *(maison-musée ; plan centre, E4)* ***:*** *rua Dom Hugo, 32. ☎ 222-00-36-89. Ⓜ S. Bento. Tlj sf j. fériés 10h-17h30 (fermé dim midi). Dernière admission 30 mn avt. Entrée : 2,20 € ; réduc ; gratuit w-e.* Guerra Junqueiro (1850-1923) était poète, homme politique et diplomate, mais aussi un grand voyageur et collectionneur d'objets raffinés du XVe au XIXe s, exposés ici, dans une maison baroque du XVIIIe s, conçue par l'architecte italien Niccoló (ou Nicolau) Nasoni. Au 1er étage, on trouve l'argenterie : services à thé, bougeoirs, plats-fontaines, coffrets marquetés. Le 2e étage est plus éclectique. Dans la salle de droite, tapis de soie indiens au mur ou de laine de Bragança au sol ; habit de cérémonie français, meubles baroques, chopes bavaroises... La pièce centrale regroupe plutôt des céramiques chinoises et des tapisseries flamandes.

Igreja Santa Clara *(plan centre, E4)* ***:*** *largo 1° de Decembre, à 300 m de la Sé, on monte par une ruelle et on arrive sur une petite place carrée et ombragée par quelques arbres. L'église se trouve à l'angle droit de cette place. ☎ 222-05-48-37.* ***Les bâtiments conventuels autour de l'église sont en travaux,*** *mais il est parfois possible d'entrer dans celle-ci sans accéder à la nef.* Cette église est de style manuélin, ce courant qui se développa à la fin du XVe s sous le règne du roi Manuel Ier. Elle est remarquable pour l'exubérance de ces sculptures dorées. Cette technique de sculpture sur bois, dite de la *talha dourada,* atteint ici des sommets. Les murs sont couverts de motifs sculptés dorés, de colonnes surchargées, de chapiteaux surabondants par leurs détails ; le plafond est intégralement doré. En 1758, on disait déjà que Santa Clara était la plus parfaite et la plus soignée des églises du royaume. Noter les deux buffets d'orgue qui encadrent une grande loggia sur deux niveaux. Noter également les 8 loges de part et d'autre de la nef, dans la galerie supérieure. Elles sont fermées par des grilles qui évoquent des moucharabiehs. En résumé, le grand jeu consiste à trouver un millimètre carré sans fioritures.

Estação de São Bento *(Gare ferroviaire de São Bento, plan centre, E3)* ***:*** *fermée la nuit. Ⓜ S. Bento.* Mise en service en 1896, cette belle gare possède une salle des pas perdus qui est un chef-d'œuvre de l'art de l'azulejo (céramiques en faïence bleue). Les hauts murs sont couverts d'immenses fresques retraçant des scènes de la vie populaire ou quelques grands épisodes de l'histoire portugaise du XIIe au XVe s, comme la prise de Ceuta en 1415 par Henri le Navigateur (il était né à Porto). Une autre scène montre Egas Moniz se présentant au roi de León avec sa famille. Belle frise en couleur sur l'évolution des moyens de transport dans le pays. Une anecdote : construisant sa gare comme un monument, l'architecte en négligea le côté pratique et utile, et oublia... les guichets de vente !

Le marché Bolhão *(plan centre, E2-3)* ***:*** *entouré par les ruas de Sá da Bandeira, Fernandes Tomás, Formosa et Alexandre de Braga. Il y a 4 entrées. Ⓜ Bolhão. Tlj sf dim 7h-17h (13h sam).* ***Attention, ce marché devrait fermer entre 2017 et 2019 pour travaux.*** Grande et belle halle intérieure abritant une ribambelle de boutiques couvertes de toits d'ardoises et surmontées d'une galerie à claire-voie. Un endroit vivant, coloré, presque dépaysant qui aligne ses étals de fleurs, de poissons, de fruits, de graines, mais aussi d'olives, de volailles et autres sacs à main.

McDonald's « Imperial » *(plan centre, E3)* ***:*** *praça da Liberdade. Ⓜ Aliados. Tlj 8h30-minuit.* Un intérieur Art déco intact et bien préservé. On est tellement subjugué par le décor qu'on oublie ce qu'il y a sur les plateaux. Qui a dit « tant mieux » ?

Librairie Lello e Irmão (plan centre, D3, **150**) : *rua Carmelitas, 144. ☎ 222-00-20-37. • livrarialello.pt • Ⓜ Aliados ou S. Bento. Tlj lun-ven 10h-19h30, sam-dim 10h-19h. Entrée : 4 € (remboursée pour l'achat d'un ouvrage).* C'est la plus belle librairie du Portugal, et même d'Europe. Fondée en 1869 par une famille de libraires-éditeurs, elle s'appela d'abord Librairie internationale Ernesto Chardron. On ne peut qu'admirer sa façade blanche moderniste et néogothique, et son intérieur digne d'un monument historique. On se croirait dans un cabinet de curiosités dédié aux belles-lettres, dans une somptueuse bibliothèque de château, dans l'annexe savante d'un prince navigateur. C'est une sorte de temple dédié aux livres et à la littérature ! Ici, les rayonnages de bois finement sculpté grimpent jusqu'aux plafonds, eux aussi en bois sculpté. Les fans du jeune sorcier Harry Potter seront amusés de savoir que cette librairie aurait (pas sûr) inspiré la mirifique bibliothèque de l'école de Poudlard.

– En redescendant la rue, on remarquera au passage la boutique *Fernandes, Mattos & Ca,* qui jouit aussi d'un magnifique décor Belle Époque. Un lieu idéal pour chiner.

LES MARCHES LES PLUS FOLLES DU PORTUGAL

La librairie Lello e Irmão *a maintenu sa tradition d'éclectisme. Au centre de la pièce se dresse l'escalier le plus extravagant du Portugal ! Il forme un 8 avec une double circonvolution rappelant les escaliers des vaisseaux des grandes découvertes maritimes. Il ressemble aussi à un violoncelle et vous emmènera au 1er étage sur les ailes du savoir...*

Igreja e torre dos Clérigos (plan centre, D3, **151**) : *☎ 222-00-17-29. Ⓜ S. Bento. Ascension de la tour tlj 9h-18h30 ; horaires spéciaux les 1er janv, 24-25 et 31 déc ; derniers billets 45 mn avt. Visite de l'église (gratuite) tlj 9h-18h (19h en été). Accès à la tour : 4 €. Audioguide : 5 €.* Construite au XVIIIe s par l'architecte baroque d'origine italienne Niccoló Nasoni, c'est l'église la plus haute du Portugal (75,60 m). Elle présente une forme elliptique originale (à regarder son dessin, on dirait une forme d'obus) avec une coupole intérieure ovoïde. L'influence du baroque italien se fait sentir ici plus qu'ailleurs. La théâtralité de la décoration, les petites loges aux balustrades sculptées, les merveilleuses orgues, tout porte la marque cruciale de la Contre-Réforme catholique opposée au protestantisme austère et dépouillé. Porto n'a pas inventé le style baroque venu d'Italie, mais l'a accueilli avec enthousiasme. Il est amusant de savoir qu'il existe à Recife, au Brésil, une église São Pedro dite aussi « dos Clérigos », bâtie sur le même modèle, encore plus majestueuse !

En grimpant au sommet de la tour, on bénéficie bien sûr d'un point de vue unique sur la ville. Attention, pour les enfants en particulier : pas de rambarde de protection au sommet. Sur un palier dans l'abrupte montée, on fera une pause pour admirer les 49 cloches produisant chacune un son différent. La plus grosse pèse 2 t pour un diamètre de 1,50 m, tandis que la plus petite pèse 5 kg. Pilotées par ordinateur, elles sonnent chaque jour à 12h et 18h. Ne pas manquer leur vacarme assourdissant !

Centro português de Fotografia (plan centre, D3) : *campo Martíres da Pátria. ☎ 220-04-63-00. • cpf.pt • Ⓜ S. Bento. Ouv en juil-août, lun-ven 10h-18h. Le reste de l'année, mar-ven 10h-12h30, 14h-18h. W-e et j. fériés 15h-19h. Fermé 1er janv, 1er mai, Vendredi saint et 25 déc. GRATUIT.* La visite vaut en premier lieu pour le bâtiment de cette ancienne cour d'appel et prison de 1796 qui servit jusqu'en 1974. L'édifice a un double aspect : il fait cohabiter une face assez noble (le tribunal et son escalier monumental) avec une face carcérale (portes massives, épais barreaux, cour de promenade...). Au rez-de-chaussée, salle de diaporama, photothèque et salles d'expos temporaires de photos. Un escalier en granit mène à une impressionnante collection d'appareils photographiques au 2e étage.

Plus de 600 spécimens rares sont exposés, des premiers appareils de 1845 aux jetables actuels (pas de numériques, ici !). Daguerréotypes, chambres à soufflet et pièces mythiques comme des Leica, Hasselblad et Rolleiflex. Amusante collection d'appareils miniatures (les plus curieux font moins de 5 cm !) ou d'espionnage (appareil dissimulé dans un paquet de cigarettes, un livre, une montre...).

Museu Soares dos Reis *(plan centre, C3)* **:** *palácio dos Carrancas, rua D. Manuel II, 44. ☎ 223-39-37-70. • museusoaresdosreis.pt • Bus n°s 3, 6, 20, 35, 37, 52 et 78. Tlj sf lun 10h-18h. Dernière admission 30 mn avt. Entrée : 5 € ; réduc ; gratuit 1er dim du mois jusqu'à 14h.*
Ancien palais, construit pour le roi Pedro IV (appelé Pierre Ier au Brésil), aménagé pour recevoir la famille royale en vacances dans le nord du pays. Il a ouvert comme musée en 1833, avec comme mission d'abriter les biens confisqués aux couvents abandonnés de Porto. Il porte le nom du sculpteur António Soares dos Reis qui vécut à Paris et à Rome, avant de se suicider à Porto, en 1889.
Bel espace entourant un jardin bordé d'azulejos. Au 1er étage, des peintures des XIXe et XXe s des plus grands peintres portugais de l'époque : Porto le bien nommé, dont le style rappelle l'école française de Barbizon, Ribeiro, Correia et Marqueis de Oliveira. Dans le reste du musée, l'Art déco est à l'honneur. Des faïences du XVIIIe au XXe s, certaines drôlement sculptées. Faïence bleutée de Mira Gaia (on est dans le quartier !). Très belle présentation de vaisselle, de services de couverts, mais aussi meubles en marqueterie.
Cafétéria avec terrasse.

Museu romântico da Quinta da Macierinha *(plan centre, B3)* **:** *rua de Entre Quintas, 220. ☎ 226-05-70-32. Bus n°s 93, 96, 200 et 207. Tlj sf lun et j. fériés 10h-17h30 ; dim 10h-12h30 (derniers billets 30 mn avt). Entrée : 2,20 € ; réduc, gratuit w-e. Visite guidée (possible en français : s'annoncer un peu avt).*
Loin du tohu-bohu du centre-ville, au sud-ouest du jardim do Palácio de Cristal, ce vieux manoir de la fin du XVIIIe s est perché au sommet d'une colline, en surplomb de la vallée du Douro. Il a accueilli autrefois le prince Carlos Alberto de Savoie en exil. Solitaire et déprimé, il y mourut le 28 juillet 1849, loin de sa terre natale. Dans le romantisme, il y a toujours une dimension de tristesse mélancolique...
Longtemps domaine privé d'une grande famille productrice de porto, aujourd'hui propriété de la ville de Porto, la *Quinta* conserve le charme et le caractère des vieilles demeures nobles chargées d'histoire. Les rues pavées qui y conduisent, les arbres centenaires du parc, sont une belle entrée en matière pour ce musée du Romantisme !
À l'intérieur, un décor bourgeois du XIXe s témoigne du riche passé de la maison. Une foule d'objets raffinés, comme on savait si bien les faire à l'époque, meublent la dizaine de pièces : belle chambre de style Empire, splendide salle à manger avec table dressée, salon d'apparat, salle de billard offrant une belle vue sur le Douro.

Toutes les églises de Porto n'ont pas le même cachet ou intérêt religieux. L'**igreja dos Congregados** *(plan centre, E3,* ***152****)* se dresse sur la Praça da Liberdade, à côté de la gare de São Bento. Elle date de 1703. Noter sa façade ornée d'azulejos et son fronton triangulaire. Elle se visite pour son style *talha dourada* et son autel argenté. Praça de Gomez *(plan centre, D3),* à côté de l'université, les **igrejas do Carmo** et **dos Carmelitas** sont recouvertes d'une grande fresque d'azulejos évoquant la prise de voile des carmélites.

Dans la ville basse et le quartier de la Ribeira

Les rives du Douro et leurs viaducs : ne pas manquer de parcourir le quartier de Ribeira à la découverte de ces ouvrages d'art qui forgent l'une des images tenaces de Porto. Même si leur activité est désormais purement touristique,

PORTO

les *rabelos,* ces gabares utilisées jadis pour le transport du porto, donnent au fleuve un côté suranné très plaisant. Et puis, qu'on soit à Porto ou Vila Nova de Gaia (en face), la rive opposée a toujours un joli relief, avec ses entrepôts, églises, couvents et autres édifices civils agrippés à leurs flancs.

La vallée du Douro est enjambée par l'emblématique ***pont métallique Dom Luís Ier,*** construit entre 1881 et 1886 sur les plans d'un ingénieur belge, Théophile Seyrig, ancien collaborateur d'Eiffel. L'ouvrage a été inauguré en 1886 par le roi Louis Ier du Portugal (Dom Luis I), d'où son nom actuel. Le métro le traverse dans la partie supérieure (de même que les piétons) tandis que la partie basse est réservée aux voitures (et aussi encore aux piétons). Très belle vue depuis la partie la plus haute.

En amont, le premier pont est le Ponte do Infante, pont routier moderne, puis le ***pont (ferroviaire) de la Reine Maria Pia,*** œuvre de ***Gustave Eiffel*** et de son associé Théophile Seyrig (voir encadré). Il est ainsi nommé en l'honneur de Maria Pia de Savoie, devenue reine consort par mariage avec le roi Louis Ier du Portugal. La construction de ce pont permit à l'ingénieur d'affûter les techniques de montage de sa célèbre tour parisienne, 12 ans plus tard. Son génie stupéfia à l'époque. Pour franchir les 560 m de flots impétueux du Douro à une hauteur de 60 m et sans installer de piles (160 m de portée d'arc !), il fallut 22 mois de travaux et 150 ouvriers. Le pont fut terminé le 4 octobre 1877 et est désaffecté depuis 1991.

UNE FEMME QUI MÉRITERAIT UN PONT D'OR...

L'épouse du constructeur du pont Maria Pia avait parié qu'elle serait la première à le franchir. À peine la poutre de 20 cm de large posée entre les deux rives, elle s'élança comme une funambule. Et pour être sûre que personne d'autre ne fût le premier dans l'autre sens, elle accomplit un nouvel exploit en retournant d'où elle venait. On raconte qu'ensuite son mari n'a jamais coupé les ponts avec elle.

On trouve un peu plus loin le dernier-né de la ville, le ***ponte do Infante Dom Henrique,*** tout blanc, qui, lui, accueille les voitures. Le ***pont d'Arrábida,*** en béton, est le plus proche de la mer.

– *Visite guidée du pont Dom Luís Ier :* possibilité de grimper sur ce pont avec Porto Bridge Climb. La première fois depuis 1963 ! Attention, condition physique nécessaire (262 marches à gravir) : être âgé entre 12 et 79 ans, avoir de bonnes chaussures et une tenue de marche. Vue splendide ! *Durée visite : 30 mn. Visites en français possibles, demander avt. Tlj à partir de 14h30. Accueil au pied du pont d'Arrábida. Tarifs : 10-12,50 €/pers • portobridgeclimb.com •*

Palácio da Bolsa *(palais de la Bourse ; plan centre, D4)* **:** *rua Ferreira Borges, qui longe la praça Infante Dom Henrique. ☎ 223-39-90-00. • palaciodabolsa.com • Avr-oct, tlj 9h-18h30 ; nov-mars, tlj 9h-12h30, 14h-17h30. Visite guidée obligatoire de 30 mn (possible en français), départ ttes les 30 mn. Tarif : 8 € ; réduc. Possibilité de réserver par l'office de tourisme.*

Construit en 1842 par la reine Marie II du Portugal pour être le siège de l'Association commerciale de Porto, qui devint ensuite la chambre de commerce et d'industrie de Porto. La Bourse s'y tint jusqu'en 1996, date à laquelle Porto perdit son titre de capitale financière au profit de Lisbonne. Le style néoclassique austère de la façade contraste avec les salles intérieures, plus flamboyantes les unes que les autres et qui synthétisent plusieurs styles (Renaissance, baroque, mauresque) et techniques décoratives (peintures, marqueteries, mobiliers, bois précieux). Cour des Nations conçue comme un puits de lumière (cherchez les armes de votre pays), escalier monumental en granit dont la construction dura 68 ans et surmonté de deux lustres en bronze de 1,5 t chacun, salle du tribunal de commerce, salle du conseil (toujours en usage) avec plancher marqueté, salle des portraits, salle dorée...

Mais le joyau de l'édifice reste le ***salon mauresque (salão Àrabe),*** inspiré de l'Alhambra de Grenade. Richement décoré du sol au plafond de stucs et boiseries délicatement ciselés et de faux vitraux qui sont en réalité du verre peint. Un ouvrage qui a demandé 18 ans de travaux ! Il présente une légère dissymétrie... car, selon les canons de la modestie traditionnelle dans l'architecture musulmane : seul Allah est parfait ! Cette salle, où l'on donnait des bals et réceptions mondaines, est encore utilisée de nos jours à l'occasion de concerts et autres manifestations culturelles.

Instituto dos Vinhos do Douro e do Porto *(plan centre, D4,* ***153****)* **:** *rua de Ferreira Borges, 27. ☎ 222-07-16-00. • ivdp.pt • Tlj sf dim 10h-19h. Entrée libre. Dégustation payante.* Juste au-dessus du palais de la Bourse et face au marché Ferreira Borges, quelques marches de granit nous font pénétrer dans ce bâtiment imposant qui abrite l'Institut des vins du Douro et de Porto. Organisme dépendant de l'État, sa mission consiste à veiller au contrôle de la qualité et de la quantité des vins de Porto, ainsi qu'au respect des appellations. On y trouve une salle d'exposition, uns salle de dégustation, un petit musée du porto très bien fait, et des locaux fermés au public abritant l'administration et la recherche (laboratoires). Une plaque et une borne en granit à l'entrée rappelle le rôle du marquis de Pombal. En 1756, il créa et homologua la zone viticole du Haut-Douro. Le musée évoque l'histoire et l'évolution des vins de Porto et de la haute vallée du Douro. On y apprend que le premier porto vintage figurait en 1765 sur un catalogue de chez *Christie's,* et que 1927, 1931 et 1994 sont des années exceptionnelles !

Igreja São Francisco *(plan centre, D4)* **:** *rua do Infante Dom Henrique. ☎ 222-06-21-25 et 00. Tlj sf 25 déc : juil-sept, 9h-20h ; mars-juin et oct, 9h-19h ; nov-fév, 9h-17h30. Entrée : 4 € pour l'église, le musée de l'Ordre, la Maison de la dépêche, les salles du Trésor et des cessions, et les catacombes (voir ci-après) ; le billet se prend au musée en face du porche.*
Sur l'emplacement d'un premier petit lieu de culte datant de 1245, cette église fut édifiée en 1425 dans un style gothique classique, puis décorée de manière baroque aux XVIIe et XVIIIe s. Ces siècles correspondent à la fois au triomphe et au chant du cygne de la *talha dourada* : la nef n'est qu'une orgie de bois sculpté dégoulinant d'or, une explosion végétale qui envahit murs, voûtes, piliers, jusqu'au plafond. Seul le plancher y échappe. Visite obligatoire ! Ce délire nécessita à l'époque plus de 500 kg d'or.
La pièce la plus extraordinaire est le ***superbe arbre de Jessé*** en bois sculpté polychrome, assurément l'une des plus stupéfiantes illustrations au monde de la généalogie du Christ. Le patriarche Jessé est couché au-dessus d'une cage de verre renfermant la statue grandeur nature de *Nossa Senhora do Boa Viagem* ou *Boa Morte* (Vierge Marie du Bon Voyage ou de la Bonne Mort...). De Jessé, assimilé à un tas de racines, jaillit un arbre puissant et noueux d'où se détachent des statues réalisées avec la fantaisie naturelle des productions végétales. Jamais le terme arbre généalogique ne s'appliqua mieux qu'ici à un thème biblique. Sur un côté de la nef, l'autel des Saints Martyrs du Maroc montre deux musulmans enturbannés mettant à mort des moines. Dans un sursaut de bon sens, l'église fut fermée au culte, le clergé ayant trouvé indécent l'étalage d'une telle richesse quand les habitants du quartier vivaient, eux, dans une grande misère.

Le musée de l'Ordre et les catacombes : *visite guidée possible.* Attenant à l'igreja São Francisco, ce musée abrite des souvenirs des bienfaiteurs de l'ordre de saint François. Mais le clou, c'est le sous-sol. Des centaines d'enfeus noir et blanc couvrent les murs. Au sol, des tombeaux fermés par des planches. À travers une grille aménagée dans le plancher, au fond d'un recoin, on aperçoit un ossuaire. Brrr ! Chaque niche numérotée porte une tête de mort accompagnée d'une litanie de « *Aqui Jaz...* » (ci-gît, quoi !).

Casa do Infante *(maison du prince Henri le Navigateur ; plan centre, D4, **154**)* **:** *rua da Alfândega, 10. ☎ 222-06-04-00 et 06-04-35 (musée). Derrière l'office de tourisme, dans le même bâtiment. Tlj sf lun et j. fériés 9h30-13h, 14h-17h30. Entrée : 2,20 € ; gratuit le w-e. Demander le fascicule explicatif.* Dans cette ancienne maison des douanes *(Alfandega Velha)* du XIVe s, serait né (selon la légende) en 1394 le prince Henri le Navigateur, pionnier des grandes explorations maritimes du Portugal. On y découvre aujourd'hui une exposition sur les procédures de dédouanage (outils de mesure, de pesage, de comptage...), quelques objets importés du nord de l'Europe, du Brésil et d'Orient aux XVIIe-XVIIIe s. Et aussi quelques vestiges romains des IIIe et IVe s, dont la reconstitution d'une mosaïque polychrome à motifs géométriques.

Igreja da Misericórdia *(plan centre, D3)* **:** *rua das Flores, 5. Lun-ven 9h-12h30, 14h-17h30 ; w-e 8h-12h.* La superbe façade rococo de l'église fut restaurée selon les plans de Nicola Nasoni, au XVIIIe s. À l'intérieur, les habituels azulejos, *talha dourada*... À côté, petit musée annexe où l'on peut admirer le très beau tableau *Fons Vitae,* peint vers 1520.

PORTO

Museu do Vinho do Porto *(musée du Porto ; plan centre, B3)* **:** *rua de Monchique, 45-52. ☎ 222-07-63-00. Sur les quais. Bus n° 500. Tlj sf lun et j. fériés, 10h-17h30 (fermé dim midi). Entrée : 2,20 € ; gratuit jusqu'à 14 ans et le w-e.* Attention, ce musée n'a rien à voir avec les caves. Ici, juste quelques vagues infos sur le commerce du porto avec l'Europe et le monde, dans une ancienne cave voûtée du XVIIIe s. Menus objets relatifs au doux breuvage : étiquettes, bouteilles, tonneaux... Pas de quoi rouler sous la table (!).

World of Discoveries *(plan centre, C3-4)* **:** *rua de Miragaia, 106. ☎ 220-43-97-70 et 73 (le resto thématique). • worldofdiscoveries.com • Ⓜ Estação de São Bento. Tlj sf Noël et Jour de l'an 10h-18h (19h w-e et j. fériés). Entrée : 14 € ; réduc (aussi sur Internet).* Nouvelle attraction racontant les grandes découvertes portugaises. Débute par un petit musée assez intéressant : maquettes de bateaux (avec audiovisuels), instruments de navigation, évolution des cartes maritimes, la vie à bord, présentation des grands navigateurs, légendes associées aux découvertes... Écrans avec les plus célèbres itinéraires. Belle reconstitution du contenu des bateaux et d'un chantier naval : les dortoirs, la cuisine, les produits rapportés, armes, bornes de pierre pour marquer les conquêtes... On embarque ensuite en petites barques pour une longue balade sur l'eau à la découverte des pays conquis (audioguide en français). L'itinéraire suit une série de tableaux simples et colorés, images d'Épinal évoquant chaque pays (l'Afrique, l'arrivée de Vasco de Gama en Inde, l'Indonésie, la Chine, etc.), traversée d'une jungle tropicale, mystérieux tunnels... On retrouve un peu la notion de lenteur du voyage. En revanche, on peut regretter qu'il n'y ait aucune référence dans le musée à la traite négrière et à l'esclavage. Ici, ce sont les grandes découvertes version bisounours.
Resto au 2e étage dans une grande case ornée de cartes anciennes. Propose le midi un buffet de plats exotiques, représentatifs des ex-colonies portugaises (le soir, à la carte).

Casa da Música *(plan centre, B1)* **:** *av. da Boavista, 604-610. Ⓜ Casa da Musica. ☎ 220-12-02-20. Lun-sam 9h30-19h, dim 9h30-18h. Resto : lun-sam 12h30-15h, 19h30-23h (minuit ven-sam), fermé dim. Visites guidées payantes.* Un bâtiment original, réalisé par l'architecte néerlandais Rem Koolhaas. Bloc de béton aux lignes résolument modernes, allié à 40 tonnes de verre, cette « casa » abrite notamment une salle de spectacles et l'orchestre symphonique de Porto, pour des concerts de musique classique, de chambre, et même du jazz. Chaque mois, se tient une session *clubbing* pour attirer les plus jeunes.

Museu do Carro eléctrico *(musée du Tramway ; plan centre, A3)* **:** *alameda Basílio Teles, 51. ☎ 226-15-81-85. • museudocarroelectrico.pt • Au bord du Douro, après le museu do Vinho do Porto. Lun 14h-18h, mar-dim 10h-18h. Entrée :*

8 €, réduc. C'est à Porto, en 1895, que circula le premier tramway électrique du Portugal. Dans un ancien hangar, dont une partie sert encore à l'entretien des machines, belle exposition d'une vingtaine de tramways, classés par ordre chronologique de 1832 à nos jours. Intéressante visite guidée pour partager le moyen de transport favori des *Portuenses* depuis plus de 150 ans.

Du côté de Foz do Douro, à l'ouest de Porto, vers l'embouchure

Museu de Arte contemporânea et les jardins de la fundação Serralves *(musée d'Art contemporain ; plan d'ensemble)* **:** *rua D. João Castro, 210.* ☎ *226-15-65-00.* • *serralves.pt* • *Bus n° 203 en face et n° 201 depuis la praça da Liberdade.* ♿ *Avr-sept, tlj sf lun 10h-19h (20h ven-dim). Le reste de l'année, 10h-18h (19h w-e) et fermé j. fériés. Entrée : 10 € (5 € pour les jardins seuls) ; réduc.* Ultramoderne et spacieux, cet espace réalisé par l'architecte portugais renommé Alvaro Siza Vieira (prix Pritzker 1992) a été conçu pour sublimer les quelques œuvres exposées lors d'expos temporaires (pas de collection permanente). Les plus critiques diront que le prix ne se justifie pas... On n'est pas loin de leur donner raison ! Librairie d'art bien fournie à l'entrée, bibliothèque au sous-sol *(lun-sam 10h-18h)* et petite restauration en terrasse sur le toit de la fondation. Quant aux jardins à la française, ils accueillent sur plus de 18 ha arboretum, jardins aromatiques aux suaves odeurs de citronnelle, d'eucalyptus, de jasmin... en été, fraîcheur garantie ! Concerts de jazz sur le terrain de tennis du parc trois samedis en juillet dans le cadre de Jazz no parque *(entrée : 10 €).*

➢ ***Promenade le long de l'océan,*** depuis le **castelo do Queijo** *(plan d'ensemble)* jusqu'à l'embouchure du fleuve au niveau du ***forte de São João Baptista da Foz.*** Un quartier résidentiel, où les grandes demeures et les boutiques chic font la part belle à l'Atlantique. Lieu privilégié des *Portuenses* le week-end (de jour comme de nuit).

PORTO

À l'est de la ville

Museu militar *(plan centre, G3)* **:** *rua do Heroísmo, 329.* ☎ *225-36-55-14.* • *exercito.pt* • Ⓜ *Heroísmo. Tlj sf lun et certains j. fériés 10h-13h, 14h-17h (slt l'ap-m w-e et j. fériés). Entrée : 3 € ; réduc ; gratuit dim mat.* Avec ses 12 000 figurines, cette superbe collection est l'une des plus importantes d'Europe. Y défilent au pas cadencé le général de Gaulle, Louis XIV, Marie-Antoinette, Charlemagne, Dagobert, des soldats français, anglais, allemands, grecs... Également de remarquables figurines peintes à la main. Bien sûr, toute une batterie de fusils et pistolets.

Les plus belles rues de Porto

Rua de Santa Catarina *(plan centre, E-F2-3)* **:** rue piétonne et très commerçante, épine dorsale de la ville haute, où l'on trouve la *Fnac* avec ses carillons qui sonnent à heures fixes. Un festival de carillons ! Quelques belles boutiques de style Art nouveau, comme celle à l'angle du 31 de Janeiro (devanture noire superbe et fresque au plafond) ou Belle Époque comme le *Majestic Café* (voir « Où boire un verre ? Où écouter de la musique ? »). C'est l'un des quartiers les plus animés.

Du côté de la ***praça da Ribeira*** *(plan centre, D4),* joli dédale de ruelles tortueuses aux façades souvent délabrées. En bas de la rua da Alfândega, dans le prolongement du largo do Terreiro, l'étroite *rua da Reboleira* présente toujours un

aspect médiéval. Au n° 55, une maison a gardé son portail gothique. Au n° 59, belle maison-tour du XIVe s. Remontez ensuite la rue vers l'église São Francisco et la rua Nova da Alfândega, qui vous mène, en quelques minutes à pied, au *quartier de Miragaia.* C'est en contrebas de la route (épisodiquement inondée par les crues du Douro) que se trouve la quasi-continuité architecturale de la Ribeira.
Emprunter le raide escalier des *Escadas de Caminho Novo.* On y longe les vestiges de l'imposante muraille du XIVe s, dite *Muralha Fernandina.* Arriver à l'adorable *largo de S. João Novo* et l'église éponyme du XVIIe s. Façade et déco intérieure de style maniéré. Voûte en berceau orné de caissons de pierre et, sur les côtés du chœur, belles colonnes de pierre torsadées et portails finement sculptés. Au fond de la place, élégant petit palais du XVIIIe s aux fenêtres ouvragées.
Longeant ces maisons voûtées et arc-boutées, le tramway n° 1, que vous attraperez pour un voyage bringuebalant le long du fleuve jusqu'à son embouchure et la plage de Foz do Douro.

Et puisque nous sommes dans le ***quartier de la Ribeira*** *(plan centre, D-E-3-4),* rejoignons la ***rua dos Mercadores.*** Peut-être la plus ancienne de Porto (meurtrière pour les hauts talons). On peut aller se perdre à partir de ***R. S. das Verdades*** dans un dédale de ruelles, volées d'escaliers, passages voûtés autour desquels s'ordonne avec peine l'entassement indescriptible des maisons contre la falaise. Incroyablement coloré, comme l'Alfama à Lisbonne. La municipalité s'est engagée depuis quelque temps dans une intelligente restauration pour conserver ce chef-d'œuvre d'urbanisme humain et vivant, mais le quartier a déjà perdu près d'un tiers de sa population.
Enfin, le ***cais da Ribeira*** *(plan centre, D-E4),* avec ses maisons et restos à auvents, compose l'une des plus souriantes cartes postales que vous conserverez en tête. Quelques vestiges des remparts de Ferdinand, avec un seul et dernier auvent le long des quais.

À FAIRE

➢ ***La haute vallée du Douro en train*** *(voir plus haut « Arriver-quitter. En train » et plus loin « La région viticole du Haut-Douro »)* **:** *4 trains/j. pour Pinhão depuis la gare de Campanhã. Compter la journée pour l'A/R.* L'occasion d'admirer les azulejos de la gare de Pinhão, pique-niquer sur les rives du fleuve et flâner en attendant l'heure du retour. Une belle balade pas fatigante et des paysages magnifiques.

➢ ***Croisières sur le Douro*** *(plan centre, D4)* **:** ***Douro River Cruises,*** *Praça da Ribeira, 5. ☎ 222-081-935. • tomazdodouro.com • 23-80 €/pers selon type de croisière et jour choisi, réduc enfants 4-11 ans.* Il existe plusieurs types de croisières sur le fleuve. La plus commune est la croisière des 6 ponts de Porto *(15 €/pers, et 23 €/pers avec visite d'une cave de porto ; tlj en été 10h-18h30 ; durée : 50 mn).* L'autre croisière, la plus belle, consiste à faire le voyage Porto-Régua-Porto dans la vallée du Haut-Douro. Dans ce cas, l'aller (*subida,* remontée contre le courant) se fait en bateau et le retour en train. Départ à 9h de Porto, retour à 19h30. On passe par l'écluse du barrage de Crestuma (impressionnant), et on déjeune à bord. Cette compagnie possède une flotte de bateaux, de tous les styles, de toutes les tailles, en bois, en métal... Elle possède aussi son propre hôtel à la même adresse.

Au sud de la ville, deux belles plages : **Lavadores** et **Madalena.** *Bus n° 906 depuis Trindade ou São Bento ; ttes les 20-30 mn, 6h-minuit ; compter 45 mn de trajet. On peut aussi aller en train jusqu'à Madalena depuis la gare de Porto São Bento et Campanhã (départ 6h-minuit, ttes les 15-30 mn ; trajet 10 mn), puis prendre un bus, c'est plus rapide.*

Dans l'arrière-pays (à 70 km au sud-ouest de Porto)

➢ ***Passadiços do Paiva*** *(sentier en bois le long de la rivière Paiva)* **:** prendre l'A1 depuis Porto, puis l'A32, sortie Arouca/Feira/S. João da Madeira/Vale de Cambra. Traverser Nogueira do Cravo, Carregosa et Chão de Ave, arrivée à Arouca. Plus de 8,6 km le long de la Paiva, pour 2h30 de marche sportive, le long d'une rivière rapide, sur un pont en bois complètement intégré au paysage. Bonne condition physique exigée. *• passadicosdopaiva.pt/fr • ☎ 256-94-02-58. Avr-août, tlj 8h-20h ; sept-oct 9h-18h30 (17h le reste de l'année). Tarif : 1 € sur résa sur le site, sinon 2 € sur place.*

MANIFESTATIONS

– ***Fantasporto :*** *pdt 15 j. fin fév-début mars. Plus d'infos sur • fantasporto.com •* Festival international du Film fantastique. L'année 2010 a célébré son 30e anniversaire.
– ***Fêtes de São João :*** *pdt tt le mois de juin.* Ce serait la fête la plus joyeuse de l'année, dit-on, et propice à l'amour ! Avec les grands bals et les feux d'artifice de la nuit de la Saint-Jean le 23 juin et le 24 juin, souvent, on se repose... À Porto, dans les quartiers populaires, c'est la folie. Vous vous faites « assommer » avec des maillets en plastique, on vous passe sous le nez toutes sortes d'herbes, ail, lavande, etc. Un défilé très typique relie la praça Batalha à l'hôtel de ville : chaque quartier est représenté et tous y participent, les djeun's comme les seniors.
– ***Les Romarias :*** *dans les quartiers de Paranhos, de Vitória, à partir de la mi-août.* La procession de São Bartolomeu se déroule dans la Foz do Douro ; les habitants vêtus de costumes en papier défilent pour aller ensuite prendre un bain de mer « spirituel » *(banho santo).* En septembre, pas un dimanche ne se passe sans qu'il y ait une fête religieuse dans les quartiers populaires (Bonfim, Campanhã, Lordelo do Ouro ou la Ribeira) !

À VOIR UN PEU PLUS LOIN

VILA NOVA DE GAIA

• Pour se repérer à Vila Nova de Gaia, se reporter au plan détachable en fin de guide.

Située sur la rive sud du Douro, face au quartier de la Ribeira, Vila Nova de Gaia est une autre ville. En fait, c'est une commune autonome qui s'étend depuis les rives basses du fleuve jusqu'au sommet d'une belle et grosse colline pentue. C'est, depuis des siècles, le cœur battant de la viticulture, là où se tiennent les grandes maisons de vin de Porto, avec leurs superbes et fascinantes caves ancestrales (dont beaucoup se visitent). Quel bonheur d'arriver à Vila Nova de Gaia par le haut, c'est-à-dire après avoir franchi le pont Luis-I à pied.

Admirable paysage fluvial que l'on contemple en surplombant le Douro, ce fleuve venu de l'arrière-pays qui depuis toujours a servi de « route liquide » pour l'acheminement des tonneaux de vin. Le long du quai, une dizaine de bateaux à voile carrée (les *rabelos*), propriétés des grandes maisons de Porto, rappellent qu'autrefois le transport du vin se faisait à bord de ces embarcations rudimentaires. Aujourd'hui, les *rabelos* sont remplacés par des moyens plus modernes. Pour comprendre l'histoire de Porto, il faut passer à Vila Nova de Gaia.

Comment y aller ?

Les centres d'intérêt (caves, restos et bars) de Vila Nova de Gaia se concentrent sur la rive sud du Douro et dans les rues adjacentes.
– Le plus simple est d'y aller à pied en traversant le viaduc métallique Luís-I soit en partie haute (le long des rails du métro, depuis la cathédrale), soit au ras des flots par le même pont, depuis le quartier de Ribeira. Balade agréable.
– ***En bateau-taxi*** *(plan Vila Nova de Gaia)* **:** *Douro River Taxi.* • *dourorivertaxi.com* • Un bateau-taxi assure la liaison entre le quai Cais da Ribeira et le quai Cais de Gaia (Vila Nova de Gaia). Navettes tlj, ttes les 15 mn 10h30-19h30. Billet : 3 € ; réduc. Il s'achète sur le bateau. Durée de la traversée : 5 mn.
– ***En téléphérique*** *(plan Vila Nova de Gaia)* **:** • *gaiacablecar.com* • 10h-20h (26 avr-24 sept) ; 10h-19h (24 mars-25 avr et 25 sept-24 oct) ; 10h-18h (25 oct-23 mars). Depuis la partie haute du pont Luís-I (jardim do Morro), il relie sur 600 m la rive côté Vila Nova de Gaia. Parcours en 5 mn. Prix du billet aller : 6 € (A/R 9 €), réduc.
– ***En métro,*** pas pratique du tout **:** s'arrêter à jardim do Morro, puis descendre par la 1re rue à droite du pont lorsqu'on vient de Porto (à défaut, un téléphérique relie à cet endroit le sommet de la colline au quai pour 5 € l'aller simple ou 8 € A/R, tlj 10h-20h, l'hiver 10h-18h).
– ***En bus,*** prendre les nos 900, 901 ou 906 depuis la gare de São Bento.
– Pour rappel, à Porto, un ***funiculaire*** relie la partie basse à la partie haute de la colline au pendant du pont Luís-I (voir plus haut la rubrique « Comment se déplacer ? » à Porto).
– Attention : depuis le centre de Porto, les ***taxis*** font fi du compteur et appliquent un prix spécial pour se rendre aux chais.
S'il ne tenait qu'à nous, on vous conseillerait une boucle : passer par le sommet du pont Luís-I à l'aller (par exemple) et revenir par la partie basse.

Adresse utile

i ***Loja Interativa de turismo de Vila Nova de Gaia*** *(Office de tourisme, plan Vila Nova de Gaia)* **:** *av. Diogo Leite. ☎ 223-77-30-88.* • *turismo.vngaia@cm-gaia.pt* • *cm-gaia.pt* • *(mairie). Tlj 9h-18h (coupure 13h-14h le w-e). Installé dans des locaux tt neufs.* Brochure complète sur les chais et plan détaillé de Vila Nova de Gaia. Visite guidée de la commune sur rendez-vous.

Où dormir ?

Gaia Porto Hostel *(plan Vila Nova de Gaia,* ***10****)* **:** *rua Cândido dos Reis, 374. ☎ 224-96-82-82. 933-709-501.* • *hostelgaiaporto.pt* • *Lits en dortoir 18-20 €. Doubles 50-70 €. À 400 m du Douro, sur la droite en montant vers le haut de la colline.* Il n'est pas rare que les enfants du patron João Saavedra (c'était le second patronyme de Cervantes) jouent dans l'entrée de l'*hostel.* Ici, c'est familial, convivial, mais tout est en ordre, bien tenu et net. Dortoirs de 4 à 6 lits, mixtes ou seulement pour femmes. Ils sont assez petits, mais bien décorés et équipés d'AC. Sanitaires collectifs à partager. Et aussi 3 chambres doubles bien arrangées. La plupart donnent sur un jardin intérieur (donc nuits calmes et agréables).

Charm Guest House *(plan Vila Nova de Gaia,* ***11****) : rua Cândido dos Reis, 40-42. ☎ 223-75-23-62. • charmguesthouse.com • Doubles 70-100 € selon saison, petit déj en plus.* À 150 m du Douro, dans une rue animée perpendiculaire au quai, cet immeuble ancien du XIXe s a été réhabilité et aménagé en petit hôtel de charme. Les 7 chambres se répartissent sur 4 étages. Toutes confortables (AC), bien arrangées, joliment décorées et gaies (design moderne et coloré se mariant bien avec les grosses pierres), elles donnent sur la rue. En demander une dans les étages élevés (plus calmes).

Où manger ?

De bon marché à prix moyens

Tappas Caffé *(plan Vila Nova de Gaia,* ***20****) : rua Guilherme Gomes Fernandes, 204. ☎ 223-75-64-33. Tlj sf lun 12h-22h30, dim pour déj slt. Plats 6-10 €.* Il porte mal son nom, car ce n'est pas un resto de tapas mais une authentique auberge portugaise. Tournant le dos aux quais et à la lumière externe, l'intérieur chaleureux est fait de gros murs épais, de tables robustes et de bancs en bois sombre. Des outils agricoles, de vieilles radios et postes TV ornent les murs. La salle est fraîche, et la cuisine goûteuse : soupe aux choux, tripes, salade de pois chiches... Voici bel et bien la campagne rustique au bord du Douro. Excellent service et prix raisonnables. On y trouve toujours de la place, un autre avantage.

Arco Iris *(plan Vila Nova de Gaia,* ***21****) : rua Cândido dos Reis, 65. 📱 963-524-630. Tlj sf dim soir, 12h-22h30. Menu du jour env 15 €. Plats 7-15 €.* Petit resto populaire de quartier fréquenté autant par les locaux que par les touristes. Souvent et vite plein, donc essayer d'y arriver dès l'ouverture du service. On y sert une savoureuse cuisine locale, franche et saine, à de bons prix démocratiques. Préférence pour les plats marins, comme le poulpe et les poissons.

Restaurante Casa Adão *(plan Vila Nova de Gaia,* ***22****) : av. Ramos Pinto, 252. ☎ 223-75-04-92. 📱 936-663-182. • casaadao@guiadosrestaurantes.net • Tlj 12h-23h. Menu du jour 10 € ; plats 6-16 € à la carte.* Une quinzaine de tables dans ce resto tout simple, avec les azulejos typiques sur les murs. Accueil convivial et grand choix. C'est le rendez-vous des *Portuenses* en balade à Vila Nova de Gaia. On s'y régale de bonnes et copieuses spécialités locales (tripes et *bacalhau*). Pas de la grande cuisine, mais efficace.

Adega presuntaria Transmontana II *(plan Vila Nova de Gaia,* ***23****) : av. Diogo Leite, 80. ☎ 223-75-83-80. 📱 919-850-229. Tlj jusqu'à 2h du mat. Plats 13-18 €.* Une grande auberge à la déco très portugaise, avec nappes à carreaux, grand miroir, tableaux du Douro accrochés sur les murs en granit, et des jambons qui sèchent. À peine êtes-vous assis que votre table se couvre de jambon serrano, saucisson, pâté de tête, filets d'anchois... La tentation est forte... mais gare à l'addition au final ! À la carte, copieux plats de poisson, beau *cabrito* et excellents ragoûts de viande.

De prix moyens à plus chic

Restaurant Dom Luís *(plan Vila Nova de Gaia,* ***24****) : av. Ramos Pinto, 266. ☎ 223-75-12-51. Tlj sf lun 12h-16h, 19h-minuit. Plats 7-20 €.* Les baies vitrées et leur entourage de granit donnent une allure solide à cette salle d'une dizaine de tables couvertes de nappes blanches. Cuisine soignée avec une excellente spécialité de *bacalhau com natas* et de *feijoada marisco*. Une bonne table complétant bien la visite des chais. Carte courte et simple, mais

PORTO

tout est frais et disponible. C'est bon signe.

Barao de Fladgate *(plan Vila Nova de Gaia,* ***25****)* **:** *rua do Choupelo, 250. ☎ 223-77-29-51. Tlj 12h30-15h, 19h30-22h. Résa conseillée. Menus du jour 22-30 € ; plats 6-20 €.* Le resto des célèbres caves *Taylor's* (lire la rubrique « À voir. À faire »), perché sur les contreforts de Vila Nova de Gaia. Salle en demi-cercle avec des arches de pierre ouvrant sur une belle terrasse, offrant une vue plongeante sur Porto et la vallée du Douro. Cuisine raffinée et bien faite : poisson cuit à la portugaise, fruits de mer gratinés, viandes et aussi quelques options végétariennes.

Où boire un verre ?

De nombreux bars s'alignent sur les quais et permettent de profiter de la vue sur le quartier Ribeira, en face.

Bar de l'immeuble Espaço Porto Cruz *(plan Vila Nova de Gaia,* ***30****)* **:** *Largo Miguel Bombarda, 23. ☎ 220-92-53-40. ● myportocruz.com ● Tlj 12h30-19h (dim 18h30).* L'espace Porto Cruz comprend une salle d'exposition, une boutique et une salle de dégustation (pas de cave à visiter), un restaurant *(De Castro Gaia)* au 3e étage et un bar panoramique *(Terrace Lounge 360°)* sur le toit au 4e étage de l'immeuble. On peut y boire un verre assis à une table ou à moitié allongé sur des canapés confortables, en contemplant la vue magnifique sur la vallée du Douro, avec Porto en face.

Bar de l'esplanade du téléphérique *(Esplanada do Teleferico, plan Vila Nova de Gaia,* ***31****)* **:** *tlj 10h-20h.* Sur le toit du bâtiment moderne abritant la passerelle de départ des cabines. Un perchoir ensoleillé et lumineux dominant Vila Nova de Gaia, Porto et la vallée du Douro. Vue magnifique et endroit idéal pour boire un verre.

À voir. À faire

En bas de la colline, au niveau des quais du Douro

La visite des caves de Porto : *voir également la rubrique « Boissons. Le porto » dans le chapitre « Hommes, culture, environnement ».* Vous avez l'embarras du choix : sur 80 marques, une quinzaine de caves se visitent (tours guidés d'environ 30 mn). C'est ici que l'on approche au mieux la production de ce vin : les vignes poussent, certes, une petite centaine de kilomètres en amont, mais c'est à Vila Nova de Gaia qu'a lieu la magie de l'élevage du porto.

– ***Bon à savoir :*** été comme hiver, il faut réserver à l'avance sa place pour la visite des chais... Les réservations se font par téléphone, par Internet auprès des compagnies, ou bien aussi auprès de l'office de tourisme de Porto.

MESSIEURS LES ANGLAIS, TIREZ LES PREMIERS !

Mais pourquoi, à Porto, les termes liés à ce vin sont-ils so British *? À cause d'un embargo sur le vin français imposé par le roi d'Angleterre, au XVIIe s. Privés de leur clairet (vin de Bordeaux) bien-aimé, les Britanniques firent du porto leur vin de prédilection. Avec le temps, les mots anglais s'imposèrent :* dry, extra-dry, sweet, blend, tawny, late-bottled vintage *(le fameux LBV),* crusted porto *sont devenus des classiques de ce* vinho portugês, indeed !

> **DU PORTO CONTRE DU TISSU**
>
> *En 1820, les frères William et John Graham faisaient le commerce de textiles avec le Portugal. Un de leurs clients leur proposa de payer sa facture avec 27 tonneaux de porto. Les deux frères acceptèrent et découvrirent avec ravissement les vins de Porto. Ils changèrent alors d'activité, pour se consacrer avec ardeur à la viticulture. Ils fondèrent leur entreprise qui n'a cessé de prospérer.*

– ***Caves Graham's*** *(plan Vila Nova de Gaia)* **:** *quinta do Agro, rua Rei Ramiro, 514.* ☎ *223-77-64-84.* • *grahams-port.com* • *Accès à pied un peu dur (ça grimpe !) ou bus n°s 903 et 906 depuis Trindade et la Casa da Música. Tlj 9h30-18h (17h30 en hiver). Visite (possible en français) : 15 €, comprenant la dégustation de 2 portos.* Situées sur une colline, au bout du quai, ces caves, parmi les plus vieilles de Porto, méritent un détour. Selon les connaisseurs, il s'agit d'un des meilleurs portos. Le site offre une vue splendide sur le Douro et le port. Les entrepôts de 1890 en granit et leurs murs de 1 m d'épaisseur abritent 2 000 tonneaux et 40 barriques. Charpente originale en bois de pin. On peut aussi visiter le petit musée *(Graham's Lodge Museum)* où l'on apprend que la maison est aujourd'hui dirigée par la famille Symington (avec Charles Symington, on est à la 5e génération). La compagnie possède 940 ha de vignoble répartis entre 23 domaines *(quintas).* On y apprend aussi que Winston Churchill avait une préférence pour le porto Graham's. Et on découvre aussi un resto très agréable *(Vinum Restaurant & Wine Bar),* avec terrasse couverte.

– ***Caves Taylor's*** *(plan Vila Nova de Gaia)* **:** *rua do Choupelo, 250.* ☎ *223-74-28-00.* • *taylor.pt* • ♿ *À pied, depuis les quais, prendre à gauche avt Ramos Pinto et suivre les panneaux (ça grimpe sur 300 m). Tlj avr-nov, 10h-19h30 (18h30 nov-mars) ; dernière visite 1h avt. Visite : 12 €, incluant les 3 dégustations. Résa obligatoire pour les visites guidées, mais pas de résa pour une visite individuelle avec un audioguide. Parking gratuit.* Fondée en 1692, c'est l'une des plus vieilles maisons de Porto, qui possède 3 *quintas* dans la haute vallée du Douro dont la *quinta* de Vargellas. Les caves *Taylor's* à Vila Nova de Gaia sont un peu à l'écart : on se croirait à la campagne. Livret d'explications très bien fait. Ce sont sans doute les caves les plus spectaculaires. En cours de visite, appréciez l'un des plus gros tonneaux d'Europe (100 000 l) et toujours en usage (hips !). Après la visite, dégustation de 3 portos (blanc sec, rouge jeune et vieux). Voir aussi le resto *Barao de Fladgate* dans la rubrique « Où manger ? »).

– ***Caves Ramos Pinto*** *(plan Vila Nova de Gaia)* **:** *av. Ramos Pinto, 400.* ☎ *223-70-70-00.* • *ramospinto.pt* • *Mai-oct, tlj 10h-18h ; le reste de l'année, lun-ven slt 9h-17h (18h avr). Dernière entrée 1h avt la fermeture. Fermé j. fériés. Le 1er arrivé choisit la langue de la visite. Beaucoup de visiteurs, se renseigner avt. Compter 40 mn. Visite : 6 €, avec dégustation de 2 portos.* Le fondateur de la compagnie (1880), Adriano Ramos Pinto, a su s'imposer grâce à son audace et à son savoir-faire, en produisant un « porto de terroir ». On visite ses bureaux reconstitués comme à l'époque : beaux meubles et affiches de pub réalisées par des artistes français. La maison *Ramos Pinto* possède plusieurs *quintas* (domaines) dans la vallée du Douro et dans la vallée du Côa. Une des devises de la maison : « Les vins de Porto d'Adriano Ramos Pinto donnent de la joie aux tristes, de l'audace aux timides. » Pour finir, sachez que l'actionnaire majoritaire de la maison *Ramos Pinto* est le célèbre champagne *Louis Roederer* !

– ***Caves Cálem*** *(plan Vila Nova de Gaia)* **:** *av. Diogo Leite, 344.* ☎ *223-74-66-60.* • *calem.pt* • *Tlj 10h-19h (18h nov-avr). Pas de résa obligatoire mais elle est quand même conseillée, surtout en été. Visite guidée : 10 € avec 2 dégustations.* Juste après le pont Luís-I, un grand bâtiment blanc un peu austère vu de dehors, mais classe à l'intérieur. La maison fut fondée en 1859 par António Alves Cálem et resta dans la même famille jusqu'en 1998. Cette année-là, elle fut reprise par le groupe Sogevinus qui contrôle aussi les marques Burmester, Barros et Kopke (la plus vieille maison encore existante, fondée par des Allemands en 1638 !).

Chez *Cálem,* la plus grande cuve peut contenir jusqu'à 60 200 l. On y donne en fin de journée de brefs spectacles de *fado* (tlj sf lun à 18h30).

– ***Caves Sandeman*** (plan Vila Nova de Gaia) **:** largo Miguel Bombarda. ☎ 223-74-05-33. • sandeman.com • Tlj 10h-12h30, 14h-18h (mars-oct) ; 9h30-12h30, 14h-17h30 (nov-fév). Compter 10 € avec dégustation de 3 portos et 16 € pour 5 portos ; Special 100 Years Old Tawnies à 40 € avec dégustation de vieux porto (10 à 40 ans). Guides francophones. La marque la plus connue se distingue par son logo représentant la silhouette noire d'un homme coiffé d'un chapeau, drapé dans une large cape. Ce logo surnommé le « Don » fut inventé en 1928 par un Écossais du nom de Massiot qui se fit passer pour un artiste français... La silhouette du logo fait penser à Zorro ! Fondée en 1790 par l'Écossais George Sandeman, la maison est toujours restée dans la même famille. Sept générations après, c'est un autre George Sandeman qui dirige aujourd'hui la compagnie. Passé l'aspect guignolesque du guide revêtu de ce même costume, les entrepôts en granit, dont certains sont vieux de plus de 200 ans, présentent de belles charpentes en bois. Il y fait la même température toute l'année. Sol recouvert de pavés en bois. Petit musée à la gloire de la marque. C'est la visite la plus touristique, tout y est très calibré...

– ***Caves Ferreira*** (plan Vila Nova de Gaia) **:** av. Ramos Pinto, 70. ☎ 223-746-107. • sograpevinhos.pt • Tlj, tte l'année, 10h-12h30, 14h-18h. Visites : 10 € (tour classique), 14 €, 17 € et 20 € (tour Doña Antónia). Une autre grande maison fondée en 1751, qui prit son essor grâce à Doña Antónia Adelaide Ferreira, une femme à la forte personnalité. Bien que deux fois veuve, elle surmonta tous les obstacles et fut une vraie chef d'entreprise à une époque où les dames devaient d'abord être des épouses ou des mères de famille. Son image est partout, et notamment sur les étiquettes des bouteilles. Après la visite des caves et du petit musée, la dégustation se fait dans une salle fraîche couverte d'azulejos. Ferreira est restée propriété d'un groupe portugais depuis ses origines.

Plus haut sur la colline

Quinta da Boeira (hors plan Vila Nova de Gaia) **:** rua Teixeria Lopes, 170, à Vila Nova de Gaia. ☎ 223-751-338. • quintadaboeira.com • En bus nº 905, arrêt Largo dos Aviadores. En métro, ligne jaune (Linha Amarela), arrêt station Câmara de Gaia. Si vous y montez à pied depuis les quais du Douro, compter 20 bonnes min. Lun-sam 10h-18h. Entrée gratuite (jardin inclus), dégustation possible. Perchée sur le flanc de la colline de Vila Nova de Gaia, la *quinta* da Boeira est un domaine de 3 ha à l'écart des grands circuits, une oasis de fraîcheur et de verdure méconnue du grand public. Il n'y a pas de caves ni de chais sur place, mais une salle de dégustation et d'exposition. Le vaste jardin cache une curiosité insolite : une bouteille de vin géante (32 m de long sur 10 m de diamètre) renfermant une salle de restaurant pour les groupes surtout et sur réservation. Elle ne se visite pas individuellement, mais on peut la prendre en photo. C'est la bouteille de vin la plus grande du monde, qui figure au livre *Guinness des Records.*

LE QUARTIER PORTUAIRE ET MARITIME DE MATOSINHOS

• Pour se repérer à Matosinhos, se reporter au plan détachable en fin de guide.

Vent d'ouest venu du large, air marin vivifiant, hautes silhouettes de grues hérissées dans le ciel, empilement de conteneurs venus du monde

entier, dockers au travail le long des cargos amarrés aux quais, paquebots de croisière de passage, nous voici bel et bien face à face avec l'océan Atlantique. Nous sommes à Matosinhos, le quartier portuaire et maritime de Porto, à 13 km à l'ouest du centre-ville. En venant de Porto par la route côtière, on passe d'abord par un grand quartier balnéaire et résidentiel (la plage de Matosinhos), puis on accède au port protégé par deux énormes digues ressemblant à des pinces de crustacé s'avançant dans la mer.
Le quartier est structuré par deux artères parallèles, l'avenida Serpa Pinto et la rua Herois da França. Le long de cette dernière s'alignent les poissonneries, les hangars et les entrepôts de pêche, ainsi que les petits restos populaires précédés sur le trottoir de leurs tables métalliques pour faire des grillades. La rue enfumée respire des senteurs de poisson grillé, preuve qu'à Matosinhos les habitants vivent pour et par la mer. Après les charmes du Douro et de son embouchure, voici enfin l'océan Atlantique dans toute sa fraîcheur, celui qui contribua naguère à la destinée du Portugal en lui assurant sa fortune. Après Bacchus, voici Neptune !

Comment y aller ?

– ***En bus :*** avec le bus nº 500, que l'on prend avenida dos Alliados, près de l'hôtel Intercontinental. Billet : env 2 € (l'acheter dans le bus). Durée : 45-50 mn.

– ***En métro :*** ligne A, arrêts aux stations Matosinhos Sul, Brito Capelo, ou Mercado.

Où manger ?

Bon marché

|●| ***O Lusitano*** *(plan Matosinhos,* ***10****) : rua Heróis de França, 329. ☎ 229-37-59-02. Tlj 12h-15h30, 19h-22h30. Demi-portion de poisson 7 €. Plats 10-20 €.* Au bord d'une longue rue pavée, face aux entrepôts de pêche, ce resto typique du quartier est tenu par une Portugaise souriante et francophone. Sur le trottoir, un établi métallique sert aux grillades et, dès l'entrée, un bac à glace conserve la famille des poissons fraîchement pêchés. Loups de mer *(robalo),* soles, turbots, mérous, et bien d'autres que l'on retrouve sur la carte (en français), souvent en demi-portion ou poisson entier (prix variant selon la quantité). C'est servi grillé ou cuit, souvent accompagné de patates.

|●| ***Restaurante O Tubarão*** *(plan Matosinhos,* ***11****) : rua Sul, 65. ☎ 224-03-14-77. Tlj sf dim soir, 12h-22h30. Demi-portions 7-9 €, portions complètes 15-35 €.* Dans une ruelle transversale, une grande bâche en plastique recouvre la terrasse où est suspendu un insolite requin *(tubarão)* en résine. On est accueilli par une dame joviale aidée par son père octogénaire. Toute petite salle intérieure pour déguster dans une ambiance bon enfant les poissons du jour. Le requin artificiel est là pour épater la galerie, car il n'y en a pas au menu... On préfère les gentilles sardines et les braves poulpes.

Prix moyens

|●| ***O Filipe*** *(plan Matosinhos,* ***12****) : av. Engenheiro Duarte Pacheco, 36. ☎ 229-37-71-81. Tlj sf dim soir. Demi-portions 12-15 €, portions complètes 13-32 €.* Dans un virage de la rue, face aux grues et aux conteneurs du port, *O Filipe* est l'un de nos restos préférés à Matosinhos. Ce n'est pas une gargote, mais un resto un peu plus chic, avec des tables couvertes de nappes en tissus et une déco plus intime (bien pour le soir). Ici, cuisine remarquable par la fraîcheur de ses produits (coquillages, et surtout des poisons). Prix

un peu plus élevés qu'ailleurs, mais justifiés.

Ⓘ ***Restaurante O Valentim*** *(plan Matosinhos,* ***13****)* **:** *rua Heróis de França, 263. ☎ 229-38-80-15. Tlj 12h-23h. Doses 7,50-28 €. Au kilo 30-47 €.* Les grillades se font dehors, mais les repas se prennent à l'intérieur, dans une salle à la déco plus citadine, sur de jolies tables bien mises. Là encore, aucun doute sur la fraîcheur des produits, ils sont du jour, servis grillés ou cuits. La carte aligne une liste incroyable : *lulas* (calamars), *robalo* (loup de mer), *cherne* (mérou), *sargo* (sarre), *linguado* (sole), *espadarte* (espadon)... Les trésors de la mer dans votre assiette !

LES ENVIRONS DE PORTO : LE MINHO ET LA COSTA VERDE

• Carte *p. 105*

Voici le nord-ouest du Portugal, tourné vers l'océan Atlantique et son air marin, une région de collines moutonnantes et vertes, où l'histoire a laissé sa marque particulière à travers notamment le style des maisons et des *quintas* (manoirs à la campagne) : murs de granit épais et austères, façades blanches lumineuses et souvent des fenêtres à l'anglaise, preuve des liens qui unissaient naguère le Portugal du Nord à la Grande-Bretagne, son alliée. Guimarães est considérée comme le berceau historique du Portugal, Braga comme sa capitale religieuse, et Porto comme la petite sœur de Lisbonne, ville nourricière où l'arrière-pays rencontre l'océan, à l'embouchure du Douro, un site exceptionnel. Une part de l'âme portugaise est inscrite dans les esprits et dans les monuments : églises baroques évoquant les richesses du Brésil. Le style manuélin aux colonnes torsadées ne rappelle-t-il pas les cordages des navires à l'époque des grandes découvertes maritimes ?

Le Minho est une région fertile et bien arrosée, sa colonne vertébrale étant précisément le mythique fleuve Douro. Venu d'Espagne, il serpente sur plus de 150 km dans un étonnant paysage de monts aux versants raides, de collines couvertes de vignes en escaliers, d'oliviers en terrasses, d'orangers, d'amandiers...

Minho à taille humaine, Minho discret et tranquille du bout de l'Europe, Minho qui a été fait par et pour les hommes heureux et courageux, sous des cieux affables et avenants ! Voici donc une terre bénie des Dieux, longtemps oubliée, à redécouvrir à présent avec passion ! À Ponte de Lima, la campagne diffuse des senteurs d'eucalyptus, d'orangers et de pinèdes, il y a même des palmiers ici et là. Les rivières sont rarement asséchées comme en Algarve.

Plus au nord, à Valença do Minho, à Caminha et Monçao, le caractère celtibère du pays s'affirme encore, et on atteint déjà la frontière espagnole, la Galice (la « Bretagne » de l'Espagne). Plus vers le nord-est, après Ponte de Barca, on touche aux montagnes formant le contrefort rocheux du vaste

plateau castillan. Au parc de Penada-Gerês, les randonneurs trouveront ce qu'ils cherchent, une nature préservée et de nombreux sentiers.
Les plagistes iront sur la côte ouest, cette fameuse Costa Verde, plus ou moins urbanisée et bétonnée, selon les endroits. Notre coup de cœur sur ce littoral reste Viana do Castelo, à l'embouchure du rio Lima.
Côté culture, le Minho est un creuset de traditions populaires : fêtes, processions et pèlerinages sont toujours honorés avec une ferveur intense, tandis que la goûteuse gastronomie du Minho représente une aventure à elle seule. Il suffit de lire une carte de restaurant pour comprendre : y figurent autant de plats de poisson et de fruits de mer que de charcuterie et de viande, une juste répartition qui est à l'image de cette région de mer, de campagne et de collines.

Adresse utile

■ ***Solares de Portugal :*** *praça da República, 4990* ***Ponte de Lima.*** *☎ 258-93-17-50. • info@solaresdeportugal.pt • solaresdeportugal.pt •* Cette association gère un vaste réseau de manoirs *(solar)* et de belles demeures campagnardes situées au nord du Portugal, mais aussi au centre et au sud. On peut ainsi loger et manger chez l'habitant dans des demeures de caractère chargées d'histoire. Il y en a pour tous les goûts et (presque) pour toutes les bourses ! L'association assure les réservations.

BARCELOS

(4250) 120 500 hab.

À environ 60 km au nord de Porto (par la route A28), la ville de Barcelos s'étage sur les flancs d'une grosse colline au-dessus du rio Cávado. Réputée pour sa foire de renommée internationale, l'une des plus anciennes du pays, créée par dom João Ier en 1412, Barcelos redevint ville royale à la suite de l'accession de la maison de Bragance au pouvoir (à laquelle elle était liée). Ce fut le début d'une véritable renaissance, dont bon nombre de témoignages sont encore visibles aujourd'hui... Le centre médiéval, délimité par quelques tronçons de remparts du XVe s, se découvre tranquillement à pied.

Arriver – Quitter

En bus

🚌 ***Halte routière*** *(central de Camionagem) : à l'est du centre, derrière la gare ferroviaire (pas indiqué).* Compagnies *Transdev (☎ 253-89-41-93 ; • transdev.pt •), Rede Expressos (☎ 707-22-33-44 ; • rede-expressos.pt •)* et *Renex (• renex.pt •).*

➢ ***Braga :*** en sem, bus ttes les 30 mn de 7h05 à 19h20 (3 bus le sam et slt 1 dim). Trajet : 1h.

➢ ***Ponte de Lima :*** avec *Transdev,* 5 à 6 bus/j., en sem slt. Trajet : 1h.

➢ ***Porto*** *(changement à Póvoa de Varzim ou Famalicão) :* 8 bus/j. env en sem (très peu le w-e). Trajet : 2h env. Le train est moins cher et plus rapide.

En train

🚂 ***Gare ferroviaire*** *(estação) : largo Marechal Gomes da Costa. 📱 707-210-220. • cp.pt • Prendre l'av. da Liberdade, puis l'av. dos Combatentes da Grande Guerra et au bout de l'av. Alcaïdes de Feria. C'est tt droit !*

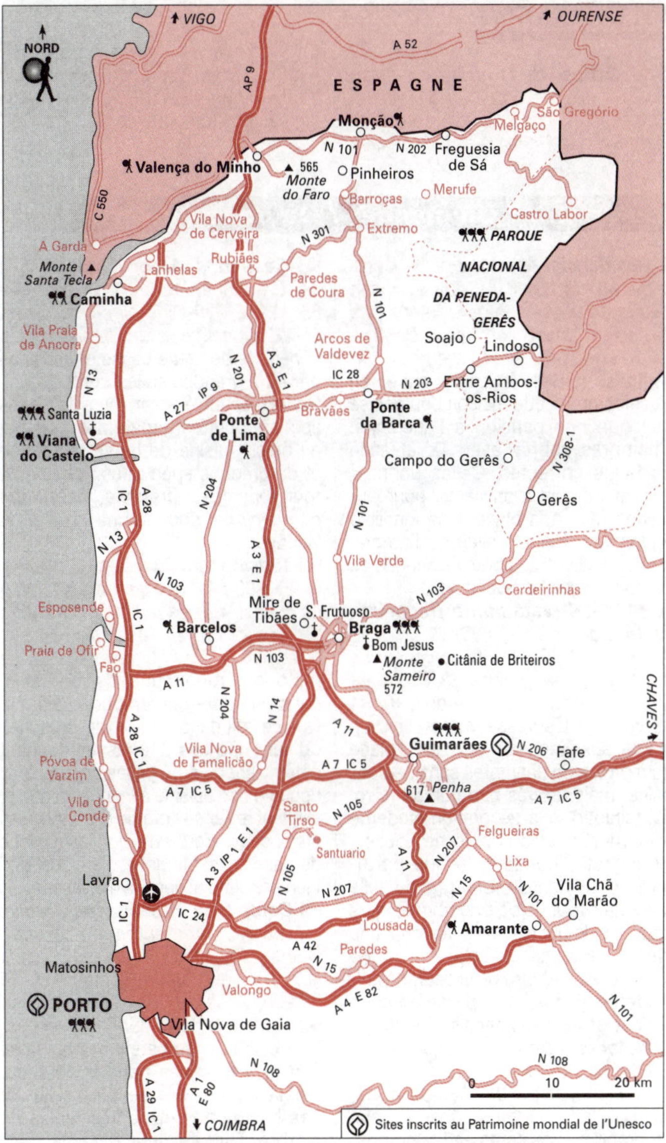

LE MINHO ET LA COSTA VERDE

➢ ***Porto :*** 5-6 trains/j. directs 6h-21h, et autant avec changement à Nine. Trajet : 1h-1h15.

➢ ***Viana do Castelo :*** 13 trains/j. en sem, 6h54-21h, et une dizaine le w-e. Trajet : 33-45 mn.

Adresse utile

🅸 @ ***Office de tourisme :*** *largo Dr José Novais.* ☎ *253-81-18-82.* • *cm-barcelos.pt* • ♿ *Situé en face de la tour du Pont-Neuf. De mi-mars à fin sept, lun-ven 9h30-18h (17h30 en hiver) ; w-e 10h-13h, 14h-17h (16h dim).* Expos temporaires.

Où dormir ? Où manger ? Où boire un verre ?

🏠 ***Residencial Arantes :*** *av. da Liberdade, 35.* ☎ *253-81-13-26.* • *residencialarantes.webnode.pt* • *À deux pas de l'église Templo Bom Jesus. Doubles 30-40 € selon confort, petit déj non compris.* Belle façade et entrée en azulejos pour cette maison bourgeoise devenue une pension à l'ancienne. Chambres sobres avec TV et salle de bains correctes. Celles donnant sur l'avant sont à privilégier pour leur balcon face à la place. Une familiale également. Évitez celles de l'arrière, tant pour la vue que pour le manque de confort. Accueil convenable.

🏠 🍽 ***Hotel-restaurante Bagoeira :*** *av. Dr Sidónio Pais, 495.* ☎ *253-81-12-36 et 80-95-00.* • *bagoeira.com* • *Au sud de la grande pl. Doubles 55-80 €, petit déj compris. Plats 12-20 €.* L'adresse un peu chic de la ville, aux premières loges de la place du marché. 55 chambres sans personnalité, mais de très bon confort (clim, TV, minibar), à la décoration moderne avec murs blancs et boiseries claires. Côté resto, honnête cuisine portugaise traditionnelle. Une grande salle conviviale tout de bois sombre et murs couverts de photos, avec, au fond, une pièce plus intime tout en pierre. Goûter la *bacalhau na brasa* ou la daurade grillée toute simple, mais pleine de goût. Service stylé et en français.

🏠 ***Hôtel do Terço :*** *rua de São Bento, 7.* ☎ *253-80-83-80.* • *hoteldoterco.com* • *Doubles 40-50 €, petit déj inclus. Parking gratuit.* Inséré dans un grand centre commercial, ne possède pas à priori un charme torride. Cependant très central, ses prix sont modérés et ses 37 chambres s'avèrent propres, fonctionnelles et bien utiles si tout est plein ailleurs. Ascenseur, clim, consigne à bagages, fenêtres insonorisées.

🍽 ***Casa dos Arcos :*** *rua Duques de Bragança, 185.* ☎ *253-82-62-65.* 📱 *912-539-661. Tlj sf mar. Plats 12-28 € (beaucoup de demi-doses !).* Vénérable demeure basse et ancienne offrant 2 grandes salles confortables. Cadre rustique élégant, murs de pierres sèches, poutres apparentes, parquet en bois. Cuisine de haute réputation et de grandes spécialités : poulpe au four, *bacalhau* gratinée, *cabritinho pequeminho,* choix d'une dizaine de viandes...

🍽 ***Turismo :*** *rua Duques de Bragança.* ☎ *253-82-64-11.* • *geral@restauranteturismo.co* • *Face à l'igreja Matriz. Tlj sf dim soir-lun, 12h-23h. Plats 13-22 € ; plats pour 2 25-30 € (avantageux).* Le resto gastronomique de Barcelos, dans un cadre contemporain affirmé. Que ce soit dans la salle top-branchée ou sur l'une des 2 terrasses donnant côté rivière ou côté palais comtal, on y déguste une cuisine à la fois typique et joliment revisitée : morue dans tous ses états, coq au four servi dans une miche de pain... C'est toujours bon, copieux, bien présenté et servi avec classe.

🍽 ***Confeitaria et pastelaria Perola :*** *av. dos Combatentes da Grande Guerra, 66.* ☎ *253-81-14-16. Dans la rue juste en face de l'hôpital. Tlj 8h-20h30. Plats 6-13 € ; formule déj en sem à l'étage 10 € (buffet) ; plus cher le w-e.* Immense cafétéria populaire. Tables bien mises dans la véranda, ambiance plus brasserie en salle sur des banquettes et petites tables de marbre. Globalement basique mais bon rapport qualité-prix, avec un choix de plats bien fourni (classiques portugais, pizzas, burgers...). Plus une partie charcuterie, fromages, pain, gâteaux et chocolats super développée (festival de gâteaux anniversaire tous plus colorés les uns que les autres)...

|●| 🍷 ***In Rio :*** *rua Fernando Magalhães e Menezes, 4. Juste au pied du pont. Tlj sf lun 12h-16h, 21h-2h. Menu du jour 7 €.* Un très bel emplacement : les pieds bien sur le rocher, mais les yeux sur la rivière et le pont médiéval ! Gentille terrasse ombragée donnant sur la rivière. Quand il pleut, on se replie dans une petite salle moderne. Voilà un petit coin agréable pour boire un coup, voire grignoter de copieux plats du jour (dont des omelettes d'une épaisseur inouïe !).

À voir

Campo da República : tous les jeudis s'y tient l'une des plus grandes foires du Portugal. Impressionnante, elle vaut vraiment le déplacement. Des fermiers y vendent poules, canards, fruits et légumes, mais on y trouve aussi pâtisseries, poteries, belle vaisselle, splendide dentelle (assez chère), dinanderie, jougs de bœufs, charrettes, etc. Très coloré et beaucoup de monde, dont un bon lot de touristes.

Igreja Nossa Senhora do Terço : *au nord de la place.* Mérite le coup d'œil pour ses beaux azulejos du XVIIIe s et un plafond à caissons peints. En sortant, jeter un œil aux belles façades du *campo de Feira.*

UN MAUVAIS TOUR POUR EIFFEL

Gustave Eiffel, en plus du pont de Porto, réalisa cinq ouvrages dans le Nord, dont un à Barcelos. Lors des travaux de fondation des piles, un paysan lui prédit que l'ouvrage ne résisterait pas aux crues du fleuve. Eiffel répliqua, méprisant, qu'il « se faisait fort de mettre ce ruisseau dans ses bottes ». L'hiver arrivant, les crues emportèrent effectivement une partie de la construction. Par la suite, lorsque le paysan croisait le célèbre ingénieur, il ne manquait jamais de lui demander malicieusement « si ses bottes étaient déjà sèches ».

Templo do Senhor de Bom Jesus da Cruz : *au sud-ouest de la pl.* On y accède par le *passeio dos Assentos* (fin du XVIIIe s), une sorte d'enclos hérissé de piliers de granit. Le temple lui-même, circulaire, est de style baroque (XVIIIe s). Il fut le lieu d'une apparition de croix en 1504. Depuis, cette dernière orne le chœur originel à gauche (profusion d'angelots et de chérubins replets). Beaux sièges en cuir clouté et estampé, et délire traditionnel de dorures (le buffet d'orgue en particulier). Superbes azulejos racontant des épisodes de la vie du Christ.

Torre da Ponte Nova : imposant donjon du XVe s, unique vestige défensif subsistant sur les remparts. Elle protégeait l'entrée de la ville côté nord et était à l'origine en forme de U (ouverte vers l'intérieur de la ville), permettant le passage en chicane, pour contrôler les entrées. Mouroir durant l'Inquisition au XVIIe s, elle fut transformée en prison jusqu'en 1932.

Rua António Barroso : l'artère commerçante de la ville. On y voit quelques belles façades et écussons monumentaux. Au bout, longer l'hôtel de ville jusqu'au *largo do Município.*

Igreja Matriz, dite « catedral da Misericórdia » : des XIVe-XVIe s. Qu'on ne s'y trompe pas, si le portail gothique avec quelques motifs romans est d'origine, la partie supérieure avec rosace et clocher date d'une restauration des années 1940. À l'intérieur, trois nefs, charpente en bois et, pour une fois, pas de grand retable dans le chœur. On remarquera surtout les azulejos du XVIIIe s, l'orgue et de très baroques chapelles latérales à droite. Dos des stalles particulièrement travaillées. En sortant, on fait face au ***solar dos Pinheiros*** (belle demeure du XVe s).

Paço dos Condes de Barcelos (palais des comtes) : *tlj 9h-12h, 14h-17h30, sinon visible depuis l'extérieur. GRATUIT.* Ses ruines en granit perchées sur un éperon rocheux surplombant la rivière Cavado constituent un bel ensemble avec le pilori gothique *(pelourinho)* des XVe-XVIe s. Cette maison du XVe s était la plus riche de Barcelos. Il manque la tour qui se prolongeait sur le pont et trois des quatre cheminées aux hauts tuyaux. Quelques stèles funéraires et sarcophages exposés en plein air. Beau lavabo du XVIIIe s décoré d'azulejos polychromes, blasons sculptés, et le *Cruzeiro do Galo,* petit monument en pierre élevé en l'honneur du coq de Barcelos par le pèlerin sauvé de la corde grâce à lui. De la terrasse, vue bucolique sur les environs, la rivière en contrebas et le pont médiéval à cinq arches.

Museu da Olaria (musée de la Poterie) : *rua Cónego Joaquin Gajoles (qui se prend depuis le largo do Município). Tlj 9h-12h30, 14h-17h30 (pause le midi le w-e). GRATUIT.* Plus de 7 000 objets. Des expos temporaires très bien faites sur les deux niveaux de cette belle bâtisse. À l'étage, un potier à l'œuvre.

Manifestations

- **Fête des Croix** (festa das Cruzes) : *ts les ans, 10 j. fin avr-début mai.* Beaucoup d'animation dans les rues et places du centre-ville. Folklores étrangers, immense foire, fête foraine, animations de rue, bals, défilés, processions... Réservez votre hôtel !
- **Fim de semana do bacalhau** (week-end de la morue) : *3 j. début juin.* Un week-end prolongé pendant lequel une trentaine de restaurants rivalisent de savoir-faire pour sublimer la morue : crémée, gratinée, frite, tropicale, tout y passe.
- **Fim de semana do Galo :** *oct.* Un défi d'inventivité lancé aux restaurateurs de Barcelos dont la meilleure recette de coq sera primée. Beau vacarme si tous font cocorico dans l'assiette !

VIANA DO CASTELO (4900) 90 000 hab.

• Plan *p. 109*

À 74 km de Porto par l'IC1, Viana do Castelo est située à l'embouchure du rio Lima, qui se jette dans l'Atlantique. La belle colline de Santa Luzia, coiffée d'une basilique, domine la ville. On le voit vite, c'est un site géographique très bien choisi, dès l'origine. L'ancienne *Viana da Foz do Lima* fut fondée au XIIIe s par Afonso III au moment de la Reconquête. Elle a connu un bel essor aux XVe et XVIe s grâce à l'audace de ses marins et de sa noblesse. Viana s'est développée aussi avec la pêche à Terre-Neuve et les échanges avec les ports du Brésil. Ses armateurs enrichis ont, à l'époque, inscrit dans la pierre leur réussite sociale et économique.

Aujourd'hui, Viana cherche à fixer son image : balnéaire ou portuaire, historique ou touristique ? Un peu de tout cela à la fois. Quadrillé par d'agréables rues piétonnes, le centre historique est celui d'une cité provinciale de caractère avec ses belles maisons blanches aux murs de granit, ses vieilles demeures bien conservées aux fenêtres à guillotine, ses portes finement blasonnées, et sa cathédrale, au cœur du vieux Viana.

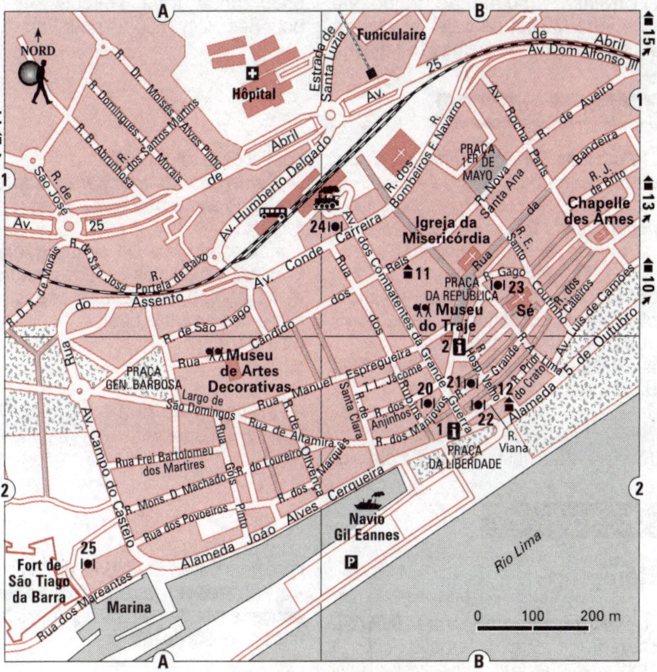

VIANA DO CASTELO

■ **Adresses utiles**

- 1 Office municipal de tourisme
- 2 Bureau du tourisme régional

Où dormir ?

- 10 Pousada da juventude Azenhas D. Prior
- 11 Hotel Larenjeira
- 12 Hotel Jardim
- 13 Fábrica do chocolate – Hotel-restaurante-museu
- 14 Quinta da Boa Viagem
- 15 Casa do Ameal

Où manger ?

- 20 Café Sport
- 21 Restaurante Vasco
- 22 Casa de Pasto Maria de Perre
- 23 Os 3 Potes
- 24 Porta 93
- 25 Tasquinha da Linda

Arriver – Quitter

En bus

Gare routière *(central de Camionagem ; plan A1)* **:** *dans le grand bâtiment à gauche de la gare ferroviaire.*

➢ Les principales compagnies *(Rede Expressos, Rodonorte...)* assurent des liaisons régulières avec ***Porto, Braga, Valença do Minho.***

➢ ***Pour Porto :*** avec *Rede Expressos,* 4 bus/j. 8h50-19h30. Durée : 1h30.

En train

Gare ferroviaire *(estação ; plan A-B1)* **:** *en haut de l'av. dos Combatentes da Grande Guerra.*

➢ Trains pour ***Valença do Minho***

(11 trains/j. ; 50 mn de trajet) via ***Caminha*** (30 mn de trajet) et liaisons vers ***Porto*** via ***Barcelos*** (15 trains/j., 6h30-20h30, dont 6 directs ; 45 mn pour Barcelos, 1h30-2h pour Porto).

Adresses utiles

Posto de Turismo *(Office municipal de tourisme, plan B2,* ***1****)* ***:*** *rotunda da Liberdade. ☎ 258-09-84-15. • vivexperiencia.wordpress.com • Sur le port, au bout de l'av. principale (dos Combatentes). Tlj 10h-18h (19h juin-août ; 22h en périodes de fêtes).* Bonnes infos, plan de ville. Location de vélos, tours guidés et activités sportives.

Bureau de tourisme régional *(plan B2,* ***2****)* ***:*** *rua do Hospital Velho. ☎ 258-82-26-20 et 09-84-15. Tlj sf dim 9h30-12h30, 14h30-18h30 (hors saison 10h-13h, 14h-18h).* Installé dans le premier hôpital de la ville (1468).

Centro de Monitorização e Interpretação ambiental : *rua da Argaçosa, Meadela. ☎ 258-80-93-62. • cmia-viana-castelo.pt •* Un centre dédié à la conservation des espaces naturels et de la biodiversité. Des expos qui méritent souvent le détour.

Poste : *av. dos Combatentes. ☎ 258-81-34-20. Dans l'av. qui part de la gare vers le port.*

– ***Parking gratuit :*** devant le navire-hôpital *Gil Eannes.*

Où dormir ?

Campings

Parque de campismo INATEL Cabedelo : *av. dos Trabalhadores, à* ***Darque-Cabedelo,*** *juste avt le Camping Orbitur (2 km du centre de Viana). ☎ 258-32-20-42. • hoteis.inatel.pt • Fermé de mi-déc à mi-janv. Compter env 16 € pour 2 pers.* Sous une immense pinède (25 ha) et proche de la mer, il peut accueillir jusqu'à 1 000 campeurs, et pourtant ici aucune sensation d'entassement. Même si les sanitaires sont assez rudimentaires, ce camping est bien mieux que le *Camping Orbitur* voisin.

Parque de campismo Sereia da Gelfa : *Pinhal da Gelfa. ☎ 258-40-14-96 et 91-15-37. • camping@sereiadagelfa.com • En venant de Viana do Castelo, quitter la N13 à gauche au km 79 avt le rio Âncora. Fermé de mi-déc à fév. Compter 16-17 € pour 2. Réduc tte l'année sf juil-août (jusqu'à 50 %).* Un bon camping 2 étoiles pour 1 000 personnes, avec suffisamment d'espace. Douches gratuites pour les campeurs, tennis et piscine-parc aquatique payants, resto de fruits de mer, minimarché, snack, 2 bars... tout y est. Ambiance résolument jeune. En prime, discothèque super connue dans le coin : le *Cavalli Club.* Bref, un camping « qui déménage », mais qui pourra aussi donner envie de déménager à nos lecteurs en quête de silence !

Auberge de jeunesse

Pousada da juventude Azenhas D. Prior *(hors plan par B1,* ***10****)* ***:*** *rua de Limia ; juste en face de la marina. ☎ 258-83-84-58. • vianacastelo@movijovem.pt • pousadasjuventude.pt • ♿ À 15 mn à pied de la gare. Ouv 8h-minuit. Lits en dortoir 11-13 € ; doubles 26-38 € selon saison. Parking gratuit.* Long bâtiment moderne en ciment, très bien tenu et de style fonctionnel. Dortoirs de 4 lits avec AC et sanitaires communs. Chambres doubles privatives avec sanitaires privés ou collectifs, avec vue sur la pelouse du jardin. Belle vue sur la minimarina. Cuisine, laverie, salon TV, billard et même un resto en été. Repas possible *(midi et soir 7 €).* Un inconvénient quand même : le train ne passe pas loin.

Prix moyens

Hotel Laranjeira *(plan B1,* ***11****)* ***:*** *rua Candido dos Reis, 45.*

☎ 258-82-22-61. • info@hotellaranjeira.com • hotellaranjeira.com • ♿ Résa conseillée. Chambres 55-85 € selon saison. Petit parking privé payant (6 places). 💻 📶 Très bien situé (avec garage privé), cet hôtel ultramoderne offre 26 chambres à la déco épurée et de bon confort : ascenseur, TV câblée, clim, téléphone... En outre, accueil pro et prix raisonnables.

🏠 ***Hotel Jardim*** *(plan B2,* ***12****) : largo 5 de Outubro, 68. ☎ 258-82-89-15. • hoteljardimviana.pt • Doubles 50-75 €, selon saison.* 📶 Petit immeuble blanc donnant sur la rue longeant le parc ombragé et le port fluvial. Les chambres ont toutes été modernisées (déco standard) : elles sont confortables (avec AC), lumineuses et ouvrent au sud pour la plupart avec une vue sur la rivière. En demander une au 3e étage (elles sont plus calmes et plus claires). Bon accueil.

Plus chic

🏠 🍽 ***Fábrica do chocolate – Hotel-restaurante-museu*** *(hors plan par B1,* ***13****) : Rua do Gontim, 70-76. ☎ 258-24-40-00. • fabricadochocolate.com • Doubles 105-180 € selon confort et saison. Resto ouv tlj 12h-22h. Musée du chocolat 10h-18h.* 📶 Installé dans une des plus anciennes chocolateries du Portugal, cet hôtel est la grande surprise de Viana. Abandonnée en 2004, l'ancienne fabrique du XIXe s de style Art déco a été réhabilitée avec soin pour devenir un petit hôtel au design chaleureux. Le thème du chocolat est présent partout : dans la boutique, au musée, et surtout dans les chambres décorées avec beaucoup d'imagination et de créativité. Confortables (avec AC) et calmes, la literie y est excellente et les lits sont assez grands. Fait aussi resto : cuisine fine. Bref, notre coup de cœur à Viana !

Où dormir dans les environs ?

🏠 ***Quinta da Boa Viagem*** *(hors plan par A1,* ***14****) : rua da Boa Viagem, Além do Rio, à* ***Areosa.*** *☎ 258-83-58-35. 📱 935-835-835. • info@quitadaboaviagem.com • quintadaboaviagem.com • Prendre la N13 en direction de Caminha sur 3 km ; arrivé à Areosa, à un moment donné c'est indiqué sur la droite (« Turismo Habitação »). Tte l'année. En été, résa conseillée. Apparts spacieux 60-75 € selon saison, petit déj compris. CB refusées.* 📶 Riches bienfaiteurs lors de la conquête du globe, capitaines au long cours, les ancêtres du propriétaire de cette *quinta,* le très aimable et francophone José Teixera de Queiroz, ont édifié une demeure à leur image. Difficile de ne pas tomber sous le charme de ce vieux manoir avec ses murs safran, sa terrasse avec vue sur l'océan, son immense et magnifique jardin fleuri et ses recoins à flanc de colline. Végétation exubérante, sources dévalant la colline, petits bassins, statues baroques patinées ou couvertes de mousse, un enchantement ! Les chambres sont décorées avec le plus grand soin. Certaines, plus modernes, ont même été conçues par un architecte d'intérieur, les autres ont du mobilier ancien. Piscine ou possibilité de se baigner dans le torrent qui jouxte la propriété.

🏠 ***Casa do Ameal*** *(hors plan par B1,* ***15****) : rua do Ameal, 119, à* ***Meadela.*** *☎ 258-74-16-72. 📱 936-070-630. • casadoameal@gmail.com • À 1 km de Viana do Castelo. Ouv tte l'année, sur résa slt. Doubles et studios (2 pers) 75-90 € ; apparts 4 pers 140 € ; petit déj inclus (promos sur Internet).* Depuis 1669, la famille Faria Araújo est toujours là ! À l'époque, ils avaient payé leur maison 3 500 shillings ; évidemment, depuis, il y a eu une sacrée inflation ! Magnifique demeure bourgeoise avec perron surélevé donnant sur un beau bassin. Entrée noble avec sa petite fontaine et son puits traditionnel du Minho. On est accueilli par une dame élégante et aimable. Plusieurs chambres avec un bel appareillage en pierres apparentes et des lits en bois sculpté ou fer forgé. Piscine donnant sur pelouse. Demandez-lui de vous laisser jeter un œil sur les vêtements de leurs ancêtres, rangés dans une petite salle d'expo.

Où manger ?

De bon marché à prix moyens

Café Sport (plan B2, **20**) : *rua dos Manjovos, 6-10. ☎ 258-82-21-17. Tlj midi et soir jusqu'à 23h. Compter 15 €.* Cantine populaire ouverte depuis 1955 : deux salles bien tenues, banquettes en skaï gris, maillots de foot aux murs, serveurs souriants et une cuisine classique et goûteuse. Tenter les tripes maison, le *cabritinho assado* (cabri au four), l'*alheira de caça* (saucisse de gibier).

Restaurante Vasco (plan B2, **21**) : *rua Grande, 21. ☎ 258-82-46-65. Tlj sf dim soir, 12h-15h,19h-22h.* Tenu par Paulo qui parle français. Spécialités de poisson et de produits de la mer (morue, poulpe...), mais aussi quelques plats de viande pour les amateurs (chevreau rôti).

Casa de Pasto Maria de Perre (plan B2, **22**) : *rua de Viana, 118. ☎ 258-82-24-10. Tt en bas de l'av. dos Combatentes, à gauche. Tlj sf dim soir-lun. Congés : 2e et 3e sem de sept. Résa conseillée. Compter 15-20 €.* Au début d'une ruelle piétonne, petite maison de caractère, qui sert des spécialités de poisson et toutes sortes de plats locaux finement élaborés *(rojoeõs, entrecosto a minhota).* On y sert aussi de bonnes paellas. Fado certains soirs.

Os 3 Potes (plan B1, **23**) : *beco dos Fornos, 9. ☎ 258-82-99-28. Dans la 1re ruelle à gauche en descendant la rua Sacadura Cabral depuis la praça da República. Tlj sf mer 12h-16h, 19h-22h30. Plats 14-18 €. Repas 20-30 €.* Il tient son nom des 3 grosses marmites qui trônent sur le vieux fourneau. Grandes arcades de granit (morceau de la muraille de la ville), poutres apparentes, larges tomettes, une guitare dans un coin, un coq de Barcelos dans un autre et un service soigné, voilà pour le décor, mais le plus important c'est la cuisine franche et goûteuse. Spécialité de la maison : viande de porc (boudin, palette, tripes, échine) à la mode du Minho.

De prix moyens à plus chic

Porta 93 (plan B1, **24**) : *av. Conda da Carreira, 28. 📱 910-776-694. Tlj sf dim soir-lun. Compter 20-25 €.* Pensez à réserver, car voici le meilleur resto de la ville, proposant une cuisine particulièrement inspirée et inventive. Des jeunes issus de l'école hôtelière régionale renouvellent et changent sérieusement les vieilles habitudes. Subtile remise à jour des bonnes vieilles recettes de grand-mère. Résultat : une authentique cuisine de marché et de saison. Voici le renouveau de la cuisine portugaise.

Tasquinha da Linda (plan A2, **25**) : *rua dos Mareantes, 10. ☎ 258-84-79-00. Repas 25-30 €. Résa vivement conseillée.* Dans le quartier du port, proche de la forteresse de Sao Tiago, voici un très bon resto de poissons de Viana. Ancien entrepôt de pêche récupéré, avec des murs en granit et des tables bien mises. Spécialités : *polvo a la galega* (poulpe à la galicienne), *ameijoas* (palourdes à l'ail et à l'huile d'olive), *cataplana de peixe e mariscos* (mélange subtil de poissons et de fruits de mer)... Cuisine maritime toute en fraîcheur et bien servie.

À voir. À faire

De la **colline de Santa Luzia,** panorama exceptionnel sur toute la région. C'est à 4 km par la route... et ça monte ! Ou alors, accès par un escalier de quelques centaines de marches situé à droite de l'hôpital. De là-haut, la vue sur les plages, l'embouchure du Lima et la ville est splendide. Au sommet de la colline, la **basilique de Santa Luzia,** lieu de pèlerinage, est aussi blanche et lumineuse dedans que grise et terne dehors. Construite en 1904 à la suite du vœu d'un militaire atteint d'une grave maladie des yeux.

Bienheureux ceux qui ne s'estimeraient pas assez élevés pour admirer le paysage, car quelque 150 marches supplémentaires les attendent à la sacristie pour aller au plus près des cieux. Un funiculaire permet d'y accéder plus facilement *(circule tlj : 10h-12h, 14h-17h en hiver et 9h-20h en été).* Les voies du Seigneur ont beau être impénétrables, pour l'aller-retour, c'est plus simple : il vous en coûtera 3 €.

Museu de Artes Decorativas *(musée des Arts décoratifs ; plan A2)* **:** *largo de S. Domingos. ☎ 258-80-93-05. Tlj sf lun et j. fériés 10h-13h, 15h-18h. Entrée : 2 €, réduc. Brochures en français.* Le musée retrace les grandeurs et décadences du pays du XVIe au XVIIIe s. C'était la demeure du XVIIIe s (ici, on dit un palais) d'un riche Portugais. Si les ***azulejos*** sont la plupart d'origine, le mobilier vient d'une collection privée. ***Meubles indo-portugais*** finement travaillés, tout en marqueterie ; ***faïences*** plus ou moins élaborées et colorées selon les époques, les tendances et la matière première. Dans la faïence de Lisbonne, beaucoup d'éléments de la nature (animaux, fruits) ; meubles royaux (chaque souverain avait son style) ; retable rococo dans la chapelle et azulejos de Policarpo (la visite à Élisabeth), ivoire ciselé...

Au 1er étage, trois salles aux ***beaux plafonds*** de bois sombre sculptés. Scènes de chasse dans l'une d'elles, allégories de continents dans celle du milieu et les loisirs de l'aristocratie dans la dernière (surtout la musique). Dans la salle suivante, admirez ce meuble indo-portugais au décor raffiné (teck, ivoire et écailles de tortue), ainsi que les tables marquetées.

Museu do Traje *(musée ethnographique ; plan B1)* **:** *praça da Republica. ☎ 258-80-93-06. Tlj sf lun et j. fériés 10h-13h, 15h-18h (19h juil-sept). GRATUIT.* Installé dans un intéressant édifice, ancienne banque (1958), représentatif du style salazariste. Sur quatre niveaux, ce n'est pas seulement un riche musée de costumes traditionnels aux harmonies de couleurs si séduisantes. Les villages s'identifient tous à un costume original. Chaque tenue, chaque robe possède sa signification sociale et culturelle. Lorsqu'une robe noire (pas nécessairement un signe de deuil) est ornée de petites perles noires, cela signifie que la jeune fille a entre 16 et 18 ans (donc en âge de se marier), et le rouge est signe de joie et de fête. Une vitrine réunit symboliquement trois types d'habits significatifs : le costume noir de montagne des femmes, l'« homme de paille », en fait le berger avec une houppelande de paille tressée sur laquelle glissait la pluie et, à côté, le pêcheur d'algues traditionnel.

Captivante présentation des mouchoirs des amoureux sur lesquels les jeunes filles brodaient des poèmes et des symboles amoureux (fleurs, clés, oiseaux...).

– ***Au 1er étage :*** tout sur l'industrie du lin. Les moulins à eau pour broyer le lin, les instruments pour carder, le filage... Métiers à tisser. Quelques costumes à nouveau, expo de broderies traditionnelles. Dans la majorité des cas, on n'employait que le rouge, le bleu et le blanc.

AU BONHEUR DE L'AURTAUGRAFFE !

Les mouchoirs amoureux firent longtemps le bonheur des ethnologues par ce qu'ils révélaient sur la condition paysanne. Dans le passé, peu de filles allant à l'école, les poèmes se révélaient bourrés de fautes, donnant un côté poétique et touchant au mouchoir !

– ***Au sous-sol :*** dans l'ancienne salle des coffres de la banque, on découvre la « Salle d'Or ». Riche présentation de bijoux régionaux. Pendant longtemps, les filles reçurent des bijoux correspondant à des tranches d'âge, ce qui explique leur taille progressive... Depuis le premier ornement, à l'âge de 8 jours appelé « aïe » (le cri de douleur du bébé au moment du percement de l'oreille) jusqu'aux bijoux très élaborés des fiançailles.

Le vieux centre historique. La ***Rua Cândido dos Reis*** est bordée d'élégantes demeures du XVIe s. Ensuite, tout s'ordonne autour de la ***praça da***

República, d'une belle homogénéité architecturale. Au milieu, jolie fontaine Renaissance. La blanche façade tout à côté, rehaussée par une superbe porte sculptée, est celle de l'***hospital da Misericórdia*** (1589). Noble façade à l'italienne, style Renaissance teinté de maniérisme : arcades et loggias à cariatides. La fête y bat son plein lors des *Romarias.* Toujours sur la *praça da República,* l'ancien ***hôtel de ville*** du XVIe s, construction massive avec ses arcades originales et ses créneaux. Priez que l'***igreja da Misericórdia*** (à côté de l'hôpital) soit ouverte pour y admirer les merveilleux azulejos de *Policarpo Oliveira Bernadeus,* la fresque de la voûte, le maître-autel baroque, la superbe tribune d'orgue. Tout à côté de cette dernière, d'intéressantes fresques racontant les bienfaits de la charité (enseigner aux ignorants, visiter les malades...).

Sé *(cathédrale ; plan B1) :* *rua Sacadura Cabral.* Bien que construite au XVe s, elle conserve une allure romane. Elle possède un certain charme avec ses deux tours crénelées. Juste à côté, la ***maison João Velho,*** de la même époque. Une seule grande arche supporte la façade percée de deux fenêtres à meneaux. Place des Couves, ne pas manquer la ***casa da Praça,*** *solar* urbain d'une grande famille aristocratique. Modèle d'équilibre avec un superbe jeu de fenêtres (au centre, le blason de la famille) et au coin sa chapelle, bel exemple de rococo portugais (à l'intérieur, remarquable retable).

➢ La ***rua Sacadura Cabral*** et la ***rua São Pedro*** sont bordées d'autres belles demeures Renaissance avec façades à écusson. Dans cette dernière, on découvre la fenêtre manuéline la plus ravissante de la ville. Adorable ***capela das Almas*** (chapelle des Âmes), première cathédrale de Viana au XIVe s et qui acquit une façade baroque au XVIIIe s (avant Rochas Paris).

Navire-hôpital Gil Eannes *(plan B2) :* *sur les quais.* ☎ *258-80-97-10.* • *fundacaogileannes.pt* • *Tlj sf lun 9h30-19h (18h en hiver). Entrée : 4 € ; réduc.* Cet ancien navire-hôpital a été construit en 1955 dans les chantiers de Viana do Castelo pour assister la flotte morutière portugaise sur les bancs de Terre-Neuve et du Groenland. Mis à la retraite en 1984, sauvé in extremis de l'abandon, il a été soigneusement restauré en 1998. Désormais, une partie se visite. Et quelle visite passionnante ! De la salle des machines au poste de commande en passant par les cabines, le salon du barbier, la boulangerie ou la cuisine avec tous ses ustensiles, le quotidien d'un navire n'aura plus de secret pour vous. Expo édifiante sur la vocation médicale du navire : on visite l'infirmerie, la salle d'examens avec ses appareils d'origine et même le bloc opératoire.

Plages : la plus proche se trouve à ***Cabedelo,*** à 2 km au sud de la ville. Accessible en bus *(6 départs/j.)* ou en bateau *(1 départ ttes les heures de Viana, 9h-19h).* En voiture, prendre le pont moderne, direction Darque. Pour revenir de la plage à Viana : dernier bus et dernier bateau vers 19h. Beaucoup de vent ! Possibilité de faire du windsurf, du kitesurf, et du surf tout court. Loueurs sur place. Au nord, à 11 km, plage plus sauvage d'***Affife.*** Très longue, avec de gros rouleaux, plutôt pour les surfeurs confirmés.

Manifestations à Viana do Castelo et dans les environs

– ***Fête des Roses :*** *2e w-e de mai, à* ***Vila Franca do Lima.*** Bals populaires, folklore, défilés (notamment les femmes portant d'énormes paniers fleuris sur la tête)...
– ***Les Romarias :*** *en principe 3e sem d'août sur le campo da Agonia, d'où leur surnom de « festas da Senhora d'Agonia ».* • *vianafestas.com* • Ce sont les plus grandes fêtes du Minho (voir « Hommes, culture, environnement », rubrique

« Savoir-vivre et coutumes »). Courses de taureaux, processions, feu d'artifice, concerts de musique folklorique, danses, et surtout une débauche de costumes magnifiques.
– ***Festival Neopop :*** *3 j. début août.* ● *neopopfestival.com* ● Un festival de musique électro qui prend chaque année plus d'ampleur.

CAMINHA

(4910) 17 000 hab.

● Plan *p. 117*

À 25 km de Viana do Castelo par la N13, encore un site remarquable : une embouchure de rivière (le rio Minho frontalier entre le Portugal et l'Espagne), l'océan Atlantique bleu (le plus souvent) et vivifiant, la silhouette presque cônique d'une montagne verte culminant en Galice espagnole, une longue plage de sable blanc ourlée d'une belle pinède, et une campagne aux collines moutonnantes. Cette situation géographique exceptionnelle explique la présence de fortifications à la Vauban du XVIIe s. Il fallait naguère surveiller la frontière ! Petite cité de caractère, Caminha a gardé sa personnalité et son patrimoine urbain, elle n'a pas vendu son âme au diable : place de la mairie bordée de vieilles maisons en granit, avec des terrasses de café et une élégante fontaine sur fond de nobles édifices Renaissance. Une de nos étapes préférées, et des adresses qui encouragent à y faire halte !

Arriver – Quitter

En bus

Gare routière *(plan A1) : sur le front de mer près de la poste.* Un arrêt d'autobus, tout au plus. Achat des billets dans le bus. Infos à l'agence *AVIC* sur la place centrale du village. ☎ *258-721-158.* ● *avic.pt* ●
➢ ***Pour Viana do Castelo :*** 3 bus/j. (2 bus/j. le w-e). Trajet : 40 mn.
➢ ***Pour Valença do Minho :*** 2-3 bus/j. Trajet : 30 mn.
➢ ***Pour Monção :*** env 3 bus/j., 5 le ven et 3 le sam. Trajet : 50 mn.

En train

Gare ferroviaire *(Estación de Caminha, plan B2) : av. Saraiva de Carvalho, au sud de la ville.*
➢ ***Pour Viana do Castelo :*** 9 trains/j. 6h-19h. Durée 25-30 mn. Cette même ligne va jusqu'à ***Porto*** *(durée : 2h-2h30).*

En bateau

➢ ***Ferry pour A Guarda (Espagne) :*** *ferry-boat Santa Rita de Cássia.* 10 traversées quotidiennes entre Caminha et A Guarda, entre 9h et 19h. Durée : 30 mn. Embarque les piétons et les voitures. Prix sages.

Adresses utiles

ℹ @ ***Loja Interativa de Turismo de Caminha*** *(plan A1) : praça Conselheiro Silva Torres.* ☎ *258-92-19-52.* ● *caminhaturismo.pt* ● *Tlj sf dim 9h30-13h, 14h-17h30 (18h en saison).* Accueil francophone et efficace, excellente documentation. 2 postes Internet gratuits.
✉ ***Poste*** *(plan A1) : sur le front de mer, praça Pontault Combault.*

LES ENVIRONS DE PORTO

Où dormir ?

Camping

⛺ ***Camping Orbitur :*** *Mata do Camarido ; N13, km 90, entre le rio Minho et l'océan, un peu au sud de Caminha. ☎ 258-92-12-95. À 2 km à l'ouest de Caminha. Tte l'année. Réception 9h-19h. Emplacements pour 2 pers. (une tente et une voiture) env 20-40 € selon saison. On règle à l'avance en juil-août.* À l'embouchure du rio Minho, un petit camping 2 étoiles agréable et ombragé par une belle pinède, tout proche d'une jolie plage de sable. Sanitaires corrects et douches chaudes gratuites. Quelques mobile homes et des bungalows. Snack-bar bien pratique et petite épicerie.

Bon marché

🏠 ***Residencial Galo d'Ouro*** *(plan A2, **10**) : rua da Corredoura, 15. ☎ 258-92-11-60. • residencialgalodouro.blogspot.fr/ • Double env 40 €, avec sdb.* Très central, dans une rue piétonne, un petit hôtel sans prétention avec un bel escalier de pierre décoré de céramiques. Il mène à une quinzaine de chambres fort bien tenues. Elles donnent sur la rue pour la plupart. Accueil affable.

Prix moyens

🏠 ***Pensão-residencial Arca Nova*** *(plan B2, **11**) : largo Dr Sidónio Pais. ☎ 258-72-15-90. • arcanova@mail.pt • À 300 m env de la pl. principale, remonter la rua da Corredura jusqu'à une place ombragée où l'on peut se garer. Doubles avec sanitaires extérieurs à partir de 45 € en hte saison, petit déj compris.* 📶 Petit hôtel moderne, calme et confortable, chambres claires. Demander la n° 302, 303 ou 304 : la vue n'est pas désagréable.

🏠 🍷 ***Design & Wine Hotel*** *(plan A1, **12**) : praça Conseilheiro Silva Torres, 8. ☎ 258-71-90-40. • info@designwinehotel.com • designwinehotel.com • Doubles à partir de 80 €.* 📶 Dans un élégant *solar* du XVIIIe s, vous apprécierez le mariage harmonieux entre patrimoine et modernité, ainsi que le réjouissant côté design cool, ludique, frais et coloré des 23 chambres et des parties communes... Chambres thématiques, le tout ponctué de citations de poètes. Confort pas oublié (douches à l'italienne). Gracieuse salle du petit déjeuner. Ici, on cultive aussi une fibre écolo, c'est dans la logique de la démarche architecturale. Pour finir, spa, petite piscine et, au rez-de-chaussée, un séduisant bar à vins. Accueil jeune, pro et souriant. Location de vélos. Un grand coup de cœur !

🏠 ***Hotel Muralha de Caminha*** *(plan A1, **13**) : rua barão de S. Roque, 69. ☎ 258-72-81-99. • muralhadecaminha.com • Doubles à partir de 50 €, petit déj inclus.* Collé à la muraille, un petit hôtel discret dont les lignes contemporaines ne jurent cependant pas avec l'environnement. Chambres plaisantes et de bon confort. Resto très correct et terrasse protégée avec vue. Accueil sympathique.

Où manger ?

🍽 ***Restaurante Solar do Pescado*** *(plan A2, **20**) : rua Visconde Sousa Rego, 85. ☎ 258-92-27-94. À 200 m de la pl. centrale. Tlj sf dim soir-lun. Congés : 2 sem fin mai et 2 sem fin nov. Compter 20 € (prix au kg sur la carte) ; menu déj 15 €. Parking gratuit.* 📶 *Apéro maison offert sur présentation de ce guide.* Une belle salle charmante et accueillante voûtée par des arcades en granit, avec des scènes romantiques représentées sur les azulejos aux murs. Comme son nom l'indique, « la gentilhommière du poisson » mijote une cuisine à base de fruits de mer

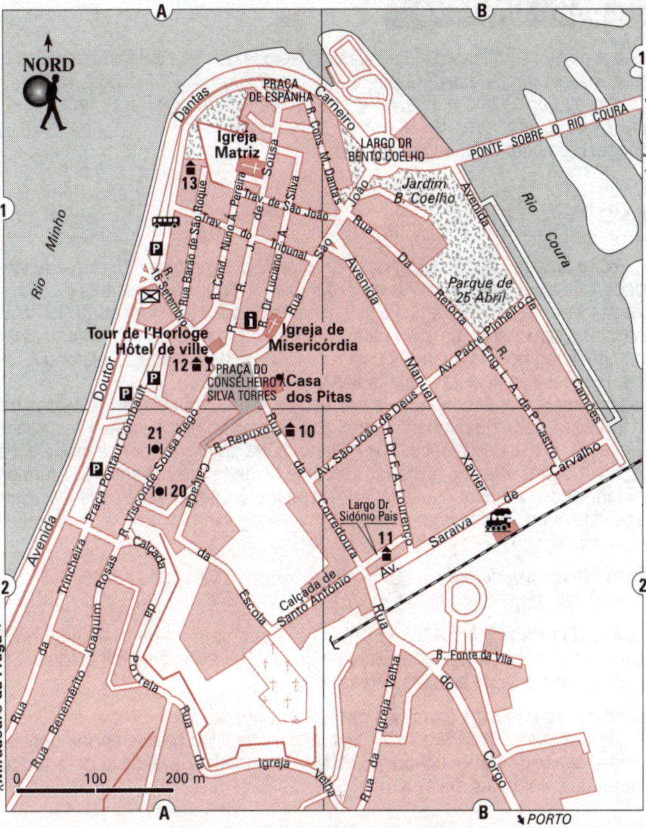

CAMINHA

Adresse utile	11 Pensão-residencial Arca Nova
Loja Interativa de Turismo de Caminha	12 Design & Wine Hotel
	13 Hotel Muralha de Caminha
Où dormir ?	**Où manger ?**
10 Residencial Galo d'Ouro	20 Restaurante Solar do Pescado
	21 Adega de Chico

et de poisson principalement. Tout est bon, tout est frais, de l'océan à l'assiette. En saison, lamproie à la bordelaise.

Adega de Chico *(plan A2,* ***21****)* **:** *rua Visconde Sousa Rego, 30. ☎ 258-92-17-81. À 50 m de la pl. centrale. Fermé jeu et 15-30 sept. Menu déj env 10 € ; carte 20-25 €.* Adresse sans prétention, plus classique dans sa décoration intérieure, avec quelques azulejos pour colorer et éclairer la salle. Belle vue sur les fourneaux. Plats copieux de poisson ou de viande. Desserts maison. Petit *vinho verde de la casa* agréable.

Où boire un verre ?

Sur la place centrale, plusieurs cafés, *pastelarias* et *confeitarias* étalent leur terrasse autour de la fontaine, dont le *Café Central,* tout près de la grosse horloge. Bien pour caler un petit creux. Ne pas oublier également le bar à vins du *Design & Wine Hotel,* rigoureuse sélection des meilleurs crus dans un cadre design.

À voir. À faire

➢ ***Petite balade :*** partir de la grosse ***tour de l'Horloge*** *(plan A1).* ***Hôtel de ville*** à arcades. En face, l'***igreja da Misericórdia*** *(plan A1)* pour les amateurs de *dourada talhada* (on rappelle qu'il s'agit d'une technique de sculpture sur bois débordant de détails et d'ornements, un style particulier du Portugal baroque). Profond maître-autel, imitation porche à cinq voussures. Tout est doré jusqu'au plafond à caissons. Richesse également des retables latéraux.
Passer sous la tour et continuer la rue jusqu'à la remarquable ***igreja Matriz*** *(plan A1)* fortifiée à l'abri du rempart. Portail sud au granit blond de style Renaissance. Au-dessus, ravissante rosace. Sur le flanc, autre séduisant portail ciselé. Quant au chevet, il présente une balustrade ajourée de toute beauté, entrelacs surmonté de « pinacles à crochets ». À l'intérieur, on peut voir un plafond à caissons de style arabe et un arbre de Jessé sculpté *(ouv en principe ven-dim, et autour des messes de 18h mar et ven – 19h en été – et 12h dim).*

– ***Petit Musée municipal :*** *rue Dr Luciano Amorim e Silva. ☎ 258-71-03-10. Tlj sf lun 9h30-18h (dim 10h-13h, 14h-17h).*

Casa dos Pitas *(plan A1)* **:** *au début de la rua da Corredura, à côté du Galo d'Ouro.* Longue et élégante demeure en granit du XVIIIe s avec toit crénelé. Style manuélin avec arcs de fenêtres originaux.

Miradouro da Fraga *(hors plan par A2)* **:** *à 2 km de Caminha, compter 6 mn en voiture. Direction Viana do Castelo, sur la gauche.* Une grosse colline dominant la ville et le site de l'embouchure du rio Minho, superbe paysage et petit jardin en contrebas. C'est beau, mais ça monte !

VALENÇA (DO MINHO) (4930) 14 300 hab.

C'est le Saint-Malo ou la Carcassonne du Portugal, toutes proportions gardées évidemment ! La ville semble monter la garde face à l'Espagne voisine, au-dessus du rio Minho (frontière). La partie ancienne est enfermée dans une forteresse à la Vauban, blottie derrière une ligne imposante de remparts et de bastions en étoile, du XVIIIe s, le tout construit sur un énorme glacis verdoyant. À l'intérieur de la bourgade historique, ambiance très touristique, quelques ruelles tortueuses, des maisons blanches aux toits de tuiles, des boutiques de souvenirs déversant leurs flots de marchandises sur le pavé. Le week-end et les jours fériés, cela devient insupportable avec la foule des Galiciens qui débarque faire quelques emplettes de la spécialité du lieu : le linge de maison.
Allez-y boire un verre en fin de journée, quand tout le monde est parti ! Puis baladez-vous le long des remparts et des *baluartes* (bastions).
– ***Bon à savoir :*** si vous remontez la rue principale extérieure longeant les fortifications, l'entrée de l'enceinte se révèle particulièrement mal indiquée. Arrivé en

LES ENVIRONS DE PORTO

haut, tournez à gauche tout de suite avant le pont. Puis vous passez sur le pont même pour gagner le porche de la première enceinte. Si vous passez sous le pont, aïe, c'est le début de l'autoroute pour Porto et l'Espagne !

Où dormir ?

Les quelques hôtels bon marché se trouvent sur un axe routier très bruyant et n'ont vraiment aucun charme. Alors, si le petit hôtel est complet ou si vous n'avez pas les moyens de vous offrir la *pousada* ci-dessous, faites comme nous, tracez votre route.

■ ***Pousada de São Teotónio :*** *dans la fortification, au fond de la 2de enceinte.* ☎ *251-80-02-60. • recepcao.steotonio@pestana.com • pousadas.pt • Doubles 160-220 €, petit déj inclus ; voir les prix spéciaux et promos sur le site (ça peut descendre jusqu'à 105 €).* Cette adresse a peut-être moins de charme que certaines de ses consœurs, mais elle a une situation exceptionnelle, et toutes les chambres ont la vue sur le Minho ! Resto chic avec très beau panorama.

■ ***Hôtel Portas do Sol :*** *rua Conselheiro Lopes da Silva, 51.* 📱 *964-607-915 et 965-851-667. • residencialportasdosol.com • Doubles 35-45 €. Dans la 2de enceinte de la forteresse, près de l'entrée.* Petit hôtel dans une demeure traditionnelle, avec 8 chambres propres, nettes et conforables (avec AC).

À voir

Tout ***petit musée*** gratuit et d'intérêt très local *(rua Mouzzinno de Albuquerque, dans la 2de enceinte vers la pousada).* Vraie borne milliaire d'époque romaine devant l'église São Estevo. Datant de 43 av. J.-C., elle fut placée ici en 1680. Marquée « Claudius », elle indiquait aussi la direction de Braga, à 42 miles...

MONÇÃO (4950) 19 850 hab.

À 16 km à l'est de Valença do Minho, on y accède par une route secondaire qui passe au pied des collines, et délivre de belles échappées sur la vallée et ses cultures en terrasses. En venant d'Arcos de Valdevez, la route est aussi jolie. On arrive soudain dans le pays du *vinho verde alvarinho,* l'un des meilleurs crus du nord du Portugal. Attention, les abords de Monção ne sont pas du tout attrayants, c'est une fois dans le centre ancien que le charme opère. Ce joli petit centre historique surplombe des fortifications. C'est l'anti-Valença do Minho, peu touristique et sans hordes d'acheteurs de linge de maison.

Où dormir à Monção et dans les environs ?

Bon marché

■ ***Chambres de la croissanteria Raiano :*** *praça Deu la Deu, 34-37.* ☎ *251-65-35-34. Fermé mar. Doubles 30-40 €.* Au rez-de-chaussée, un café-snack proposant des croissants chauds au petit déj. À l'étage, des chambres impeccables avec douche et w-c. Déco pas triste du tout. Sanitaires hyper propres.

■ ***Muralhas do Mino :*** *rua Pedro V, 45.* ☎ *251-65-64-24.* 📱 *969-398-657. • muralhas.mino@gmail.com • muralhasdomino.com • Doubles à partir de 60 €.* À 5 mn du centre, quartier tranquille. Hôtel discret dans un petit immeuble traditionnel et offrant des chambres d'une grande sobriété.

Propreté nickel et confort correct. Bon accueil.

Plus chic

Solar de Serrade : *si vous venez de Valença, au rond-point prendre la direction de Ponte de Barca, puis à 500 m tourner à gauche (peu avt la station-service). Venant du sud, à droite après la station-service. C'est ensuite indiqué à moins de 2 km. ☎ 251-65-40-08. 965-805-264. • info@solardeserrade.pt • solardeserrade.pt • Doubles 60-95 € selon confort et saison, petit déj inclus.* Un charmant manoir *(solar)* du XVIIe s au milieu des vignes lumineuses. Dans la même famille depuis longtemps, il abrita l'état-major de l'armée française pendant les guerres napoléoniennes. À l'intérieur, rien n'a bougé, un décor de film romantique : plafonds de bois travaillés, beau mobilier à l'ancienne, jolis objets et porcelaines de Chine. Accueil jovial et attentionné du propriétaire qui propose 15 chambres spacieuses, dont 5 suites. Ses vins sont aussi gouleyants que le charme des lieux. Une jolie chapelle pour se faire pardonner les excès vineux (le *vinho alvarinho* précisément, le fleuron de la propriété). Une de nos plus belles adresses, c'est dit !

Quinta de Santo António : *lugar de Albergaria,* ***Freguesia de Sà.*** *☎ 251-53-42-06. 938-434-857. • geral@quintasantoantonio.com • solaresdeportugal.pt • À une petite douzaine de km à l'est de Monção. À Penso, tourner au panneau indiquant la maison, et 150 m après (au niveau de l'ancienne route de Monção-Melgaço), tourner à droite et continuer jusqu'à la maison. Ouv tte l'année. Sur résa slt auprès de Solares de Portugal (voir à « Ponte de Lima », rubrique « Adresses et infos utiles »). 5 studios 65 € ; 1 appart 4 pers 130 €.* À deux pas de l'unique parc national du pays, sorte de manoir-ferme du XIXe s à gros appareillage de pierres, extérieur rustique mais intérieur raffiné dans le style de l'époque. C'est patiné par le temps et de caractère. Une main de soie dans un gant de fer, en somme. Bien des studios sont, en fait, des maisonnettes en pierre indépendantes, avec intérieurs de charme. Belle vue sur les montagnettes environnantes. Piscine.

Où manger ? Où boire un verre ?

Cabral : *rua 1° Dezembro, 28. ☎ 251-65-17-75. Très proche de la pl. principale. Tlj jusqu'à 22h. Repas env 20 €.* Murs de pierres sèches et atmosphère chaleureuse pour une cuisine régionale, franche et sans triche. Produits bien sélectionnés, généreuses portions. Pour les viandes, cuisson à la demande (pour obtenir un tournedos bleu, dire « 2 secondes de chaque côté » !). Spécialités de poulpe à la *gallega, risotto de mariscos,* frites maison. Excellents desserts.

Sete à Sete : *rua Conseilheiro João Cunha, 55, lieu-dit Forade Portas, à l'entrée de la vieille ville, à droite, collé au pont. ☎ 251-65-25-77. 917-602-848. Tlj sf lun.* Une belle cuisine régionale faite avec cœur et de beaux produits. Quelques spécialités : le *cordeiro á moda de Moncão* et la *lampreia do Rio Minho,* et en dessert les bons *rabanadas.*

Escondidinho : *praça Deu la Deu, 14. ☎ 251-838-219. Tlj jusqu'à 22h30.* Le grand café-salon de thé-pâtisserie de la ville. 2 grandes arcades découpent l'espace intérieur, et la terrasse est prise d'assaut aux beaux jours. Viennoiseries fraîches, délicieux gâteaux, glaces, chocolats extra... à déguster paisiblement sur la grand-place.

À voir

Igreja Matriz : *praça Deu la Deu.* On y trouve le traditionnel retable sculpté et doré avec ses colonnes torses couvertes de pampres, mais c'est le plafond à caissons qui interpelle, magnifiquement ciselé et couvert de fresques.

Palacio da Brejoeira : *à* ***Pinheiro,*** *à 6 km au sud de Monção. ☎ 251-66-61-29. • palaciodabrejoeira.pt • Visites guidées tte l'année, mar-dim 9h-12h30, 14h-18h30. Entrée : 7,50 € (palais, jardins et cave), 3 € slt jardins et cave.* Construit en 1834 par l'architecte Carlos Amarante (on suppose) pour Luis Pereira Velho de Moscoso, ce somptueux palais allie les styles baroque et classique. Il passa par plusieurs mains jusqu'à aujourd'hui. À l'intérieur, superbe cage d'escalier éclairée par des lanternes dorées, magnifique bibliothèque (une des plus belles du nord du pays), salons luxueux à la décoration raffinée, petit théâtre... Tout autour, un domaine fait de bosquets, de beaux jardins de style anglais, et un vaste vignoble (18 ha) produisant un remarquable Alvarinho.

PONTE DA BARCA

(4980) 12 000 hab.

À 16 km à l'est de Ponte de Lima, dans un paysage de hautes collines, Ponte da Barca tient son nom d'une barque qui a longtemps fait le passage sur le rio Lima avant qu'un vrai pont de pierre ne fût édifié. Tout le charme de cette bourgade réside dans le site géographique, au fond d'un vallon verdoyant. La promenade le long des berges en fin de journée est un régal. Attardez-vous dans le jardim dos Poetas pour trouver l'inspiration comme les poètes...

Adresses utiles

Loja interativa de Turismo *(office de tourisme)* **:** *rua Conseilheiro Rocha Peixoto, 9. ☎ 258-45-52-46. En contrebas de la rue principale, à 300 m du pont. Mar-sam 10h-18h.* Bonne doc et plan de ville.

Adere-Peneda-Gerês : *Largo da Cooperativa, à 100 m de l'hôtel Os Poetas. ☎ 258-45-24-50. • adere-pg.pt • Lun-ven 9h-12h30, 14h30-18h ; plus sam l'été.* Les spécialistes du parc à tous les niveaux (voir plus loin « Le parc national de Peneda-Gerês »). C'est ici qu'il faut réserver sa place pour les hébergements du parc. Vente de cartes de rando.

Où dormir ? Où manger ? Où boire un verre ?

Pensão Maria Gomes : *rua Conselheiro Rocha Peixoto, 13, proche du vieux pont. ☎ 258-45-22-88. Double 25 € avec sdb commune, petit déj compris.* Maria, la propriétaire, parle le français et tient la petite boutique de brocante au rez-de-chaussée de la pension. Imaginez-vous chez votre grand-mère : un papier peint désuet, de beaux meubles en bois massif, le pichet d'eau posé sur une bassine et une douche rudimentaire. Le genre de pension à l'ancienne très bien tenue, comme on n'en trouve plus, et qui dépannera les routards purs et durs. 7 chambres (une seule avec salle de bains privée). Petit déj en terrasse avec vue sur le rio Lima. Fait aussi resto.

Hotel Os Poetas : *rua Dr Alberto Cruz-jardim dos Poetas. ☎ 258-48-81-52. • hotelospoetas.com • À côté du pont. Doubles 40-70 € selon vue et saison.* Bien situé, en surplomb du rio Lima. Cet hôtel des Poètes abrite des chambres rénovées, bien équipées et hyper propres. Elles donnent sur la rivière (la plus belle vue) ou sur la ruelle. Ce n'est plus tout à fait une pension et pas encore un hôtel de charme. Une bonne adresse dans tous les cas.

À voir. À faire

Promenade dans les rues médiévales : agréable de s'y promener dans l'ambiance du crépuscule. Commencez par le *ponte medieval* datant du XVe s

(180 m de long sur 10 arches) enjambant la rivière Lima. Poursuivez au bord de la rivière, par le bucolique *jardim dos Poetas.* Là se trouvent le *pelourinho,* intéressant pilori couronné par une sphère et une pyramide, et l'*antigo mercado* (vieux marché en plein air), qui date du milieu du XVIIe s. L'épine dorsale du quartier médiéval est la *rua Plācido do Vasconcelos* (qui démarre au bar à vins *In Tapas Veritas*). Aujourd'hui, elle aligne une jolie fontaine baroque asséchée, la *capela N. S. de Lapa* et nombre de bâtiments en ruine ou abandonnés.

LE PARC NATIONAL DE PENEDA-GERÊS

Créé en 1971, c'est l'unique et magnifique parc national du pays, qui comblera les amateurs de nature sauvage. Région montagneuse enclavée et protégée, à l'écart du tohu-bohu du monde, le mode de vie ancestral n'y a pas disparu. Paysans et bergers vivent en semi-autarcie entre bois, landes, lacs de fond de vallée. Le relief accidenté, la richesse de la faune et de la flore, donnent au voyageur l'impression d'être en haute montagne. Pourtant, les monts oscillent entre 500 et 1 400 m, et les forêts naguère brûlées tentent de repousser. Le paysage porte la marque du travail agricole : les flancs des monts sont occupés par des cultures en gradin, et des prairies de *lima* (antique forme d'irrigation) répartissent l'eau sur les pentes de façon équilibrée. Ici et là, de petits monuments en granit parsèment les prés : ce sont les *espigueiros.* Ces petits greniers en pierre, fermés par des lattes de bois, servaient au séchage des grains et du maïs. De loin, ils font penser à d'antiques tombeaux. On en trouve beaucoup en Galice espagnole. L'été, les habitants transhument des vallées vers les *brandas* ou *verandas,* ces hameaux sur les hauteurs proches de pâturages. Enfin subsiste encore la *vereira,* forme communautaire de pâturage où les propriétaires de troupeaux gardent les bêtes à tour de rôle. Comme dans un roman de Giono ! Une autre époque... Superbes balades à pied et à cheval en perspective, et autres sports un peu plus extrêmes.

Adresses et infos utiles

■ ***Différents centres d'information du Parque naciónal da Peneda-Gerês*** (PNPG) **:** • icnf.pt/portal/ap/pnpg •

– ***Porta de Lamas de Mouro*** (*aux confins nord du parc*) **:** ☎ 251-46-60-41. *Tlj 10h-12h30, 14h-17h (19h en été).* Ce centre d'info se trouve à Lamas de Mouro, dans la commune de Melgaço, à 19 km au sud du bourg. On y trouve aussi un camping.

– **Porta do Mezio** (*à l'ouest*) **:** *à 14 km à l'est d'Arcos de Valdevez par la N202.* ☎ 258-51-01-00. • portadomezio.pt • *Tlj juil-août 9h30-20h (18h avr, mai, juin et sept), 10h-19h le w-e.* Nombreuses activités proposées : rafting, hydrospeed, canyoning, VTT, balades équestres.

– **Porta do Lindoso** (*au centre*) **:** *à 26 km à l'est de Ponte da Barca par la N203.* ☎ *258-57-81-41. Presque à la frontière de l'Espagne, au village de Lindoso. Tlj 10h-12h30, 14h-19h (17h l'hiver).*

– **Porta do Campo do Gêres** (*au sud*) **:** *à 40 km au nord-est de Braga par les N101, puis N205 et N307 (et ça tourne !).* ☎ *253-35-18-88. Dans un des secteurs les plus isolés du parc (immense commune de Terras de Bouro). Tlj 8h30-12h50, 13h30-17h30.*

– **Porta de Montalegre** (*ou porta do Paradela, au sud-est*) **:** *à 46 km au nord-ouest de Chaves par la N103, puis N509.* ☎ *276-51-83-22. Tlj juil-août, 10h-19h ; tlj sf lun, et jusqu'à 18h en avr-juin et sept. Le reste de l'année,* *mar-dim 10h-12h30, 14h-17h.* Cette porte se situe dans la partie la plus à l'est du parc, au village de Paradela, rattaché à la commune de Montalegre.

■ ***Adere-Peneda-Gerês :*** *voir « Adresses utiles » à Ponte da Barca.* *• adere-pg.pt •*

– Pour les non-motorisés, accès plutôt galère ! Mais il existe tout de même un bus reliant Braga à Campo do Gerês : 5 liaisons/j., 7h30-19h depuis Braga, 6h10-17h30 depuis Campo (slt 2 bus/j. le w-e). Env 1h10 de trajet.

Où dormir dans le parc ?

L'association *Adere-Peneda-Gerês* gère différents types d'hébergement dans le parc : hôtels ruraux, chambres d'hôtes, gîtes... Infos pratiques et réservations sur *• adere-pg.pt •*

Campings

Parque Cerdeira : *rua de Cerdeira, 400, à* ***Campo do Gerês.*** *☎ 253-35-10-05. • info@parquecerdeira.com • Empl. 14-26 €/nuit pour 2 pers sans voiture. Dortoir 30-40 €/nuit pour 2 pers. Bungalows pour 2 à 6 pers, 60-150 €/nuit selon saison et nombre d'hôtes. Situé à 15 mn à pied de l'arrêt de bus de Campo de Gerês.* Camping agréable et ombragé, mais ne pas planter sa tente trop en hauteur du terrain (proximité de la route qui est bruyante). Sanitaires propres, barbecue à disposition, piscine *(payante).*

Parque de campismo Entre Ambos os Rios : *au lieu-dit Lugar de Igreja, à 10 km de Ponte da Barca, au village de* ***Entre Ambos os Rios****; fléché à gauche sur la route de Lindoso. ☎ 258-58-83-61. • lima-escape.pt • Fin mai-fin sept ou sur résa 24h à l'avance. Réception 8h-minuit. Empl. classique pour tente 13-15 €/2 pers. Tentes Tipi ou Glamour 50-60 €/nuit. Bungalows 45-70 €/2 pers selon saison.* Près d'un petit lac, un terrain en pente dans une pinède offrant une belle ombre. Sanitaires bien propres avec eau chaude. L'originalité de ce camping est d'avoir aménagé un « glamping », c'est-à-dire un « camping glamour » : des petits bungalows dans les arbres et des tentes Glamour ou Tipi (on y trouve un lit double). Sur place, bar et resto *(Adega do Artur).* Location de vélos.

Parque de campismo de Vidoeiro : *à 10 km de Campo de Gerês (arrêt des bus venant de Braga) en direction de l'Espagne. ☎ 253-39-12-89 ou 258-45-22-50. De mi-mai à mi-oct. Réception 8h-12h, 15h-19h (22h en août). Empl. 2 pers 10-12 €.* On plante sa tente au cœur d'une forêt verdoyante sur des terrasses de différentes tailles (les plus petites disposent même d'un barbecue individuel et sont charmantes). On s'endort au doux bruit du ruisseau. Sanitaires correctement tenus.

Prix moyens

Casas de campo : *loc de chambres 40-60 €.* Ce sont soit des chambres d'hôtes ou des suites de charme, soit des gîtes ruraux ou des appartements. La meilleure façon de découvrir les habitudes de vie locales, dans des maisons anciennes et rustiques.

Turismo de aldeia *(maisons de village)* ***:*** *dans les villages de* ***Lindoso*** *ou de* ***Soajo.*** *Compter 50 € pour 2.* Un peu l'équivalent de nos gîtes ruraux. Souvent pour 2 à 6 personnes et d'un confort variable. On se prépare soi-même le petit déj avec des produits offerts par les propriétaires (jambon, miel, confiture...).

Pousada de juventude de Vilarinho das Furnas : *à* ***Campo do Gerês.*** *☎ 253-35-13-39. • vilarinho@movijovem.pt • ♿ À 3 km du village sur la route de Braga ; fléché sur 1 km depuis la Porta no Campo. Tte l'année. Lits en dortoir 14-17 €/pers ; doubles avec sdb 44-55 € ; bungalows pour 4 pers avec kitchenette 79-95 € ; petit déj compris. Carte des AJ obligatoire (2,50 €/j., transformée en carte annuelle au bout de 6 nuits).* Aux portes du parc, une auberge de jeunesse bien plus chic que la moyenne. Dans un environnement paisible et vert, elle abrite des chambres doubles qui, par leur confort et leur style, feraient pâlir de jalousie plus d'un hôtel 2 étoiles ! Il y a aussi des dortoirs (4 lits) propres et agréables, situés dans de longs chalets en bois. Sanitaires privatifs ou collectifs, au choix. Également des bungalows pour 4 à 6 personnes avec cuisine, parfaits pour les familles.

Hotel Central Jardim : *av. Manuel Francisco da Costa, 141, à Gerês. ☎ 253-39-11-32. • centraljardim.com • Double env 50 €.* Attention, le village de Gerês est différent de celui de Campo do Gerês. Situé à côté de l'église, sur la place principale des Termes, voici le plus vieil hôtel de la vallée, avec un décor désuet et patiné, mais avec des chambres propres et de confort suffisant (avec AC). Parking privé (intéressant, étant donné le monde certains jours d'été). Fait aussi resto. Cuisine locale sincère et sans triche.

À voir

Serra do Soajo : *au nord-est du parc.* On y trouve les villages les plus authentiques. Depuis Ponte da Barca, rejoindre ***Lindoso*** (26 km) par la N203 pour observer ces étranges greniers à grains *(espigueiros)* surmontés de petites croix. Voir sur une hauteur le *castelo,* mignon petit fortin à la Vauban. De là, descendre et traverser le barrage sur la rivière Lima, en direction de ***Soajo*** (10 km de Lindoso) avec également de très jolis *espigueiros* perchés sur un rocher et un superbe *pelourinho* sur la place du village : un pieu de granit au visage naïf, coiffé d'une curieuse pierre triangulaire. Au long de ce parcours, n'hésitez pas à suivre les panneaux du parc indiquant un menhir de-ci, un site rupestre de-là, quelque pont médiéval ou *espigueiro* isolé...
En piquant à l'ouest de Soajo, petite incursion vers ***Mezio*** (à 14 km à l'est d'Arcos de Valdevez) avec son dolmen et ses gravures rupestres. Et, bien plus au nord, on peut rejoindre la ***Fraga das Pastorinhas*** (seul site d'escalade digne de ce nom au Portugal) puis l'improbable sanctuaire ***Nostra Senhora da Peneda.*** Au bout du monde, surplombé par une cascade, on y accède par l'un de ces escaliers expiatoires qui n'en finissent pas.

Serra Amarella : plus au sud, autre itinéraire intéressant qui permet de relier Campo do Gerês. Depuis la N103, rejoindre d'abord Entre Ambos os Rios. De là, une petite route s'enfonce vaillamment dans la montagne vers ***Germil.*** C'est un paysage de landes, de bruyères et de fougères, ponctué de chaos granitiques, et avec des champs entourés d'antiques murets. On croise quelques *espigueiros* au détour de villages rustiques. Entre Germil et Brufe, noter le hameau de ***Lama*** joliment niché dans un chaos de rochers. Au-delà de Brufe, la route devient panoramique sur les monts et vallées du rio Hommem. Juste avant d'arriver au barrage, la route traverse une jolie gorge agrippée à la falaise.

Les lacs du Sud : le sud du parc se caractérise par ses réservoirs artificiels. Celui de Vilarinho das Fornas, proche de Campo do Gerês, demeure très sauvage. En revanche, le lac de Caniçada, plus au sud, est plus touristique, tout comme le village thermal de ***Gerês*** où l'on trouve les vestiges de la « Geira », l'ancienne voie romaine (bornes, dalles, etc.) qui reliait Braga à Astorga. En piquant au nord, vers la frontière espagnole, on traverse quelques belles et denses forêts de ***Caldas do Gerês*** à ***Portela de Homem.***

À faire

➢ ***Parcours touristiques et culturels :*** *Adere* peut vous mettre en relation avec des agences spécialisées dans les circuits à thème, pratiques pour ceux qui ne disposent pas de leur propre véhicule. Arts et métiers traditionnels, édifices médiévaux, races animales locales, fêtes... Ludique et respectueux de la nature et des traditions. Également de nombreuses promenades à pied (la plus longue fait 8 km) avec feuille de route et déclivité. Très bien fait. Pour les randonnées à pied, gare : les marquages ne sont pas toujours entretenus. On peut télécharger sur le site de l'*Adere* les principaux itinéraires pédestres, à imprimer ou à lire sur support numérique • *adere-pg.pt/trilhos* •

– ***Canoë, escalade, descente en rappel, rafting :*** demander les contacts de prestataires locaux auprès des bureaux du parc ou se renseigner sur le site d'*Adere* (oui, encore lui, mais il faut dire qu'il est très complet !), qui permet de réserver en ligne ces activités.

– ***Promenade à cheval :*** une excellente façon d'aborder le parc, bien *tanqué* sur quatre pattes.

PONTE DE LIMA (4990) 43 500 hab.

Cette petite ville, la plus ancienne du pays, s'étend nonchalamment au bord du rio Lima, dans une vallée entourée de collines ondulantes. En été, ce ruisseau au milieu d'un grand lit fait oublier certaines violentes sautes d'humeur qui expliquent ce long pont de pierre d'origine romaine (rebâti et fortifié au XVe s) avec ses 15 belles arches. Aujourd'hui encore, les pèlerins en route pour Saint-Jacques-de-Compostelle passent par ici. Ponte de Lima a décidément bien du charme avec sa vie lente et provinciale, ses belles maisons de maître, ses ruelles pavées et ses manoirs qui constellent la campagne environnante, appartenant à des familles aussi vieilles que l'histoire du Portugal. Deux fois par mois, les bords de la rivière s'activent avec un immense marché.

Arriver – Quitter

Arrêt de bus *(Central de Camionagem)* ***:*** *av. António Feijo, qui descend vers le centre historique.* Gare routière située près de la N203, à l'ouest du centre ; il est plus pratique d'acheter son billet à bord depuis l'arrêt du centre-ville. Compagnies *Rede Expressos (rua Vasco de Gama ; ☎ 258-94-28-70 ; • rede-expressos.pt •)* et *Transdev (☎ 258-94-28-70 ; • transdev.pt •).*

➢ ***Barcelos :*** avec *Transdev,* 6 bus/j. en sem slt, 7h15-17h40. Trajet : 1h.

➢ ***Braga :*** 9 bus/j. en sem (3 le sam et 2 le dim). Trajet : 30 mn *(Rede Expressos)* à 1h *(Transdev).*

➢ ***Porto :*** avec *Rede Expressos,* 1 bus/j. Trajet : 2h10.

➢ Bus fréquents pour ***Viana do Castelo*** et ***Ponte da Barca.***

Adresses et infos utiles

Office de tourisme : *à 200 m du pont romain, dans la tour de Cadeira Velha. ☎ 258-94-23-35. • cm-pontedelima.pt • (mairie). En saison, tlj sf dim et j. fériés 9h-18h (13h sam).* Bon accueil et documentation sur la région. Expos à l'étage.

■ ***Solares de Portugal*** *(associação do turismo de habitação)* ***:*** *praça da República. ☎ 258-93-17-50 ou 258-74-16-72. • info@solaresdeportugal.pt • solaresdeportugal.pt • Tlj sf dim 9h-13h, 14h-19h.* Voici une association remarquable et dynamique. Elle regroupe les propriétaires de manoirs *(solares)* qui mettent des chambres d'hôtes de charme et de prestige à la disposition de leurs hôtes. L'occasion de découvrir des lieux historiques (souvent classés) qui sont maintenus avec passion mais non sans mal par leurs propriétaires (des familles anciennes, et souvent des descendants des constructeurs !). Un séjour minimum de 2 nuits est parfois exigé. À dispo, une carte du Portugal pointant les adresses membres. On peut passer par l'association, mais rien n'empêche de réserver en direct auprès des propriétaires.

Où dormir ?

Bon marché

Pousada da juventude : *rua Papa João Paulo II, 815, au sud-est de la ville. ☎ 258-75-13-21 et 94-37-97. • pontelima@movijovem.pt • Du centre, direction Darque ; c'est à gauche après le rond-point. Selon saison, en dortoir 4 lits 11-13 €/pers, doubles avec sdb 25-32 € selon saison, petit déj inclus. Carte des AJ obligatoire (2,50 €/j., transformée en carte annuelle au bout de 6 nuits). Repas 7 €. Parking gratuit.* Gros cubes de béton suspendus sur de fins piliers, l'architecture est plutôt réussie et s'intègre bien dans le quartier. Voici une AJ nouvelle génération, moderne et propre, aux chambres impeccables et fonctionnelles agencées dans un esprit loft : il faut quand même aimer le béton brut ! Les chambres avec sanitaires privés ont le confort d'un hôtel standard. Salle de jeux, mais pas de cuisine. Location de vélos.

Residencial São João : *largo de São João, 6. ☎ 258-94-12-88. • alojamento_s.joao@sapo.pt • Double avec sdb 35 €. Pas de petit déj.* Dans le centre, à 100 m du vieux pont. Au rez-de-chaussée, un resto et à l'étage, les chambres propres, sans prétention mais bien tenues, toutes avec douche-w-c (sauf 2). Accueil gentil comme tout. Demander une chambre qui donne sur l'arrière pour éviter le bruit de la rue. Notre préférée (la n° 3) a 3 fenêtres et la vue sur la place, la rivière et les monts au loin.

Plus chic

Casa do Pinheiro : *rua General Norton de Matos, 629. ☎ 258-94-39-71. 965-008-575. • turismo.casadopinheiro@gmail.com • Suivre le quai jusqu'à la banque* Millenium, *puis prendre à gauche, monter la rue (c'est à 100 m sur la gauche. Doubles avec sdb, clim et chauffage 70-80 €, petit déj inclus.* Une bien belle demeure bourgeoise où tout commence par l'entrée, décorées de 6 trophées de chasse (gnou, oryx, kob...). Excellent accueil. Deux chambres donnent sur le jardin à l'arrière. Ce sont les plus calmes. Notre chambre préférée, la « Francesca », a sa terrasse et de jolies tentures vertes. Salon TV avec cheminée pour les soirées fraîches. Petit déj servi au bord de la piscine ou dans une belle salle à manger au riche mobilier de bois.

Casa das Pereiras : *largo Capitão José Magalhães. ☎ 258-94-29-39. 917-685-790. Dans le réseau de ruelles, sur les hauteurs du bourg ; ni fléchage ni enseigne. Ouv slt mai-nov. Double 70 € avec sdb et petit déj.* Dans l'une des plus belles demeures de la ville (XVIIe s). On est reçu (quand elles entendent la sonnette !) par une dame très âgée et sa fille, héritières d'une lignée ancienne et toujours propriétaires de cette demeure vieille de 4 siècles. Attention, ce n'est pas une adresse standard, ni un château-hôtel où tout est aux normes européennes. Dès le pavement de l'entrée, on fait un bond dans le passé, on rentre dans un monde hors du temps, anachronique, il ne faut pas demander trop de luxe mais d'abord l'authenticité, la patine des siècles et un confort correct mais basique. Escalier de granit massif et respectable, qui respire les effluves d'encaustique et de fumée de cheminée. Les chambres, spacieuses, ont le charme des vieux murs qui abritent un mobilier ancien. Elles donnent sur une petite place tranquille ou sur le jardin aux camélias équipé d'une belle piscine.

Où dormir dans les environs ?

Paço de Calheiros : *à* ***Calheiros,*** *à 6 km du centre-ville. ☎ 258-94-71-64. • pacodecalheiros.com • Prendre la route de Valença ; au rond-point, tourner à droite sur la N306, direction Parades de Coura, puis Arcos de Valdevez ; à 2,5 km, tourner à gauche vers Calheiros ; le solar est 2 km plus loin. Double et studio 125 €. ½ pens possible 35 €/pers. Réduc de 10 % sur présentation de ce guide au propriétaire.* Un *paço,* quesaco ? Ni plus ni moins qu'un palais ! Celui-ci est sans doute l'un des plus beaux du Minho. Portail de pierre, allée de platanes, fontaine, escalier monumental, dès l'arrivée, on est tout de suite dans l'ambiance, tout y est. Ce beau palais chargé d'histoire offre pas moins de 9 chambres, 6 appartements (avec kitchenette) et un cottage pour 6 personnes. L'intérieur, très classe, confirme cette première impression. Certaines chambres ont un accès direct au jardin par une porte-fenêtre. On est accueilli (s'il est là) par le comte de Calheiros, un personnage truculent, aristocrate dynamique et entrepreneur. Le soir au coin du feu, on fait une petite *prova de vinhos* en sa compagnie. Piscine, tennis.

Casa do Barreiro : *à* ***Gemeira,*** *à 6 km à l'est de Ponte de Lima. ☎ 258-74-28-27 et 94-81-37. • barreiro@solaresdeportugal.pt • En bord de route, à l'entrée du village. Faire très attention en venant par la route nationale, car l'entrée du domaine est soudaine, ainsi qu'à la descente, car on ne voit pas les voitures arriver... Double 80 €, petit déj compris ; appart 4 pers 130 €.* Il s'agit d'un vieux manoir au cœur d'un domaine viticole entouré de murs. Transmise de génération en génération, la demeure abrite 6 belles chambres et un appartement dans la partie la plus ancienne (XVIIe s). Le charme des vieux murs de granit, le mobilier ancien et les vignes alentour, l'accueil courtois des propriétaires : tout ici contribue à rendre ce lieu attachant. On peut admirer de-ci de-là des azulejos exécutés par Jorge Colaço, le même qui a décoré la gare de São Bento à Porto. Belle petite piscine, tennis, salle de billard et coin bar (avec la possibilité de goûter aux vins de la maison).

Où manger ?

Taverna Vaca das Cordas : *rua Padre Francisco Pacheco, 39-41. ☎ 258-74-11-67. • tico-rocha@hotmail.com • Tlj sf dim 11h-2h. Congés : 2de quinzaine de sept. Plats pour 2 env 20-25 €, et plein de petiscos et planches assorties 2-10 €.* Un resto populaire. Autour d'un comptoir vermillon, 3 bières pression étrangères et un thème de décor : la fête de la « Vache aux cordes ». Excellente cuisine dans ce resto servant de cantine à bon nombre d'employés du coin, c'est bon signe ! Service souriant.

Sabores do Lima : *largo D. António Magalhães, 64-78. ☎ 258-93-11-21. • geral@saboresdolima.com.pt • En plein centre. Tlj sf lun, jusqu'à 22h. Plats 8-15 €.* Salle claire avec fauteuils en osier, tables joliment dressées et murs de pierre rehaussés de touches contemporaines. On y déguste notamment des *rojões a minhota,* des brochettes géantes *(espetadas)* et des poissons grillés bien apprêtés. Somme toute assez simple, mais hyper copieux et rasséréFnant.

Restaurante O Brasão : *rua Formosa, 1. ☎ 258-94-18-90. Tlj sf mer 11h30-15h, 19h-23h. Plats 8-15 €.* Un autre bon restaurant de la ville, dans une vieille demeure du centre. On y sert une savoureuse cuisine locale, franche et soignée, avec une dominante de poissons à la carte. Tout est frais, la pêche vient de Viana do Castelo. Il y a aussi les plats du terroir. Une des spécialités du resto (et du Minho) est le *sarrabulho,* sorte de ragoût servi avec du riz et composé de diverses viandes (porc, vache et poulet). Salle classique et plutôt agréable. Très bon accueil.

Casa do Provedor : *rua da Porta Nova, 22. ☎ 258-94-40-87. • geral@casadoprovedor.com • Derrière la* *tour de l'office de tourisme. Tlj sf mer. Menu 7 € ; plats 8-13 €.* Dehors, c'est la terrasse donnant sur la *torre da Cadeia Velha* en granit. Dedans, c'est encore du granit, mâtiné d'un mobilier moderne. Carte bien fournie avec des spécialités bien d'ici à des prix dans la bonne moyenne. C'est le meilleur endroit pour le *sarrabulho* (avec du porc *rojoes* local). Service agréable et diligent. Lire la plaque sur le mur extérieur qui rappelle un épisode oublié de l'histoire : Ponte de Lima fut l'une des rares cités du Portugal à accueillir, au XVIe s, les Juifs chassés d'Espagne.

Restaurante Encanada : *passeio 25 de Abril. ☎ 258-94-11-89. À 300 m du vieux pont, à l'angle des halles. Tlj jusqu'à 22h. Demi-portions 7,50-15 €. Plats 13-19 €.* En plein centre, on ne peut le rater. Salle intérieure populaire avec un bar, et une autre à l'étage, un peu plus touristique. De la petite terrasse, agréable vue sur le pont et la rivière. Bonne cuisine familiale : *bacalhau cozido com todo* (morue pochée avec des œufs durs et des pommes de terre), *rojões e arroz e sarrabulho* (porc au riz).

Où boire un verre ?

Cervejaria Rampinha : *rua Formosa, 43. 967-31-54-30.* Un des meilleurs bars à bières (pression ou bouteille) du Nord. Quelques tables, un comptoir... et des photos, affiches, peintures, drapeaux, horloges à l'effigie du Che. Il y en a jusqu'au plafond. Ajoutez-y les fanions de clubs de foot locaux, quel décor ! Quant à l'ambiance, le patron s'en charge, aussi émé-CHÉ que son café. Une petite adresse qu'on CHÉ-rit.

Café de la Mercearia da Vila : *rua Cardeal Saraiva, 34. ☎ 258-75-35-62.* Sur une petite place à côté de l'église, un vieil immeuble de caractère qui abrita naguère une épicerie. Le lieu a été réhabilité avec goût. Il abrite un petit hôtel de charme et un café au rez-de-chaussée où l'on sirote une boisson dans un décor vintage.

À voir

Promenade dans la vieille ville : ne pas manquer d'admirer la ***superbe allée de platanes*** qui forme un tunnel de verdure sur l'esplanade en surplomb de la rivière. De la ***praça da República,*** descendre la grande rue piétonne et se promener dans les ruelles. Sur la droite, l'***igreja Matriz,*** qui date du XVe s. Sur la gauche, les restes de la muraille et la tour de la prison, ***torre da Cadeia Velha,*** rappellent l'existence d'une ancienne place forte. Traverser ensuite le rio Lima en empruntant le très beau et ancien ***pont romain*** (voitures interdites), pour gagner la rive opposée et se promener dans les allées du ***jardim Temático do Arnado*** *(ouv 10h-20h en été – 17h30 en hiver).*

Igreja e Museu dos Terceiros : *rua dos Terceiros, 209. ☎ 258-24-02-20. Tlj sf lun 10h-12h30, 14h-18h. Visite guidée sur résa. Entrée : 2,50 €.* Dès l'entrée, trois bouches grillagées pratiquées dans le mur donnent le ton : des confessionnaux à pèlerins. Ils rappellent que Ponte de Lima est depuis des siècles une étape pour les pèlerins en route vers Santiago de Compostela (non loin d'ici, en Galice espagnole). De ce couvent franciscain du XVe s, on visite son église remaniée au cours des siècles, elle garde de chaque époque de remarquables témoignages architecturaux. Les dalles en bois du pavement sont les tombes des moines. Sacristie tout en finesse avec ses plafonds peints et un riche mobilier ecclésiastique. Le second bâtiment, plus récent, est également intéressant avec son minicloître tapissé d'azulejos du XVIIe s (récupérés dans une chapelle des alentours), son église baroquissime en rocaille, sa sacristie et, à l'étage, des statues de bois peint et objets du culte en argent.

LES ENVIRONS DE PORTO

Festival internacional de jardins : *praça da República (bureau). ☎ 258-90-04-00. • festivaldejardins.cm-pontedelima.pt • Sur la rive opposée de la Lima. Tlj : juil-août 10h-20h, mai, juin et sept 10h-12h, 13h30-19h, oct 10h-18h. Tarif : 1 €, réduc.* Pour prendre un bol d'air et vous mettre au vert, ne ratez pas ces jardins aménagés par des paysagistes et artistes sur un thème renouvelé chaque année depuis sa création en 2005. « La forêt dans le jardin », ou bien « Jardin et gastronomie »... Essences originales et vision atypique des espaces verts garantie ! Près de 100 000 visiteurs chaque année !

Manifestations

– **Festas de la Vaca das cordas :** *1 j. après le Corpo de Deús (fête mobile en juin).* Voir l'encadré.
– **Feira do Cavalo** *(foire du cheval)* **:** *4 j. fin juin.* Une effervescence cavalière.
– **Festa do Vinho verde :** *3 j. fin juin.* Hips !
– **O Feiras Novas :** *2e w-e de sept, ven-lun.* Cortèges (ethno, historique...) et feu d'artifice. C'est la dernière grande fête avant l'hiver : ça draine du monde.

UNE VACHE DINDON DE LA FARCE

Fameuse aventure que cette Vaca das cordas, tellement plus drôle et moins vacharde qu'une corrida assassine. Une vache est lâchée dans les rues de la ville et doit faire trois fois le tour de l'église. Seul hic pour elle : elle est encordée et saoûle... comme une grive (on lui a fait boire copieusement du vin). C'est vache... on vous l'accorde !

LES ENVIRONS DE PORTO

BRAGA

(4700) 182 000 hab.

• Plan *p. 131*

« *Cette ville exquise donne un avant-goût du Brésil* », a écrit Dominique Fernandez. À 50 km au nord de Porto, bienvenue dans la capitale historique, économique, universitaire et religieuse du Minho. Braga se découvre à pied, en se laissant porter par une certaine *dulce vida* locale. Des jeunes, des étudiants partout dans les rues, à la terrasse des cafés.
La « Rome portugaise », comme on la surnomme exagérément au regard des vestiges laissés, est pleine de paradoxes : elle affiche encore aujourd'hui le plus fort taux de pratique catholique en Europe occidentale, et en même temps exhibe ses boutiques à la mode et son esprit d'avant-garde.

Arriver – Quitter

En bus

Gare routière *(central de Camionagem ; hors plan par B1)* **:** *au nord du centre-ville, par l'av. General Norton de Matos.* Compagnies *Rede Expressos* *(☎ 707-22-33-44 ; • rede-expressos.pt •)*, *Transdev* *(☎ 253-20-94-00 ; • transdev.pt •)*, *Internorte* *(☎ 253-26-45-40 ; • internorte.pt •)*, *Renex* *(☎ 253-27-70-03 ; • renex.pt •)* et *Rodonorte* *(☎ 253-26-46-93 ; • rodonorte.pt •)*.

➢ **Barcelos :** avec *Transdev* env 13 bus/j., 6h35-19h30. 3 bus/j. le w-e. Trajet : 1h.

➢ ***Chaves :*** env 5 bus/j. avec *Rodonorte.* Trajet : 2h45 à 3h.
➢ ***Guimarães :*** ttes les heures 7h15-20h avec *Transdev.* Trajet : 45 mn.
➢ ***Lisbonne :*** 9 bus/j. avec *Renex,* 6h15-minuit, et ttes les heures 5h-20h avec *Rede Expressos.* Trajet : env 4h30.
➢ ***Ponte de Lima :*** 3 bus/j. Trajet : 30 mn *(Rede Expressos)*-1h *(Transdev).*
➢ ***Gerês :*** 5 liaisons/j. 7h30-19h depuis Braga (le w-e slt 2 bus/j.). Trajet : env 1h30.
➢ ***Viana de Castelo :*** avec *Transdev,* 8 bus/j. (5 sam et 3-4 dim), 6h35-19h10. Trajet : 1h40.
➢ ***Porto :*** min 1 bus/h 5h-23h30 avec *Rede Expressos,* une dizaine de bus/j. avec *Renex* (même ligne que pour Lisbonne). Avec *Transdev (Citi Express),* 3 bus/j. du lun au jeu, 4 bus le ven, 2 le sam et 4 le dim. Trajet : 1h.
➢ ***Aéroport de Porto :*** 8 bus directs/j. avec *Getbus,* en correspondance avec les vols. • *getbus.eu* •

En train

Gare ferroviaire *(estação ; hors plan par A1) : sur le largo da Estação, à l'ouest de la ville.* Gare à l'architecture insolite, qui rappelle un siège de banque.
➢ ***Porto :*** une vingtaine de trains/j. Trajet : 1h10.

Adresses et infos utiles

Office de tourisme *(plan B2) : av. da Liberdade, 1. ☎ 253-26-25-50. • cm-braga.pt • (mairie). Lun-ven 9h-13h, 14h-18h30 ; w-e 10h-13h, 14h-18h.* Accueil francophone et personnel très compétent. Fournit un plan bien détaillé de la ville et la documentation avec les sites à visiter.
✉ ***Poste*** *(hors plan par B2) : rua do Raio, 175. Lun-ven 8h30-18h.*
– ***Marché municipal :*** *ts les sam.* Fruits, légumes, victuailles, cochonnaille et charcuterie.

Où dormir ?

Camping

Parque do campismo municipal da Ponte *(hors plan par B2,* ***10****) : parque da Ponte. ☎ 253-27-33-55. • parque.campismo@cm.braga.pt • À 2 km env au sud du centre-ville, à droite en suivant la N101 direction Guimarães. Bus nos 9, 18, 38, 59, depuis l'av. da Liberdade. Depuis la gare, nº 2, puis changer. Ouv avr-oct. Réception 8h-19h. En juil-août, compter env 15 €/nuit pour 2 pers, une tente et une voiture. Douches chaudes gratuites.* Terrain sommaire en terrasses, très bien ombragé. Sanitaires basiques mais correctement tenus. La route est passante... certes, on est en ville. Piscine en juillet-août.

Bon marché

In Braga Hostel *(plan A1,* ***11****) : rua de Boavista, 21. ☎ 253-03-35-46. 912-288-944. • geral@inbragahostel.com • inbragahostel.com • Lits en dortoir 12-15 €/pers suivant confort ; double 32 €. Petit déj offert sur présentation de ce guide.* Assez central, dans une rue tranquille. Adorable nouvelle AJ offrant charme et intimité. Nelson, accueillant et anglophone, se met en quatre pour ses hôtes. Dortoirs impeccables (mais pas d'AC en été) de 6 et 8 personnes, qui donnent sur la rue ou sur le petit jardin à l'arrière. Et aussi 2 doubles (avec salle de bains sur le palier). Lampes individuelles et *lockers.* Les filles possèdent leur propre salle de bains. Cuisine équipée, machine à laver, BBQ dans le jardin. Location de vélos.
Collector's Hostel *(plan B2,* ***12****) : rua Francisco Sanches, 42. ☎ 253-04-81-24. • collectorshostel.com • Lits en dortoirs 17-20 € selon confort, doubles 27-40 €, petit déj inclus.* Située en plein centre de Braga, dans un ancien immeuble restauré, cette AJ est une pièce de collection (d'où son nom).

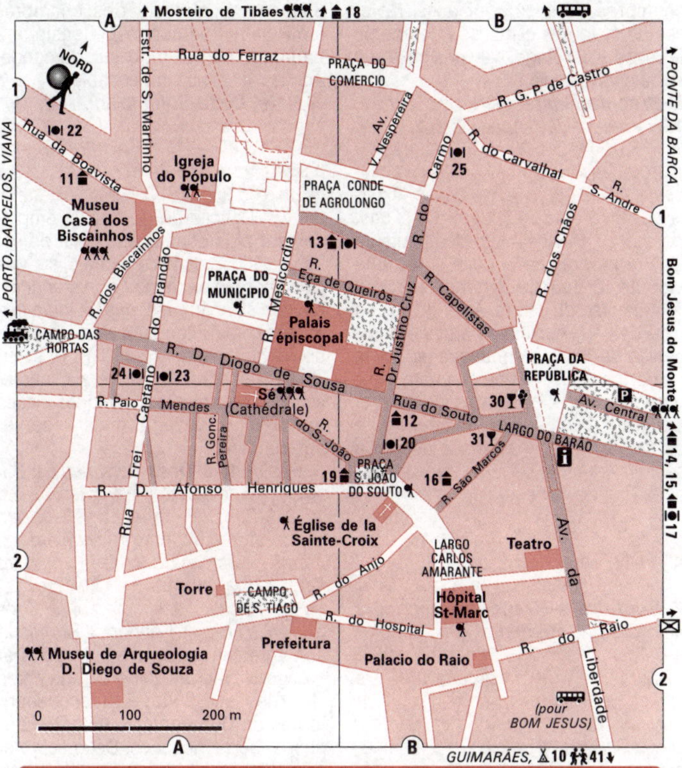

BRAGA

■ **Adresse utile**	🍴 **Où manger ?**
ℹ Office de tourisme	**17** Centurium
	20 Frigideiras do Cantinho
⛺ 🏠 **Où dormir ?**	**22** Recanto Amigos Café
10 Parque do campismo municipal da Ponte	**23** Cozinha da Sé
11 In Braga Hostel	**24** Copo e Meio
12 Collector's Hostel	**25** Velhos Tempos
13 Tea 4 Nine Guest House & Bistrô	🍷 **Où boire un verre ?**
14 Residencial Dora	**30** Café Vianna
15 Senhora-a-Branca Hotel	**31** A Brasileira
16 Bragatruthotel	
17 Hotel Bracara Augusta	**Où danser ?**
18 Bracara Hostel	**41** Disco-bar Sardinha Biba
19 Hotel Doña Sofia	

L'intérieur soigné, la décoration chaleureuse et du meilleur goût, l'accueil jovial, tout cela en fait une adresse remarquable, un petit *hostel* de charme et de caractère. Dortoirs de 4 lits (mixtes ou seulement pour les filles), tous agréables et bien équipés, avec sanitaires privés ou à partager. Les chambres doubles sont aussi ravissantes et toutes climatisées. Superbe terrasse au 3e étage avec une belle vue sur le centre ancien.

Bracara Hostel *(hors plan par A1,* ***18****) : rua Dr Domingos Soares, 104. ☎ 253-61-42-67. 912-435-877. • bracarahostel@gmail.com • bracara hostel.wixsite.com • Tte l'année. À partir de 13 €/pers ; doubles 25-30 €, petit déj inclus.* Une AJ sur les hauteurs de Braga, près de la belle église São Vicente, à peu de distance (environ 1 km) à pied du centre. Arrêt du bus au pied de l'AJ. Ancienne demeure bourgeoise de 1900, bien aménagée, avec un dortoir de 6 lits, une chambre triple pour filles et 2 chambres privatives. Décoration soignée et colorée. Petite cuisine équipée, machine à laver et à sécher. Agréable petit jardin fleuri derrière. Prêt de vélos.

Prix moyens

Senhora-a-Branca Hotel *(hors plan par B2,* ***15****) : largo da Senhora-a-Branca, 58. ☎ 253-26-99-38. 968-374-337. • hotelsrabranca.pt • De l'office de tourisme, prendre l'av. Central sur 400 m. Double 55 €, petit déj compris. Parking gratuit.* Immeuble ancien à taille humaine, déco intérieure mêlant le classique et le design, avec quelques touches d'art ethnographique. Chambres confortables (niveau 2 étoiles, avec AC pour la plupart), donnant en majorité sur la rue. Certaines ont même un balcon côté intérieur – ce sont aussi les plus calmes. Très bonne literie. Petit salon d'hiver cosy. Bon accueil.

Bragatruthotel *(plan B2,* ***16****) : rua São Marcos, 80. ☎ 253-27-71-87 et 77. 961-640-854. • braga@tru thotel.com • truthotel.com • À 50 m de la praça da República, dans la rue piétonne. Doubles 50-60 €, petit déj inclus. Café offert et réduc de 5 % pour 3 nuits min sur présentation de ce guide.* Dans une maison ancienne joliment rénovée et égayée d'œuvres modernes et autres touches de couleur. L'endroit a du caractère. Les vastes chambres propres et confortables (AC) se répartissent sur 3 étages. Également des chambres familiales (4 personnes). Consigne à bagages, coffre, frigo sur demande. Accueil et service impeccables.

Hotel Doña Sofia *(plan A-B2,* ***19****) : largo S. João do Souto, 131. ☎ 253-26-31-60 et 27-18-54. • info@hoteldo nasofia.com • hoteldonasofia.com • Double 65 €, triple 80 €, petit déj-buffet en sus.* Difficile de trouver un emplacement plus central que celui de cet hôtel à 200 m de la cathédrale, sur une place bordée de demeures historiques. Environ 35 chambres, pas toujours très grandes, mais toujours propres et de bon confort : ascenseur, clim, TV satellite à écran plat, minibar... Il a su garder aussi un côté familial. Quelques places de parking devant, mais réserver absolument.

Residencial Dora *(hors plan par B2,* ***14****) : largo da Senhora-a-Branca, 92-94. ☎ 253-20-01-80. • reservas@residen cialdora.com • hotelresidencialdora. com • De l'office de tourisme, prendre l'av. Central sur 400 m. Double 50 €, petit déj inclus. Parking payant.* Près de l'église Nossa Senhora a Branca et son agréable place avec fontaines et orangers. Une douzaine de chambres réparties sur 3 étages (ascenseur), toutes de bon confort : AC, TV, téléphone, belles douches. Déco sobre et sans fard, ensemble impeccable et net. Sommeils légers, préférer quand même les chambres à l'arrière qui donnent sur un jardin. Quant au petit déjeuner, issu de la boulangerie en bas (même propriétaire), c'est *open croissant.* Parking pas cher à côté. Excellent accueil. Notre meilleur rapport qualité-prix à deux pas du centre.

Plus chic

Tea 4 Nine Guest House & Bistrô *(plan A-B1,* ***13****) : praça Conde Agrolongo, 49. 914-004-606. • tea4nine. pt • Apparts 2, 3 ou 4 pers 85-137 €. Menus 6-10,50 €.* Immeuble ancien aux céramiques vertes, qui a été rénové avec grand soin. On y loge dans des appartements confortables, clairs, et très bien décorés (design contemporain chaleureux) et équipés (AC, kitchenette). Ils disposent d'un balcon, pour

LES ENVIRONS DE PORTO

certains, et ouvrent sur une grande place ou sur l'arrière (plus calme). Les hôtes peuvent profiter du petit jardin et du charmant salon de thé au rez-de-chaussée qui sert du thé, bien sûr, mais aussi des brunchs (dimanche) et des petits menus.

Hotel Bracara Augusta *(hors plan par B2,* ***17****) : av. Central, 134. ☎ 253-20-62-60. • geral@bracaraaugusta.com • bracaraaugusta.com • Resto ouv tlj sf dim. Doubles 70-100 € selon saison et confort. Petit déj en plus (vrai jus d'orange). Plats 12-15 €.* *Bracara Augusta* aurait certainement beaucoup plu à l'empereur Auguste. La demeure est déjà mentionnée au XVIe s, mais elle fut reconstruite en 1890 par l'homme le plus riche de la ville. En 1940, c'était l'immeuble de la soupe populaire, grandeur et décadence, puis le logement de légionnaires. C'est à présent un superbe 4-étoiles abritant une vingtaine de chambres, toutes impeccables et de caractère historique. On est séduit par la pierre et l'allure cossue de l'ensemble, même si certaines chambres sont petites pour le prix. Clim, coffre, TV satellite, sèche-cheveux... Beau jardin et salon à l'avenant. Accueil très pro. Le *Centurium* (resto « barocontemporain » de l'hôtel) est très agréable et offre 10 % de réduction aux résidents de l'hôtel. Aux beaux jours, on ouvre la salle sur l'esplanade en bordure du grand bassin (voir la rubrique « Où manger ? »).

Où manger ?

Deux spécialités culinaires bragaises : la *bacalhau narcisa* (traduisez : la « morue narcisse ») et les *frigideiras*, de grands feuilletés farcis de viande de porc ou de bœuf.

Très bon marché

Frigideiras do Cantinho *(plan B2,* ***20****) : largo São João do Souto, 1. ☎ 253-14-10-65 et 26-39-91. Tlj 8h-20h (23h en été, 2h ven-sam).* On vient dans la plus ancienne auberge de la ville, fondée en 1796 (mais tellement modernisée qu'elle ressemble à une banale cafèt'), pour goûter ces fameuses *frigideiras*. Située sur une place piétonne ombragée, la maison est une institution à Braga. Ajoutez une soupe et un dessert, et hop, voici un repas pour trois fois rien. Goûtez également au gâteau romain dont la recette viendrait du livre d'*Apicius* lui-même (25 av. J.-C.).

Recanto Amigos Café *(plan A1,* ***22****) : rua da Boavista, 88. ☎ 253-29-27-35. 960-160-801. Tlj sf dim soir et lun soir. Menu à 6 € (soupe, plat du jour, pain, boisson, café).* Resto populaire dans une rue discrète, très proche d'une de nos meilleures AJ et de la *Casa dos Biscainhos*. Salle tout en longueur. Bonne cuisine, simple, familiale, bien servie, pas chère, plus hamburger et *francesinhas* (*bacalhau* et *cabrito* sur commande)... Que dire de plus !

Prix moyens

Cozinha da Sé *(plan A1-2,* ***23****) : rua Dom Frei Caetano Brandão, 95. ☎ 253-27-73-43. • geral@cozinhadase.pt • Tlj sf lun et mar midi, 12h-15h, 19h30-23h. Plats 10-17 €.* Gros murs de granit, planchers de bois, lampes au plafond comme des branches design, mais pas de terrasse, juste une belle salle intérieure chaleureuse et bien arrangée. Le chef mitonne une cuisine de qualité, très soignée, inspirée de la tradition locale. Poissons et viandes sont à égalité sur la carte. Terre et mer ! Plusieurs plats sont pour 2 personnes.

Copo e Meio *(plan A1,* ***24****) : rua Dom Frei Caetano Brandão, 118. 964-449-600. Tlj 12h-2h. Tapas 4-7 €, plats 11-15 €.* Une maison ancienne à l'angle d'une rue passante et d'une ruelle débouchant sur le Largo da Praça Velha. Vieux murs et gosses pierres en granit, salle intérieure rustique-chic et petite terrasse extérieure sur 3 niveaux. Cuisine du Minho confectionnée avec un certain raffinement. Spécialités : *arroz de tamboril* (lotte au riz), *alheira* (saucisse de volaille) et *polvo a Lagareiro* (poulpe excellent). Fait aussi bar à vins et bar à tapas.

Velhos Tempos *(plan B1,* ***25****) : rua do Carmo, 7. ☎ 253-21-43-68. 913-498-287. Tlj sf dim et j. fériés 12h-14h30, 20h-22h30. Résa conseillée. Compter 20-25 € pour un repas.* Leur slogan : « *Comida rural p'ra gente urbana* »... La cuisine rustique pour les citadins ! C'est pas très grand, intime donc... Murs de pierre sèche, poutres apparentes, décor d'outils agricoles et de grosses racines, coins et recoins, une vraie taverne de campagne. Cuisine réussie et savoureuse : original porc noir aux palourdes et la *bacalhau Carmelita* (un délice). Une fois de plus, choisissez les demi-doses.

Plus chic

Centurium *(hors plan par B2,* ***17****) : av. Central, 134. ☎ 253-20-62-60. Tlj sf dim 12h30-15h, 19h30-22h. Compter 30-35 €.* C'est le resto chic de l'hôtel *Bracara Augusta.* Ancienne propriété de la famille la plus riche de la ville (voir la rubrique « Où dormir ? »). Haute salle à manger ornée d'élégantes arcades de pierre. Décoration classique et plutôt chic, atmosphère à l'image du style de la maison, cuisine traditionnelle finement élaborée et soignée. Pas si cher que ça, et ne pas manquer le *cataplana de tamboril* (c'est de la lotte) et le délicieux cheese-cake aux fruits des bois. Aux beaux jours, plaisante terrasse protégée sur jardin.

LES ENVIRONS DE PORTO

Où dormir ? Où manger dans les environs ?

Hospedaria do Convento de Tibães : *rua do Mosteiro,* ***Mire de Tibães,*** *à 5 km à l'ouest de Braga. ☎ 253-28-24-20. • hospedariatibaes.com • Fléchage « Mosteiro de Tibães » depuis le rond-point de la gare ferroviaire à Braga. Congés : janv. Double 96 €, petit déj inclus. Au resto L'Eau Vive (fermé lun), plats 10-18 €. Pour la visite du monastère, lire plus loin « Dans les environs de Braga ».* On adore ce choix de la modernité la plus extrême, au sein d'un lieu si historique. Tenu par les sœurs du couvent, cet hébergement n'a rien de prosélyte. C'est même un lieu plutôt chic, dans les prix comme dans l'esprit. Un calme réparateur règne dans ces 9 chambres équipées dernier cri. Modernes, confortables (très bonne literie), climatisées, elles ne sont certes pas immenses, teintées d'austérité cistercienne, mais infiniment plus accueillantes que des cellules de moine ! Elles donnent sur des cours calmes ou sur la campagne tout aussi tranquille. Au resto, cuisine portugaise avec quelques accents créoles, service assuré par de gentilles sœurs perfectionnistes et attentionnées.

Où boire un verre ?

Café Vianna *(plan B2,* ***30****) : praça da República. ☎ 253-26-23-36. Tlj 8h-2h (dim 19h).* Au cœur de l'animation du centre-ville, sous les arcades de la place, un vieux et beau café fondé en 1871, avec des touches Art déco. Plafonds dorés, colonnes en marbre, grand bar en U, vieux mobilier élégant, canapés en velours rouge, grandes glaces... Idéal pour un verre de « vin vert » en début de soirée en lisant son journal, pour grignoter des petits plats pas chers ou pour déguster une bonne glace.

A Brasileira *(plan B2,* ***31****) : angle rua de São Marcos et largo do Barão de São Martinho. ☎ 253-26-21-04. Tlj 8h-23h (ven-sam 1h et dim 20h).* Vieux bistrot chic ouvert en 1907, ayant gardé son style et sa personnalité rétro. Voir les drôles de petits parasols accrochés à la façade. Jolie salle tendance Art nouveau. Les jeunes, les vieux, tout le monde y vient pour boire un *café com leite* et pour y grignoter un petit quelque chose. Personnel agréable.

Où danser ?

Disco-bar Sardinha Biba (hors plan par B2, **41**) **:** *praça Dr Cândido da Costa Pires, quartier du marché de Carandá. ☎ 253-26-01-58. 917-984-999 et 918-870-101. • sardinhabiba.com • Depuis l'office de tourisme, descendre sur 700 m l'av. da Liberdade ; prendre à gauche le largo Senhor dos Aflitos ; à la fourche, à gauche ; prendre la traverse à gauche face au n° 102 de la rue ; c'est 50 m plus loin. Ven-sam 23h-6h.* Sorte de grand hangar, style salle omnisports, reconverti en un immense bar pour étudiants et jeunes. L'un des rendez-vous préférés de la jeunesse bragaise. Intéressante programmation. Terrasse extérieure avec piscine.

À voir

Praça da República (plan B1-2) **:** *au cœur de la ville.* Une grande fontaine et deux bassins avec de beaux jeux d'eau en été, dominés par une tour du XIVe s. La rua do Souto, puis la rua D. Diogo de Sousa, mènent à l'*arche de Porta Nova,* bordée d'échoppes : vieux coiffeurs, bijoutiers, dinandiers, vendeurs de bondieuseries... peu à peu remplacés par des boutiques modernes. À droite en descendant, une place avec sa fontaine et le ***palais épiscopal*** (*plan A-B1-2* ; visite possible sur résa). Cet ensemble harmonieux d'édifices anciens abrite l'une des plus riches bibliothèques du pays. Le salon médiéval avec son plafond peint et ses profondes fenêtres est en accès libre. Au nord du palais, vestiges de la partie la plus ancienne.

Sé (cathédrale ; plan A2) **:** *accès possible par la porte latérale, rua D. Diogo de Sousa, via le cloître. Portail principal en haut de la rua D. Paio Mendes. Tlj 8h30-19h (18h30 en hiver). Entrée : 2 €.* Il reste peu de chose de l'édifice roman primitif. Mais il y a ce beau porche avec sa grille ouvragée. À l'intérieur, opposé à la sobriété romane de la nef, c'est le luxe et le raffinement de l'ornementation des orgues qui étonne le plus. L'une des décorations les plus exubérantes qu'on connaisse, le ***buffet d'orgue*** le plus monumental du monde peut-être. Dans le chœur, jolie Vierge gothique du maître-autel, peintures sur le bois des tribunes et du lanternon. Tombeau de l'infant *D. Afonso* (1390-1400) dans un état exceptionnel (dais en bois couvert d'argent). Fonts baptismaux manuélins dans leur nid d'azulejos. À noter qu'on peut apercevoir de l'extérieur sa façade côté ouest et le côté droit de la nef au sud.

– ***Le trésor de la cathédrale* :** *accès depuis le cloître. Tlj sf lun 9h-12h30, 14h-18h30 (17h30 l'hiver). Visite guidée slt : 3 €.* Beaux azulejos. Beaucoup de vêtements sacerdotaux (cape cardinalice entièrement brodée d'or et rares gants pontificaux du XIVe s en soie et fil de métal). Quelques pièces intéressantes néanmoins : Vierges en bois polychrome, petits ivoires ciselés, coffrets, croix byzantine, pierres tombales. Bien sûr, riche collection d'orfèvrerie religieuse, notamment les custodes en argent doré serties de pierre précieuses et les reliquaires.

– ***Les trois chapelles et le coro alto* :** *accès depuis le cloître. Visite guidée slt lun-ven 10h-11h30, 14h30-16h. Entrée : 3 € (5 € visite combinée avec le musée).* Attenante au cloître, la *chapelle de São Geraldo* est carrelée d'azulejos du XVIIIe s retraçant la vie du saint. Son tombeau doré et sculpté est inséré dans le chœur, doré lui aussi. La *chapelle de Glória* (1330) présente également une ravissante *talha dourada,* des fresques du XIVe s de style mudéjar, et un splendide mausolée gothique de l'archevêque Gonçalvo Perreira. La ***capela dos Fundadores*** *(chapelle des fondateurs)* renferme la momie de l'archevêque de Braga, retrouvée intacte (1397), et les tombeaux sculptés d'Henri de Bourgogne et de la reine Thérèse de Castille, parents de Dom Henrique, le premier souverain du Portugal.

Dans le ***coro alto*** (la tribune), attendez-vous à être époustouflé par l'exubérance du décor. Stalles en jacaranda du Brésil sculpté et doré, là encore offrant une

ornementation foisonnante (voire chargée) incroyable. Superbes miséricordes à détailler. Lutrin monumental du XVIIIe s. Voûte peinte avec Vierge en Majesté. Quant aux grandes orgues, ne pas chercher à compter les tubes, il y en a 2 400 (dont 1 157 utilisés réellement).
– Ne pas manquer l'***igreja da Misericórdia*** (1562), intégrée dans le corps même de la cathédrale *(entrée rua D. Diogo de Souza),* pour le sublime retable, chef-d'œuvre de *talha dourada* (1735).

🕵 ***La praça do minicipio*** *(place de l'hôtel de ville ; plan A1)* **:** belle architecture homogène, avec une fontaine du XVIIIe s ornée de pélicans. L'hôtel de ville au porche particulièrement élaboré et la bibliothèque, face à face, en sont les édifices les plus nobles.

🕵🕵🕵 ***Museu Casa dos Biscainhos*** *(plan A1)* **:** rua dos Biscainhos. ☎ 253-20-46-50. *Tlj sf lun 10h-12h15, 14h-17h30. Visite guidée en portugais (départ ttes les 45 mn) ou en anglais. Entrée : 2 €, réduc.* Ce musée intéressera tous les amateurs de belles demeures, d'ameublement et d'objets raffinés. Construit au XVIIe s pour une famille noble, puissante et riche, ce palais resta aux mains des comtes de Bertiandos jusqu'en 1963, puis il fut donné à la ville de Braga. Dans le hall d'accueil, le sol en granit a été crevassé par les carrosses. Joli petit patio intérieur sur colonnes de pierre. Impossible de tout décrire. Les salles sont richement décorées : plafonds peints (celui du salon est superbe), azulejos dans l'escalier, fresque néoclassique dans la salle à manger... Meubles de style indo-portugais ou Macao, chaises en cuir ciselé, céramiques portugaises et porcelaines de Chine, parchemins et plumes d'oie, tous les symboles de la vie noble du pays sont regroupés ici.
La salle à manger propose un délicat décor d'arabesques. Dans la salle de musique, stucs représentant les instruments. Étonnant, chambres à coucher sans salle de bains. Visite des anciennes écuries et des cuisines. En face des écuries, le logement des esclaves (il y en eu jusqu'à 70). Le jardin date du XVIIIe s, végétation luxuriante, magnolias géants, influence baroque partout (terrasses, escaliers, fontaines, sculptures). Il est classé comme un des plus beaux exemples de jardin baroque du Portugal. Un îlot de paix et de beauté en pleine ville.

🕵 Voir encore, ***praça São João do Souto*** *(plan B2),* dans le quartier au sud de praça da República, la ***capela das Coimbras,*** flanquée d'une grosse tour de pierre ornée de nombreuses statues. Admirer la jolie grille en fer forgé du XVIe s. Sur la même place, sur le côté, la ***casa das Coimbras*** aux superbes fenêtres manuélines, avec auvent soutenu par de fines colonnes.
Sur le *largo Santa Cruz,* la remarquable ornementation florale de la façade de l'***église de la Sainte-Croix*** (1625). Rythmée par colonnes et pilastres cannelés, son exubérance décorative révèle aussi une influence des colonies portugaises. À l'intérieur, débauche d'azulejos, dorures et fresques sur la voûte en berceau. Le *largo Carlos Amarante,* qui lui succède, se termine par la longue et imposante façade de l'***hôpital Saint-Marc.***

🕵🕵 ***Avenida Central*** *(plan B2)* **:** prolongement de la praça da Republica, elle propose quelques intéressantes architectures comme, au n° 124, la superbe ***Rolão House*** (1760), résidence d'un riche marchand. Inspirée du style rococo, elle présente en façade des baies de formes toutes différentes, tranchant avec le classicisme de ses voisines.
À deux pas, angle de l'avenue et de la rua Cãndido, superbe palais, ancien ***couvent des Congregados*** (1703). Là aussi, originale architecture, notamment cette façade rythmée par de lourdes colonnes cannelées s'appuyant sur d'énormes empattements. Au coin, élégante superposition de trois fenêtres de formes différentes. Après la suppression des ordres religieux en 1834, le couvent devint lycée, puis *université du Minho.*

🕵🕵 Pour les amoureux des azulejos, voir l'***igreja do Pópulo*** *(plan A1)* qui prolonge le couvent éponyme *(ouv 7h30-11h30, 15h-17h30).* Beau retable dans la

chapelle Notre-Dame-des-Grâces et, surtout des épisodes de la vie de saint Augustin en magnifiques azulejos du grand *Oliveira Bernardes.* Un peu plus haut, l'***igreja São Vicente*** (à côté du *Bracara Hostel*) offrant une ravissante façade sculptée et, sur toutes les surfaces intérieures, un exceptionnel décor racontant la vie de saint Vincent, allié à une débauche époustouflante de dorures et bois ciselés.
Enfin, pour ceux qui ont du temps : le ***couvent du Salvador*** (1602) pour ses quarante magnifiques caissons peints du début du XVIIe s, l'extravagant *coro alto* et l'orgue attenant, ainsi que la sublime chaire croulant sous les angelots...

Vestiges romains : Braga compte quelques jolis restes de l'occupation romaine. ***Bracara Augusta*** (thermes) et quelques autres petits lieux sont répertoriés dans la brochure *Braga romana* de l'office de tourisme.

Museu de Arqueologia D. Diego de Sousa *(plan A2)* **:** *rua dos Bombeiros Voluntários. ☎ 253-27-37-06 et 61-23-66. • mdds.culturanorte.pt • Tlj sf lun 9h30-17h30. Entrée : 3 €.* Un musée archéologique installé dans un bâtiment à l'architecture contemporaine. Muséologie agréable (nombreux croquis explicatifs), lumières mesurées, salles spacieuses. Préhistoire, pointes de flèche et haches du Néolithique, sculptures celtiques, beau casque de bronze, poids de tisserands, poteries, mortiers en granit... Dans la salle du fond, carte de l'occupation romaine, nombreux témoignages de l'importance de Braga à l'époque : petits verres, délicates poteries grises, éléments de construction en plomb et terre cuite (tuyaux, tuiles, briquettes décoratives), vestiges de mosaïques, instruments agricoles, monnaies, poids et amphores... Impressionnante collection de bornes milliaires et de stèles gravées. Sarcophages en terre cuite et urnes funéraires. Maquette de villa romaine et des thermes.

Manifestations

– ***Semaine sainte :*** des processions très colorées traversent la ville durant toute la Semaine sainte. Le Jeudi saint, les *fariccocos* sévissent toujours dans la procession du soir. Également insolite, la *procession théophorique de l'Enterrement,* coutume étrange et macabre consistant à mettre un saint sacrement dans un cercueil que des hommes promènent dans la nef de la cathédrale. Au village de Balugaes *(30 km au nord-ouest de Braga),* une autre coutume similaire consiste à promener des cercueils contenant des pénitents (vivants !) lors de la procession pour Nossa Señora d'Aparecida.

DRÔLES DE COCOS, CES FARICCOCOS !

Depuis le XIVe s, les Bragais ne rigolent pas avec le Jeudi saint. Jour de religiosité extrême, un silence de mort gagne les rues et maisons. Des groupes de fariccocos, pieds nus, vêtus de pourpre, tête couverte d'une capuche, patrouillent pour dissuader les croyants de traînasser dans la rue. La procession est précédée de ces gardiens de Dieu, brandissant des crécelles géantes pour inciter les ouailles à se confesser.

– ***Braga romana :*** *4 j. fin mai.* L'occasion d'accéder à des sites romains secrets, non ouverts au public le reste de l'année. Également des animations de rue, marchés et stands de restauration avec des spécialités prétendument d'époque romaine (en costume d'époque, s'il vous plaît !).
– ***Fêtes de la Saint-Jean :*** *autour des 23 et 24 juin.* Rues envahies par la foule, musique, illuminations : les gens du Minho vouent un culte particulier à são João, d'où cette liesse populaire qui submerge Braga.

DANS LES ENVIRONS DE BRAGA

Santuário do Bom Jesus do Monte *(hors plan par B2)* **:** *à plus de 6 km à l'est de Braga par la route. ☎ 253-67-66-36. • bomjesus.pt • Bus n° 2 depuis l'av. da Liberdade (plan B2) jusqu'au pied du funiculaire. En voiture, sortir de la ville en direction de Chaves (c'est mal indiqué) : on peut stationner au pied du funiculaire ou pousser au sommet de la colline.*
Funiculaire : il part depuis le pied de la colline jusqu'à l'esplanade (parking voitures à côté) et ensuite on emprunte à pied le grand escalier. Fonctionne tlj 9h-20h en été (19h en hiver). Départs ttes les 30 mn ; billet 1,20 € ; A/R 2 €. Ce wagon en bois gravit en 3 mn une pente de plus de 30 %, dans une sorte de tunnel de verdure long de 285 m obstruant la vue.
– Horaires de la basilique : tlj 8h-19h en été (9h-18h en hiver). GRATUIT.
– ***Bon à savoir :*** mieux vaut éviter d'y aller les week-ends et les jours de fêtes en raison de la foule. Préférez la semaine, le matin ou le soir avant la fermeture.
Le Bom Jesus est ce sanctuaire planté au sommet du mont Espinho, haut de 400 m. Le clou de la visite est son escalier monumental, qu'on apprécie d'autant mieux qu'on le gravit à pied.
– ***L'escalier monumental :*** un gigantesque accordéon de granit qui constitue le grimpe-vers-Dieu le plus exubérant du Portugal ! Un ouvrage de 577 marches précisément (on a compté !). Ce chef-d'œuvre baroque a servi de modèle à sa réplique brésilienne (Congonhas do Campo). Construite à partir de 1723, en 88 ans, cette « rampe mystique » symbolise le passage de la terre vers le ciel, et aspire à élever l'âme du croyant. Les sculptures qui ornent l'escalier sont un mélange de références bibliques et de mythologie païenne, dénotant un humanisme chrétien où même les héros grecs sont présentés comme des témoins de la Foi.

UN FUNICULAIRE... SANS MOTEUR

Depuis 1882, il fonctionne à l'eau. On remplit un réservoir à chaque fois qu'il arrive en haut, ce qui lui permet de redescendre ensuite avec la gravité. En descendant, il entraîne l'autre cabine qui s'élève en même temps. Sans bruit ni pollution, et sans risques.

On commence par l'*escalier des Cinq Sens* censé amener le pèlerin à la maîtrise de son corps. Sur la première volée, la fontaine de la Vue, sur la deuxième celle de l'Ouïe avec, à côté, la statue du roi David ; viennent ensuite la fontaine de l'Odorat portant les statues de Noé et de Sulamite, celle du Goût et celle du Toucher (avec Salomon et Isaac). Puis, l'*escalier des Trois Vertus théologales* car il porte trois fontaines représentant lesdites valeurs : la Foi, l'Espérance et la Charité. Le dernier palier est la terrasse de Moïse, avec sa fontaine du Pélican.
– ***L'esplanade :*** l'escalier monumental aboutit face à l'église sur une esplanade appelée « la terrasse de Moïse ». Tout autour, arbres et bosquets abritent trois hôtels anciens *(hotel do Templo, hotel do Elevador, hotel do Parque),* une fausse grotte de dévotion en carton-pâte et, plus loin, un ancien casino. Évidemment, vue superbe sur Braga et sa vallée.

Capela São Frutuoso *(hors plan par A1)* **:** *São Jerónimo de Real, à 2 km à l'ouest de Braga, à* ***Real.*** *Fléché depuis le rond-point devant la gare ferroviaire de Braga. Tlj sf lun 14h-16h30. GRATUIT.* Une des rares églises wisigothiques subsistant au Portugal. Construite au VIIIe s dans un style romano-byzantin suivant un plan trilobé (en forme de trèfle). On lui a accolé au XVIIe s une grande sœur affublée des ornements baroques habituels.

Mosteiro de Tibães *(hors plan par A1)* **:** *rua do Mosteiro,* ***Mire de Tibães,*** *à 5 km à l'ouest de Braga. ☎ 253-62-26-70 et 62-39-50. • mosteirodetibaes.org • Bien fléché depuis le rond-point de la gare ferroviaire de Braga. Bus n° 50 (n° 90* *le w-e) de la praça Conde Agrolongo (plan A-B1) direction Mire de Tibães, puis env 1 km de grimpette à pied pour finir. Tlj 10h-19h (18h nov-mars). Entrée : 4 € ; réduc ; jardins seuls 1,50 €. Visites guidées en portugais ou audioguide en anglais.* Ancien monastère bénédictin (règle de Saint Benoît) fondé au XIe s, mais la plupart des bâtiments datent des XVIIe et XVIIIe s. Il appartient aujourd'hui à l'État portugais et un accord permet à des sœurs du Carmel de résider dans une aile et d'y travailler.

Une hôtellerie a été ouverte en 2010 (voir plus haut « Où dormir ? Où manger dans les environs ? »). Subtile alliance de conservation du patrimoine, de tradition religieuse et de tourisme culturel.

Commençons par le ***cloître*** du cimetière (XVIIe s), aux sobres arcades de style toscan, plafonds à caissons en bois et azulejos bien conservés (heureusement, les arches à l'air libre ne sont pas fermées par des vitrages). Attenante à l'entrée latérale de l'église, ***étonnante sacristie*** sous les auspices d'un autel rococo à souhait, avec de nobles chasubliers pourvus de superbes poignées et serrures en laiton. Bâtie au XVIIe s en l'honneur de saint Benoît, cette sacristie est l'une des plus grandioses du Portugal. Du primitif XVIIe s au tardif style rocaille du XVIIIe s, tout ici respire le baroque (qualifié de « psychologique »). Les moines convièrent le gratin des doreurs, sculpteurs, menuisiers, charpentiers, pour ce résultat à la limite du délire psychotique. Voir aussi les chapelles latérales et surtout les grandes orgues, supportées par de naïfs atlantes faunes, presque burlesques.

Au ***1er étage*** (accès depuis la partie supérieure du cloître), la tribune *(coro alto)* embrasse l'église d'en haut. Les stalles des moines y sont classiques, mais notez les miséricordes à faces d'animaux et grotesques.

ENTRE BRAGA ET GUIMARÃES

Citânia de Briteiros : *à 9 km de l'entrée du sanctuaire de Bom Jesus ; sinon, fléchage depuis Taipas, sur la N101 à 8 km au nord de Guimarães et 15 km au sud de Braga. ☎ 253-41-59-69. Tlj sf lun 9h-18h avr-sept (17h oct-mars). Fermé 1er janv, Pâques, Noël. Entrée : 3 €.* L'un des plus beaux sites protohistoriques du pays datant d'avant les Romains. Il s'agit d'un promontoire à près de 500 m d'altitude, occupé depuis le Ier millénaire avant notre ère. On pense que ce gros bourg perché aurait été habité par une peuplade celtibère. Trois lignes de murailles, des ruelles bien dessinées, les bases circulaires ou rectangulaires des habitations en grosses pierres (dont deux ont été reconstituées), les canalisations qui alimentaient les thermes : ces vestiges datent de l'âge d'or de la cité, grosso modo entre le IIe s av. J.-C. et le Ier s apr. J.-C.

GUIMARÃES (4800) 158 000 hab.

• Plan *p. 141*

À 55 km au nord-est de Porto (45 mn de voiture), Guimarães est l'une des plus vieilles villes du Portugal. Située dans un cirque de collines boisées, elle a le vent en poupe : démographie galopante, construction de routes, de bâtiments, le plus grand centre de l'industrie textile du pays a su gérer la mondialisation et retourner sa veste (c'est le cas de le dire) pour miser sur le tourisme et les vieilles pierres... Guimarães est entrée au Patrimoine mondial de l'Unesco en 2001. La ville médiévale se découvre exclusivement à pied, à travers son lacis de ruelles bordées d'anciennes demeures en granit, ses

églises, ses jolies places tranquilles, jusqu'à son château au sommet d'une colline dominant la cité. Henri de Bourgogne en fit la « capitale » du petit comté (cadeau de son beau-père, le roi de Castille), et Afonso Henriques, le futur roi du Portugal, y naquit. « Aqui nasceu Portugal », ici est né le Portugal. Guimarães est considérée comme le berceau historique du Portugal.

Arriver – Quitter

En bus

Gare routière *(hors plan par A2) : suivre la rua D. João I, tt droit. Au sud-ouest, rua Alameida Mariano Fegueiras. Guichets ouv 7h-21h.* Compagnies *Rede Expressos (☎ 707-22-33-44 ; • rede-expressos.pt •), Transdev (☎ 253-41-46-63 ; • transdev.pt •),* et *Rodonorte (☎ 253-42-35-00 ; • rodonorte.pt •).*

➢ ***Porto :*** avec *Rede Expressos* 4 bus/j. 11h-18h45, 2 bus le sam. Trajet : 1h. Également 7 bus directs/j. pour l'aéroport de Porto avec *Getbus.* *• getbus.eu •*

➢ ***Barcelos :*** 2 bus/j. avec *Rede Expressos.* Trajet : 1h.

➢ ***Braga :*** 2 bus/j. avec *Rede Expressos.* Trajet : 35 mn. Une douzaine de bus/j. avec *Transdev* 7h15-20h.

➢ ***Amarante, Vila Real, Chaves, Bragança et le nord-est du Portugal :*** 7 bus/j. (1-2 slt le w-e). Même bus tout du long avec *Rodonorte* ; sans arrêt à Amarante avec *Rede Expressos.* Trajet : 40 mn (Amarante), 1h (Vila Real), 2h ou 4h pour Chaves selon les arrêts et env 3h (Bragança).

➢ ***Coimbra et Lisbonne :*** 5-6 bus/j. 7h15-16h55, avec *Rede Expressos.* Pour Lisbonne, avec *Transdev (Citiexpress),* 2 bus/j. et 1 le dim. Trajet : 2h (Coimbra) et env 5h (Lisbonne).

En train

Gare ferroviaire *(hors plan par B2) : de l'office de tourisme, descendre l'av. D. Alfonso Henriques. Loin du centre. • cp.pt •*

➢ ***De/pour Porto :*** train ttes les heures env, 6h20-23h20 (terminus São Bento, via Campanha). Trajet : 1h ou 1h20.

Adresses et info utiles

Office de tourisme : *praça de São Tiago (plan B2). ☎ 253-42-12-21 et 41. • guimaraesturismo.com • Lun-ven (été) 9h30-19h ; sam 10h-13h, 14h-19h ; dim 10h-13h.* Accueillant, francophone et bien documenté. Demandez le plan et la brochure bien complète de la vieille ville.

Poste *(plan A1-2) : rua de Santo António. Lun-ven 8h30-18h. Autre bureau dans la gare routière (lun-ven 9h-18h).*

Parking : *gratuit, juste derrière le castelo. Sinon, parcmètres en ville (env 0,50-0,75 €/h).*

Où dormir ?

Bon marché

Pousada da juventude *(hors plan par B2,* ***10****) : complexo multifuncional de Couros, Largo do Cidade, 8. ☎ 253-51-20-50. • guimaraes@movijovem.pt • pousadasjuventude.pt • À pied, descendre les marches du largo do Trovador, c'est à 2 mn ; en voiture, fléché depuis l'av. Dom João IV. Réception 8h-minuit. Lits en dortoirs 11-14 €/pers, doubles 32-38 € ; apparts 4 pers avec kitchenette 60-70 €.* L'AJ officielle. Dans une grande et belle bâtisse ancienne en granit, restaurée et aménagée avec soin. Bien située et fonctionnelle, avec des dortoirs impeccables (6 lits), des chambres privatives

LES ENVIRONS DE PORTO

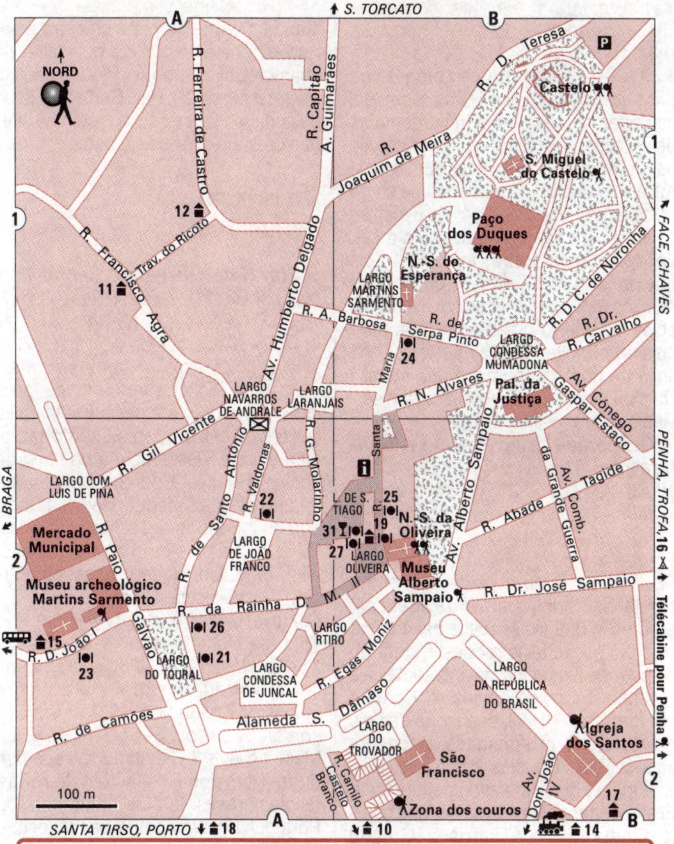

GUIMARÃES

Adresse utile	**18** Caza de Sezim
Office de tourisme	**19** Hotel da Oliveira
Où dormir ?	**Où manger ?**
10 Pousada da juventude	**21** Cervejaria Martins
11 My Hostel	**22** Histórico by Papaboa
12 Guimarães Living Hostel & Adventure	**23** Le Babachris
14 Hotel D. João IV et Stay Hotel Guimarães Centro	**24** Mumadona
15 Hotel Mestre de Avis	**25** Solar do Arco
16 Parque de campismo da Penha	**26** Restaurante Café Oriental
17 Hostel Oficinas de São José	**27** Buxa
	Où boire un verre ?
	31 Cinecitta

calmes et propres (avec douche-w-c), avec plein de services (cuisine collective, machine à laver, etc.). Repas du soir possible *(7 €)*.

My Hostel *(plan A1, **11**)* **:** *rua Francisco Agra, 135.* ☎ *253-41-40-23.* 📱 *967-075-755 ou 962-111-639.* • *myhostel.guimaraes@gmail.com* •

myhostel-guimaraes.webnode.pt • Lits en dortoirs 15-19 €/pers ; doubles sans ou avec sdb 38-42 € ; petit déj inclus. AJ privée bienvenue dans le paysage de Guimarães, qui manquait cruellement d'hébergements de ce type. La façade grise et banale est trompeuse, car à l'intérieur tout est rutilant, d'une blancheur et d'une clarté éclatantes. Dortoirs (2, 4 et 6 lits) au 1er étage et chambres privatives au 2e. La déco reste sobre, avec toutefois quelques touches de fun, comme les fausses moulures peintes sur les portes et les meubles. Agréable terrasse, belle cuisine et salles de bains dernier cri : voilà un confort optimal à prix serrés ! De plus, accueil remarquable, staff serviable, notre meilleure AJ !

Guimarães Living Hostel & Adventure (plan A1, **12**) : *travessa do Picoto, 19. ☎ 253-53-60-33. 965-377-417. • guimaraesliving.com • guimaraesliving@gmail.com • Tte l'année. Lits en dortoirs 15-17,50 €/pers, doubles 37-40 €.* À 10 mn à peine du centre, sur la hauteur (quartier résidentiel), au bord d'une vieille ruelle pavée, une discrète AJ de taille modeste, dont on ne peut de l'extérieur deviner toutes les qualités. Espaces lumineux, dortoirs confortables (10 lits), beaucoup de bois blanc, literie et sanitaires extérieurs impeccables. Doubles et familiales bien arrangées, dont une avec petit balcon. Elles donnent en majorité sur une cour-jardin tranquille à l'arrière. Grande cuisine équipée. Accueil pro et sympathique. Agréable courette derrière.

Hostel Oficinas de São José (plan B2, **17**) : *rua D. domingos da Silva Gonçalves. ☎ 253-41-63-16. 963-22-03-59. • hostel@cjsj.pt • Chambres 15-23 €/pers selon confort et saison.* Assez central, dans un quartier calme, une AJ installée dans un édifice du XVIIe s (ancien couvent des Capucins). Très bien tenu et bon accueil, propose une trentaine de lits en *single* ou chambres de 4. Petite cuisine. Sert le petit déj, ainsi que les repas (payants, à la demande).

Hotel Dom João IV (hors plan par B2, **14**) : *av. João IV, 1660. ☎ 253-51-45-12. • geral@hoteldomjoaoiv.com • hoteldomjoaoiv.com • À 100 m de la gare ferroviaire. Doubles avec sdb 34-40 €, petit déj compris.* Hôtel standard d'une propreté irréprochable. Accueil chaleureux. Une quinzaine de chambres avec mobilier moderne, clim, TV satellite et minibar. Certaines avec balcon, donnant – hélas ! – sur une avenue bruyante. Accueil aimable.

De prix moyens à plus chic

Stay Hotel Guimarães Centro (hors plan par B2, **14**) : *av. Dom João IV, 631. ☎ 253-42-14-40. À 10 mn à pied de la vieille ville. Doubles 45-100 € selon saison et confort (promos sur Internet).* Extérieurement, ce gros cube en béton n'est pas attractif, mais l'intérieur est moderne, confortable, bien équipé. Ressemble à un hôtel de chaîne 2 étoiles. Une cinquantaine de chambres bien insonorisées, de bon confort (bonne literie) et fort plaisantes. TV à écran plat et chaînes câblées, clim, frigo. Consigne à bagages. Parking. Accueil jeune et pro.

Hotel Mestre de Avis (plan A2, **15**) : *rua Dom João I, 40. ☎ 253-42-27-70. 926-513-323. • reservas@hotelmestredeavis.pt • hotelmestredeavis.pt • Doubles 40-150 € selon confort et saison. Petit déj 5 €.* Le Mestre d'Avis ? C'était au XVe s le titre du roi Dom João Ier à la tête de l'ordre religieux (Avis), le plus prestigieux du Portugal. En léger contrebas du centre historique, dans une maison du XIXe s, cet hôtel est vieux au dehors, contemporain au dedans ! Gentil coin salon au 1er, anciennes écuries transformées en salle pour le petit déj et en petit bar, etc. Chambres propres, confortables, à la déco sobre et épurée. Les moins chères donnent sur l'arrière, et les *deluxe* bénéficient d'un petit balcon et sont vastes comme des suites. À deux pas de notre meilleur resto !

Plus chic

Hotel da Oliveira (plan B2, **19**) : *rua de Santa Maria (et largo de Oliveira). ☎ 253-51-41-57. • reservas@hoteldaoliveira.com • hoteldaoliveira.com • Doubles 84-105 €, suites plus chères, petit déj inclus (moins cher* *basse saison).* L'hôtel de charme par excellence, dans une vénérable demeure ancienne, au cœur du quartier historique. L'hôtelier a eu l'idée géniale d'utiliser des livres comme décor à la réception et dans le salon attenant : plus de 5 000 ouvrages, une riche idée, surtout à l'heure des tablettes ! Bravo, Monsieur ! Tout est presque parfait ici : l'accueil anglophone, très pro et affable, les chambres spacieuses, cosy en diable, d'un délicieux style contemporain et chaleureux. On aime bien la n° 104 qui donne sur la place (animée, mais pas bruyante). Salle de bains design, AC, sèche-cheveux, coffre, minibar... Notre meilleure adresse dans cette catégorie. Bon resto (le *Hool*) donnant sur la plus belle place de la ville.

Où dormir dans les environs ?

Camping

Parque de campismo da Penha *(hors plan par B2,* ***16****)* **:** ***Penha,*** *à 6 km de Guimarães. ☎ 253-51-59-12. • campismo@turipenha.pt • turipenha.pt • Bien fléché depuis le centre. Bus pour Penha depuis la gare routière ou télécabine, puis 500 m à pied. Ouv de début mai à mi-sept. Réception 8h-19h. Empl. 10-12 € pour 2.* Camping dans un environnement vert sur un terrain en escalier (terrasse) avec de l'ombre. Sanitaires corrects. Belles balades aux alentours. En revanche, c'est isolé, et la route qui mène en ville est hyper sinueuse !

Beaucoup plus chic

Caza de Sezim *(hors plan par A2,* ***18****)* **:** *rua de Sezim, S. Tiago de Candoso,* ***Nespereira,*** *à 4 km au sud-ouest de Guimarães. ☎ 253-52-30-00 et 253-52-31-96. • geral@sezim.pt • sezim.pt • Depuis le centre, prendre la N105 direction Porto ; dès l'entrée du village de Covas, c'est fléché à droite (petite route) puis sur 2,5 km. Ouv tte l'année. Doubles 120-130 €, petit déj compris.* Vaste habitation du XVIIIe s en pierre rouge autour d'une cour, nichée dans les vignobles. C'est un site historique déjà cité en 1396. Le propriétaire d'alors était un compagnon du premier roi du Portugal. Les charmants propriétaires actuels, anciens diplomates en France, cultivent aujourd'hui le *vinho verde* et tiennent une dizaine de chambres. Elles sont confortables et meublées dans le style portugais du XIXe s (les lits étaient d'une hauteur à l'époque !). Tapis, parquets et salles de bains décorées, tentures douces et uniques dans chaque chambre. Tennis, piscine et superbe jardin dominant la vallée. Le tout en version grande classe et tenu par une équipe très pro.

Où manger ?

De bon marché à prix moyens

Le Babachris *(plan A2,* ***23****)* **:** *rua D. João I, 39. 964-420-548. • rstbabachris@gmail.com • lebabachris.com • Tlj sf dim-lun 13h-14h30, 20h-22h30. Résa quasi obligatoire si vous espérez y manger (trop de succès, petite salle). Menu env 11 € le midi en sem, env 15 € le soir ; menu dégustation le w-e 28-35 €.* Cadeau du *Routard* à ses lecteurs, tout simplement la meilleure adresse de la région. Mais c'est vrai que Christian, le chef français (ancien de Le Nôtre) et Barbara, son adorable épouse, se mettent en quatre pour les clients : marché à l'aube (produits frais et naturels), un seul service (on mange à son rythme), accueil gai, souriant et francophone. Cuisine raffinée, joliment créative, basée sur une fusion entre les saveurs portugaises et françaises, recettes traditionnelles subtilement réinventées par le chef. Pas de carte, menu unique (2 plats : viande ou poisson), fraîcheur garantie ! Prix imbattables pour la qualité ! Quel artiste ce chef, et quel homme honorable !

|●| ***Mumadona*** *(plan B1, **24**) : rua Serpa Pinto, 260. ☎ 253-41-61-11. 📱 914-721-541. Tlj 9h30-23h30. Menus 14,50 € (touristique) ; plats 9-16 €.* Mumadona ? Il s'agit non pas d'un footballeur, mais de Mumadona Dias, comtesse du Portugal vers l'an 1000 qui gouverna le nord du pays telle une reine exemplaire après la mort de son époux. Elle est encore respectée plus de 1 000 ans après ! Voici un des restos populaires les plus fameux, toujours plein (surtout le midi). Petit menu du jour à 5 € imbattable (avec verre de vin et café !). Cadre intime, frais, coloré, joyeusement bruyant. On est surpris du remarquable rapport qualité-prix. Plat vedette : les *lombinhos de vitela* (du filet de veau) aux champignons. Les jours de *cozido*, toute la ville débarque !

|●| **Solar do Arco** (plan B2, **25**) : *rua de Santa Maria, 48-50. ☎ 253-03-52-33. Tlj sf mar 12h- 2h. Menu touristique env 20 € ; plats 11-15 €. Vins à partir de 9 €. Menu en français.* Ce n'est pas parce que ce resto ne possède pas de terrasse qu'il est moins bon. Au contraire, dans cette salle spacieuse, on dégustera une cuisine traditionnelle franche, sincère et bien mitonnée. Un peu plus cher que la normale, mais bon choix à la carte. Goûteuse et généreuse *Fejoada de camaroes* (sorte de potée de crevettes au riz et aux fèves).

|●| ***Restaurante Café Oriental*** *(plan A2, **26**) : largo do Toural, 11. ☎ 253-41-40-48. Tlj sf dim 12h-14h30, 19h-minuit. Formule buffet env 11 €, boisson et dessert en plus.* Pour le coup, resto presque secret, pas de menu affiché dehors. Rien n'indique cette populaire cantine des travailleurs du coin, située au 1er étage. Le nom est celui d'un établissement disparu. 2 salles aux énormes murs de granit. Souvent bondé, on est assez serré. Buffet très correct, renouvelé régulièrement, poisson cuit comme il faut et viandes tendres.

|●| ***Cervejaria Martins*** *(plan A2, **21**) : largo do Toural, 35. ☎ 253-41-63-30. Tlj sf dim 10h-2h. Menus 13 € (midi) et 18 € (soir) ; plats du jour 4-5 € le midi, 8-16 € le soir.* Ne désemplit pas depuis 1951, ça doit être un signe... Les fidèles s'y retrouvent au coude à coude autour du bar et dînent d'un *prato do día* dans une ambiance authentique et animée. Original : comptoir décoré d'écharpes de foot sous verre ! Personnel accueillant. Savoureuse *francesinha* (sorte de croque-madame portugais en sauce, avec un œuf au plat au-dessus).

De prix moyens à plus chic

|●| ***Histórico by Papaboa*** *(plan A2, **22**) : rua de Valdonas, 4. ☎ 253-41-21-07. • historico@papaboa.pt • Tlj 12h-15h, 19h-23h. Repas 15-25 € selon appétit.* Dans le quartier historique, on y accède par une ruelle ou par une petite place. Une autre bonne table de la ville, dans un palais du XVIIe s. Cuisine portugaise bien confectionnée avec des plats variés. Spécialités : *bacalhau com migas de broa* (morue avec du pain de maïs à la crème), poulpe, *alheira com grelhas* (saucisses de volaille). Service diligent et bien rodé. On peut aussi manger en terrasse aux beaux jours.

|●| ***Buxa*** *(plan B2, **27**) : largo de Oliveira, 23. ☎ 252-05-82-42. 📱 911-175-763. Tlj 9h-23h. Plats 10-16 €.* Sur la plus belle (et aussi la plus touristique) place de la ville. Après être passé sous les gros entourages de granit de la porte, découvrez cassoulet de tripes aux haricots blancs, tourte aux fruits de mer, steak de porc élevé aux glands de chêne... Une cuisine bien élaborée, pas du tout passe-partout, à des prix fort raisonnables. Plats traditionnels avec une touche personnelle et à partir de bons produits. Superbe terrasse aux beaux jours à côté d'élégantes arcades.

Où boire un verre ?

🍷 |●| ***Cinecitta*** *(plan A-B2, **31**) : praça de S. Tiago, 26. ☎ 253-06-45-04. Tlj 10h-2h.* Tenu par un couple aimable qui a longtemps vécu en Alsace. De bien bonnes salades à 5-7 € qui portent des noms... de films des fameux studios italiens, bien sûr ! Déco recherchée de David, le boss cinéphile (des affiches de cinéma rares), tout un concept...

À voir

Au sommet de la colline

Paço dos Duques *(palais ducal ; plan B1)* **:** *rua Conde D. Henrique, à côté du château. ☎ 253-41-22-73. Visite tlj 10h-19h (juil-sept) ; 10h-17h (oct-juin) ; fermeture du guichet 30 mn avt. Entrée : 5 €, réduc ; billet combiné 6 € (Paço dos Duques + Castelo) et 8 € (Paço + castelo + museu Alberto Sampaio).*

Un peu d'histoire

Construit au début du XVe s par Dom Afonso Ier (1377-1461), le fils bâtard de João I et d'Inès Peres. Duc de Bragança, Dom Afonso fut l'homme le plus puissant du Portugal à cette époque. Il vécut dans ce palais avec sa seconde épouse, Doña Constança de Noronha, surnommée la « Duchesse Sainte ». Après sa mort, le duc se consacra aux bonnes œuvres, ouvrant son château aux pauvres et aux miséreux. Dom Afonso de Bragança est le fondateur de la lignée des Bragance qui régna sur le Portugal de 1640 à 1853.

La visite

– Grande salle avec deux immenses tapisseries racontant les conquêtes portugaises en Afrique... D'abord une remarquable *Bataille navale* aux couleurs toujours fraîches ; l'autre, le *Siège de la ville* vu du navire (assaut d'Arzila en 1471). Beau mobilier et petite salle d'armes avec une palette d'engins à esquinter : arbalètes, mousquets, hallebardes, avant d'aborder la salle des banquets et son plafond en forme de carène renversée. Longue table de 15 m et très beaux lustres. On y retrouve la tapisserie le *Siège de la ville,* mais aux couleurs complètement éteintes.
– *Salon des Pas Perdus,* avec la tapisserie du *Débarquement de Dom Afonso et de ses troupes à Arzila.* Chapelle haute de plafond avec une belle charpente, élégant portail gothique à quatre voussures et deux intéressantes peintures : *Transfiguration du Christ* et *Communion de saint Jérôme.*
– *Salle Noble :* mobilier sculpté, dont un superbe buffet Renaissance hollandaise. Porcelaines chinoises du XVIIIe s.
– *L'antichambre :* on y admire *L'Expulsion de licteurs* (sur un carton de Rubens), puis la *salle de Scipion* offrant une belle tapisserie de Bruxelles sur les guerres puniques.
– *Le dernier étage* du palais est une des résidences officielles du président de la République du Portugal.

Castelo *(château ; plan B1)* **:** *au sommet de la ville. Tlj 10h-18h. Entrée : 2 €. Billet combiné : 6 € (Castelo + Paço dos Duques).* Son donjon, d'une trentaine de mètres de haut, date du Xe s et fut renforcé par la suite de sept massives tours crénelées. Solidement rivé à son socle de granit : le rocher fait corps avec la base de la muraille. Pas grand-chose à voir dedans, mais l'ensemble, très bien conservé et rénové, est plein de charme.

Igreja São Miguel do Castelo *(plan B1)* **:** chapelle romane du XIIe s, située entre le palais et le château. Selon la tradition, le premier roi du Portugal, dom Afonso Henriques, y aurait été baptisé. Sol constitué de tombes des premiers seigneurs ayant fondé le pays.

Dans la partie basse de la ville

On rejoint le ***quartier médiéval*** *(plan B2)* par l'élégant largo Martins Sarmiento bordé de belles demeures et de l'église ***Nossa Senhora do Esperança*** *(plan B1).* La vieille ville, presque entièrement piétonne, a beaucoup de personnalité. Elle est d'une grande homogénéité. La ***rua Santa Maria*** compte de nombreuses demeures gothiques ornées de superbes ferronneries. Elle traverse notamment le parvis de l'ancien ***couvent Santa Clara*** (actuel hôtel de ville) de style baroque. Notez le remarquable alignement de maisons très anciennes sur le ***largo de S. Tiago*** et le ***largo Oliveira*** avec l'ancien hôtel de ville sur galerie à arcades ogivales.

L'HOMME QUI RÊVAIT D'ÊTRE ROI

Il existe à Guimarães une rue « Rei do Pegu ». Pegu est une ville de Birmanie ! Qui est donc ce roi inconnu ? Né près de Guimarães, Salvador Ribeiro de Sousa tenta de faire fortune en Asie dès 1587. Après une tempête, il échoua à Pegu, près de Rangoon, où il s'autoproclama roi, ayant été acclamé par les indigènes comme « Dieu de la Terre ». Son règne fut éphémère. Revenu à Guimarães en 1603, il serait mort pauvre et oublié. Hormis une pierre du couvent Santa Catarina, qui s'en souvient ?

🏛🏛 ***Igreja Nossa Senhora da Oliveira*** *(plan B2)* **:** *largo Oliveira.* Elle est précédée d'un bel édicule gothique avec quatre arcs en ogive (le *Padrão do Salado,* commémorant la bataille de Salado en 1340 contre les Maures). À l'intérieur, trois nefs aux grandes arcades en gothique primitif, mais chœur roman au riche décor. Immense maître-autel baroque sur fond céleste lumineux. Jolies stalles sculptées surmontées de lambris en bois et bronze dorés. Voûtes à caissons, orgue monumental, deux longues tribunes sur le côté.

🏛 ***Museu Alberto Sampaio*** *(plan B2)* **:** *à côté de l'église. ● masampaio.culturanorte.pt ● Tlj sf lun et j. fériés 10h-18h (dernière entrée 17h30). Entrée : 3 € ; réduc.*
L'ancien couvent da Oliveira, du XIIIe s, abrite un intéressant musée d'Art sacré, complété de quelques primitifs. Une muséographie moderne met en valeur de vieux témoignages de l'histoire de Guimarães et ses environs : superbe retable doré et ciselé, gisant polychrome orné de chérubins, petit retable de Saint-Roch (chien qui lèche les plaies du lépreux).
- Très beau ***cloître*** de style roman, donnant accès à une salle consacrée à l'orfèvrerie religieuse.
- *Au 1er étage :* admirer le magnifique triptyque de la Nativité (XVe s), ainsi que le tableau représentant *João Ier à la bataille d'Aljubarrota* (en 1385). Tout à côté, la vraie tenue en cuir qu'il portait ce jour-là et que l'on retrouve bien sûr sur le tableau.
- *Au 2e étage :* fragments de fresques redécouvertes à l'issue de travaux (disparues sous les couches de badigeon).

🏛 Au bout du Largo da República do Brasil se dresse l'étonnante ***Igreja dos Santos*** *(plan B2),* appelée aussi Igreja de São Gualter (le saint local). Construite au XVIIIe s dans un style baroque, elle évoque par son architecture une église d'Ouro Preto dans le Minas Gerais au Brésil. Encore un clin d'œil brésilien ! Plus loin, sur le Largo do Trovador, l'église **São Francisco** également du XVIIIe s. On découvre, juste devant celle-ci, l'auberge de jeunesse, l'ancienne ***zona dos couros*** *(quartier des tanneurs ; plan B2),* réhabilitée lorsque Guimarães fut désignée en 2012 Capitale européenne de la culture. Plusieurs bassins de trempage en granit attestent de l'importance de l'industrie du cuir dans le passé de la ville.

🏛 ***Museu archeológico da sociedade Martins Sarmento*** *(plan A2)* **:** *installé dans le cloître de l'église São Domingos, rua Paio Galvão. ☎ 253-41-59-69. ● msarmento.org ● Tlj sf lun 9h30-12h30, 14h30-17h30. Entrée : 3 €.*
Dans le cloître, beaux chapiteaux, tous différents, bornes romaines, porte de demeure celtique du Ve s et reconstitution de maisons de la même époque. Stèle funéraire avec le triskell symbole des peuples celtibères et sarcophages romains. La pièce la plus intéressante est l'*Altar Bracarense,* une sorte de piédestal en

granit portant une inscription latine d'époque romaine. Elle dit en gros que l'empereur Auguste fonda « Bracaaugustanos » (ancêtre de l'actuelle Braga).
À l'étage, salles consacrées à la préhistoire : pierres polies, haches de bronze, poteries avec dessins, char votif, petits verres romains, bijoux, canalisations pour les thermes, activités domestiques... Voir la salle de conférences et ses lustres du XIXe s ainsi que la bibliothèque qui conserve un exemplaire rare de la première édition (1572) des *Lusiades (Os Lusiadas)* de Luis de Camoes. L'auteur évoque plusieurs fois Guimarães dans ce chef-d'œuvre de la littérature.

Télécabine pour Penha *(hors plan par B2)* **:** *rua Comendador Joaquim Sousa Oliveira, 37. Au sud-est de la ville. ☎ 253-515-085. 1er avr-fin oct, tlj 10h-18h30 (19h juin, juil et sept, 20h août). Compter 10 mn pour grimper à 400 m d'altitude. Billet A/R : 5 €, réduc.* Parcours de 1 700 m en téléphérique, entre le bas de la ville de Guimarães et le mont Penha, où se dresse le sanctuaire da Penha parmi les rochers et les arbres de la forêt. Jolie vue sur la ville, les collines et les environs. Une belle promenade.

À voir dans les environs

Fafe : *à 15 km de Guimarães.* C'est dans ce village qu'on découvre la Casa do Penedo, construite en 1974, entre quatre grosses pierres par la famille Rodrigues. C'est devenu l'attraction touristique locale.

Manifestations

– ***Festival Veraõ vale a pena em Guimarães :*** *fin juin-début juil, pdt 2 sem.* Animations autour de la danse et de la musique.
– ***Festas Gualterianas :*** *1er w-e d'août.* Depuis plus de 100 ans, c'est la fête de la ville en l'honneur de son saint patron : Gualter. Défilés de chars, groupes folkloriques...
– ***Semaine de la mode :*** *sept.*
– ***Guimarães Jazz :*** *10 j. en nov.* Un des meilleurs festivals de jazz du Portugal.

AMARANTE

(4600) 56 300 hab.

À 38 km au sud de Guimarães par la vieille et belle route N 101, voici soudain que se creuse une vallée profonde où coule le rio Tâmega. Le site géographique a déterminé l'histoire et la physionomie d'Amarante. Son nom charmant sonne comme celui d'une fleur (ce qui est d'ailleurs le cas) ! La vieille église São Gonçalo au clocher pointu, un pont robuste avec des arches épaisses qui défient le temps, des ruelles patinées par les âges et des maisons du XVIIe s aux balcons en ferronnerie accrochées aux versants de la vallée, surplombant la rivière : tout y est harmonieux et composé comme un tableau de peintre impressionniste. Attention, il n'est pas toujours facile de se garer, surtout dans la partie basse et ancienne.

Arriver – Quitter

En bus

Gare routière : *à la limite sud de la vieille ville.* Compagnie *Rodonorte* : *☎ 253-42-21-94 • rodonorte.pt •*
➢ ***Guimarães :*** 4-6 bus/j. Trajet : 40 mn à 1h10.
➢ ***Porto :*** env 10-12 bus/j. Trajet : 1h.
➢ ***Vila Real :*** 10-12 bus/j. Trajet : 50 mn. 3-4 bus/j. continuent vers ***Chaves*** (2h de trajet).
➢ ***Bragança :*** 6-8 bus/j. Trajet : 2h30.

Adresse et info utiles

Office de tourisme : *largo Conselheiro António Cândido. ☎ 255-42-02-46. Tlj, juil-sept 9h30-19h ; 18h le reste de l'année.* Très moderne, avec table tactile.

– **Marché :** *mer et sam.* Très animé.

Où dormir ?

Peu d'hébergements (hôtels) bon marché dignes d'intérêt à Amarante. Mieux vaut sortir de la ville et payer quelques euros de plus pour avoir un logement correct, calme et de caractère.

Où dormir dans les environs ?

Parque de campismo Penedo da Rainha : *rua Pedro Alvellos,* **Gatão,** *à env 1 km d'Amarante sur la rive droite de la rivière. ☎ 255-43-76-30. • ccporto.pt • Fléché depuis le pont. Ouv fév-nov. Empl. avec tente et voiture pour 2 pers env 20 €/nuit.* Installé sur un terrain en pente et en partie ombragé qui s'étage jusqu'à la rivière Tâmega. Les meilleurs emplacements (les plus ombragés) sont plutôt vers le bord de l'eau. Piscine, épicerie, snack-bar. Les sanitaires sont propres. Accueil aimable. Attention aux moustiques en été.

Prix moyens

Casa do Fontão : *rua Fernando Pessoa, 149. 914-803-162. De la route N15, suivre les rues de Santo António et da Sentinela. Quartier de Madalena, à env 1,5 km à l'est du centre-ville. • casadofontao.amarante@gmail.com • Double env 60 €.* Vieille et belle demeure portugaise sur un flanc de colline dans un quartier résidentiel et calme. On est accueilli par des gens charmants et attentionnés qui tiennent leur petit manoir avec le plus grand soin. Intérieur avec mobilier ancien, patiné par le temps mais très propre, avec des chambres de caractère, confortables (toutes avec douche-w-c). Certaines donnent sur une veranda et le patio, d'autres sont tournées vers la vallée et la campagne. Petit déjeuner copieux.

Quinta de Ribas : *rua de Crestilha,* **Vila Chã do Marão.** *☎ 255-42-21-13. 916-209-112. • catherine.leite@clix.pt • quintaderibas.com • À 8,5 km à l'est d'Amarante par la route CM 1213. Ouv fév-nov. Doubles 50-60 €, petit déj compris ; dégressif dès la 2e nuit. Dîner 16 € sur résa. Une bouteille de vinho verde offerte sur présentation de ce guide.* De beaux orangers bordent le chemin et une vigne en treille couvre l'allée qui y mène. On arrive dans une grande propriété en pleine campagne, entourée de bosquets. Accueil chaleureux d'un couple franco-portugais. Ils offrent des chambres doubles et des gîtes pour 4 à 6 personnes au confort garanti, avec cuisine commune. On peut aussi dormir dans un grand tonneau aménagé : une formule sacrément originale ! Excellent petit déj. Piscine et tennis. Plein d'infos sur la région à disposition.

Où manger ? Où boire un verre ?

De bon marché à prix moyens

A Quelha : *rua de Olivença. ☎ 255-42-57-86. 1re ruelle à gauche en arrivant sur le largo Conselheiro ; le resto se trouve dans la rue à gauche. Tlj midi-minuit. Plats 10-16 €.* Une adresse régionale réputée, avec sa cuisine à base de viande *(cozido, cabrito...)* et de charcuterie. Gardez de la place pour les beaux desserts maison ! Joli décor de taverne où se mélangent jambons, outils, et divers objets rustiques qui pendent au plafond.

Restaurante Lusitana : *rua 31 de Janeiro, 65. ☎ 255-42-67-20. Petite rue étroite entre le largo Conselheiro et le pont São Gonçalo. Tlj sf mar soir 12h30-22h. Congés : 1re quinzaine de nov. Plat du jour 7,50 € sf soir et dim. Menu env 13 € ; plats 8-15 €. Apéritif offert sur présentation de ce guide.* Cuisine sans prétention mais honnête et typique, avec un accessit pour le veau et le cabri au four. Terrasse couverte avec belle vue sur la rivière.

Restaurante-café São Gonçalo : *praça da República ; rive droite, à l'ombre de l'église São Gonçalo. ☎ 255-43-27-07. Café offert sur présentation de ce guide.* Café-resto avec une grande salle et des tables en terrasse. Parfait pour boire un verre sur la belle place triangulaire de l'église, fort animée les soirs d'été et lors de la messe dominicale.

Beaucoup plus chic

Largo de Paço : *largo de Paço, 6. ☎ 255-41-08-30. • reservas@casadacalcada.com • À côté du vieux pont sur la rive gauche. Congés : janv. Tlj 12h30-14h30. Plats 19-32 €. Menu déj (sf dim) 35 € ; autres menus 55-110 €.* Une adresse exceptionnelle ! Le lieu historique, un palais *(paço)* du XVIe s rebâti au XIXe s, qui abrite l'hôtel *Casa da Calçada* de la chaîne Relais et Châteaux. Intérieurs luxueux, chaleureux et feutrés. Service distingué, hôtelier, multilingue : la classe ! La cuisine gastronomique, raffinée, est une œuvre d'art. Et ce n'est pas que beau : c'est subtil au palais et inventif à souhait. Le menu du midi est une véritable aubaine (au-delà, le portefeuille geint un peu).

Où déguster une pâtisserie ?

Confeitaria da Ponte : *rua 31 de Janeiro, 186. ☎ 255-43-20-34. • confeitariadaponte.pt • À l'angle du vieux pont et de la grand-rue. Tlj 9h-22h.* La meilleure pâtisserie de la ville, dit-on. Petite terrasse agréable surplombant le rio Tâmega.

À voir. À faire

Museu Amadeu de Sousa Cardoso : *derrière l'église São Gonçalo. Tlj sf lun et j. fériés ; 1er juin-fin sept 10h-12h30, 14h-18h ; oct-mai 9h-12h30, 14h-17h30. Entrée : 1 €.* Installé dans un ancien couvent qui a gardé son beau cloître à piliers. Ce musée abrite des œuvres du célèbre peintre cubiste portugais Amadeu de Sousa Cardoso (1887-1918), né près d'Amarante.

Igreja São Gonçalo et le vieux pont : cette église du XVIe s renferme un beau mobilier baroque, dont un splendide buffet d'orgue. Dans la nef centrale, tombeau de São Gonçalo, vénéré par les femmes en mal d'enfant. Massif cloître au style classique bon ton mâtiné de plafonds à nervures gothiques. L'église regarde le vieux ***pont São Gonçalo*** construit à la fin du XVIIIe s. À l'entrée de celui-ci, une des 4 obélisques porte une plaque commémorant les combats d'avril-mai 1809 entre l'armée portugaise et les troupes napoléoniennes.

LE SAINT DES VIEILLES FILLES

Celles qui recherchent un mari viennent volontiers ici prier São Gonçalo. On attire donc les hommes par la prière et surtout par les papos do anjo, *ces merveilleuses pâtisseries du coin. Encore une gâterie.*

Manifestation

– ***Fête de São Gonçalo :*** *1er w-e de juin.* Très populaire et colorée, qui favoriserait le mariage des femmes « mûres ».

LA RÉGION VITICOLE DU HAUT-DOURO

• Carte *p. 152-153*

L'Unesco eut le nez creux quand elle décida de classer, en 2001, la région viticole du Haut-Douro dans sa liste du Patrimoine mondial de l'humanité... De magnifiques balades se profilent à l'horizon, par voie fluviale (on peut remonter jusqu'à Barca d'Alva, en aval de Freixo de Espada a Cinta), en train (la voie suit la rive nord du Douro) ou sur les routes étroites et sinueuses qui serpentent de colline en colline. Il est devenu rare que l'homme embellisse si bien la nature.
Depuis 2 000 ans, la vigne pousse dans cette grande vallée aux versants pentus, possédant un sol et un climat qui confèrent au porto des qualités uniques. Le schiste, merveilleux capteur naturel, restitue au raisin pendant la nuit la chaleur torride de l'été accumulée le jour.
L'implantation des vignes en terrasses fait la splendeur du paysage. Un vrai travail d'orfèvre, réalisé par les viticulteurs au fil des siècles. Depuis les crêtes, la vigne trace les courbes de niveau comme sur une carte de randonnée. Le Douro d'un bleu profond suit son cours en fond de vallée, tandis que les *quintas,* mi-fermes mi-manoirs, découpent sur le coteau leurs silhouettes blanches et nobles. C'est ici que les raisins mûrissent, avant d'être récoltés à la main, car les machines ne peuvent intervenir sur ses versants accentués. Après les vendanges manuelles, le porto subit sa fermentation, l'additionnement d'*aguardente* (eau-de-vie), avant d'être transféré à Vila Nova de Gaia par camion (finies les barques *rabelos* d'autrefois !) pour y vieillir tranquillement.

LAMEGO

(5100) 27 000 hab.

À une quarantaine de kilomètres de Vila Real, au sud de la vallée du Douro, sur une sorte de plateau à 500 m d'altitude, voici Lamego. Après avoir traversé des quartiers modernes, on arrive enfin dans un centre historique de caractère et bien conservé : une ancienne cité fortifiée, une intéressante cathédrale et un joli théâtre. Le monument le plus original de Lamego est perché sur une colline verte dominant le quartier historique : il s'agit du sanctuaire Nossa Senhora dos Remédios, accessible par un escalier richement décoré et sculpté, qui rappelle le Bom Jesus do Monte près de Braga.

Arriver – Quitter

En bus

Gare routière : *derrière le musée, au sud.* Attention, billets en vente à 200 m, dans le kiosque à journaux à côté de l'office de tourisme. • *rede-expressos.pt* • *rodonorte.pt* •

➢ ***Vila Real :*** 5-6 bus/j. avec *Rede Expressos* et *Rodonorte*. Trajet : 40 mn.
➢ ***Porto :*** 3-6 bus/j. avec *Rede Expressos* (davantage le dim et le lun) et 2-3 bus/j. avec *Rodonorte*. Trajet : 3h ou 4h.

Adresse utile

Office de tourisme *(Loja Interativa do Turismo)* **:** *rua Regimento de Infantaria, 9.* ☎ *254-09-90-00.* • *lojaturismo@cm-lamego.pt* • *cm-lamego.pt* • *(mairie). Tlj 10h-19h30 (été), le reste de l'année 10h-12h30, 14h-18h.* Grand bâtiment moderne en métal (déjà rouillé !) abritant un comptoir dynamique. Bonne documentation et accueil avenant.

Où dormir ?

Hotel São Paulo *(plan la vallée du Haut-Douro,* ***10****)* **:** *av. 5 de Outubro, 22.* ☎ *254-61-31-14.* • *hotelsaopaulo.pt* • *Doubles 40-55 € selon saison, petit déj inclus. Parking gratuit.* À 200 m du cours central, dans un immeuble moderne en ciment au bord d'une rue commerçante. Accueil affable. Déco sobre pour des chambres vraiment propres, climatisées et avec salle de bains. Éviter celles côté rue. En demander une donnant à l'arrière, elles sont plus calmes. Très correct pour faire étape.

Où dormir ? Où manger dans les environs ?

Quinta do Ervedal *(plan la vallée du Haut-Douro,* ***11****)* **:** *à* ***Santa Marinha do Zêzere.*** ☎ *254-88-24-68.* 📱 *917-562-944.* • *quintadoervedal@sapo.pt* • *quintadoerdeval.pt* • *Sur la rive nord du Douro ; bien fléché en contrebas de la N108. Double 65 €, petit déj inclus. Repas sur résa 17,50 €. Réduc de 10 % sur présentation de ce guide.* Admirable et noble demeure située à flanc de colline avec une vue panoramique sur un méandre du Douro. Accueil francophone et très aimable des propriétaires, qui tiennent avec soin de belles chambres (confortables, bonne literie) décorées avec goût et meubles anciens. Ambiance rustique-chic, avec des murs épais en granit, des poutres et de hauts plafonds, ce qui n'empêche pas de se détendre dans la salle de billard, avec baby-foot et ping-pong, ou de se rafraîchir dans la belle piscine.

Quinta da Santa Eufemia *(plan la vallée du Haut-Douro, XX,* ***12****)* **:** *à* ***Parada do Bispo,*** *sur la rive sud du Douro.* ☎ *254-33-20-20.* 📱 *919-040-355.* • *quintasantaeufemia@sapo.pt* • *qtastaeufemia.com* • *Gagner Peso da Régua et prendre la N313 direction « Armamar » ; le village et la quinta sont indiqués plus loin. Double avec petit déj env 60 € ; maisonnette 2 pers 80 €. Réduc de 10 % sur le prix de la chambre (2 nuits min) sur présentation de ce guide.* Face à la vallée, avec les vignes en contrebas, voici une adresse toute simple et sans prétention qui permet de séjourner au cœur des vignobles. Les 2 chambres d'hôtes, assez coquettes et avec salle de bains à partager, se trouvent à l'étage d'une vaste demeure familiale. Il existe aussi une maisonnette indépendante (bien pour un couple avec enfant) avec coin cuisine et canapé-lit. Le domaine produit (et vend) des vins du Douro et du porto. Les charmants propriétaires (Teresa est francophone) vous guideront volontiers à travers leur exploitation et vous feront visiter le sanctuaire voisin.

Quinta do Terreiro *(hors plan la vallée du Haut-Douro,* ***13****)* **:** *à* ***Lalim.*** ☎ *254-69-70-40.* 📱 *969-373-473.* • *quintadoterreiro.com* • *informacoes@quintadoterreiro.com* • *De Lamego, se diriger vers l'IP3 sans la prendre ; prendre la N226 vers Moimenta da Beira sur 4 km ; fléchage « Lalim » et « Turismo de habitação » à droite. Doubles 69-75 €,*

LES ENVIRONS DE PORTO

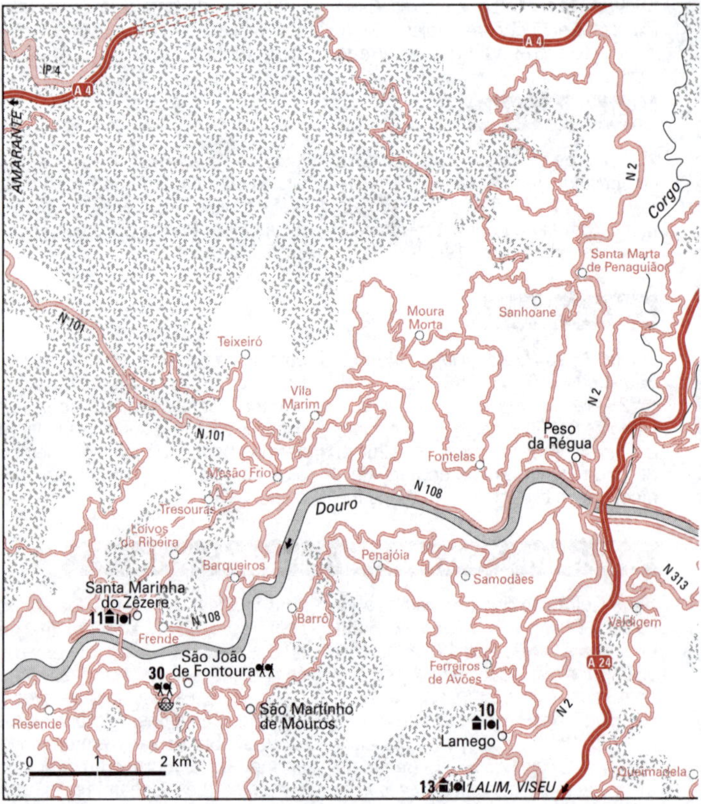

Où dormir ?

- **10** Hotel São Paulo
- **11** Quinta do Erdeval
- **12** Quinta da Santa Eufemia
- **13** Quinta do Terreiro
- **14** Hotel Douro
- **15** Casa Cimeira
- **16** Casa de Casal de Loivos
- **17** LBV House Hotel
- **19** Casa dos Barros
- **20** Morgadio da Calçada

petit déj inclus. Repas possible ; plats 15-30 €. Charmant manoir-ferme en pierre massive du XIIIe s, où sont toujours cultivées pommes, cerises et pêches. Les propriétaires proposent une dizaine de chambres dans un bâtiment plus moderne (mais déco ancienne à l'intérieur) autour d'une cour-jardin, à côté de la maison principale. Chacune porte le nom d'une personnalité de l'histoire portugaise : Egas Moniz, Miguel Torga... Toutes différentes dans leur style, toutes confortables (AC, bonne literie), elles sont équipées de toilettes d'origine soigneusement restaurées. Vaste jardin avec piscine et court de tennis. Très belle vue sur la campagne aux alentours.

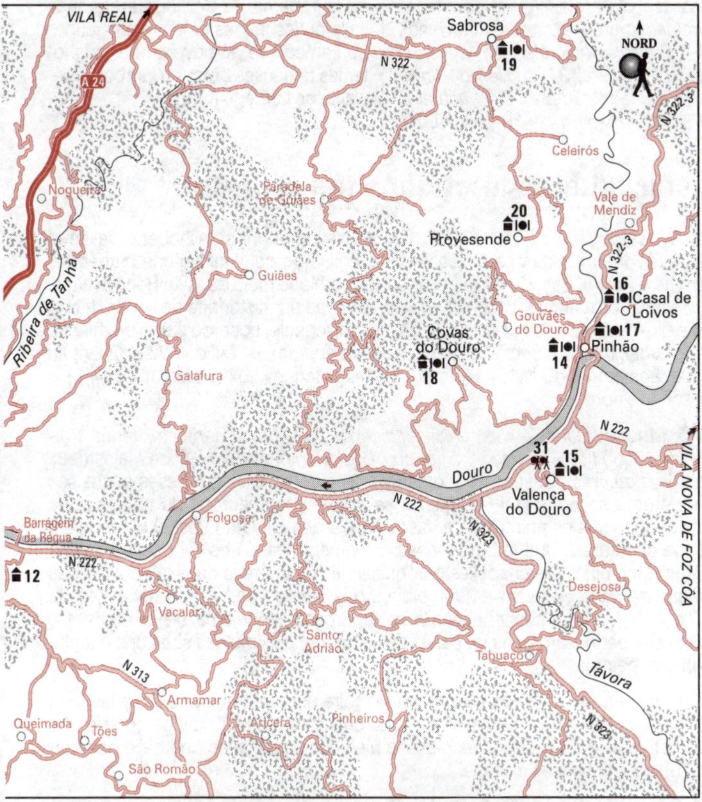

LA VALLÉE DU HAUT-DOURO

Où manger ?

10 Taberna do Porfirio
14 Segredos do Douro, Cais da Foz, Restaurant Veladouro et LBV 79
18 Restaurante Conceitus (Quinta Nova)

À voir

30 Quinta da Massôra
31 Quinta do Penascal

Où manger ? Où boire un verre ?

Taberna do Porfirio *(plan la vallée du Haut-Douro,* ***10****)* **:** *av. Dr Alfredo de Sousa, 6. ☎ 254-61-41-99. Sur le cours central, une grande esplanade ombragée, au pied du sanctuaire. Tlj 9h-23h. Plats 7-15 €.* En entrant dans cette bonne auberge régionale, des jambons suspendus au plafond et une vitrine pleine de charcuterie invitent à s'attabler. Au comptoir de granit, on peut demander une planche de charcuterie et de fromage. Belle salle claire où l'on sert une cuisine de terroir copieuse. Spécialités de la maison *l'alheira do lamego* (saucisses), les travers de porc ou le moira (boudin). Et aussi les plats classiques comme la *bacalhau* (morue) et *cabrito* (chevreau).

Pastelaria Scala : *av. Visconde Guedes Teixeira, 31, sur le cour central (esplanade), au pied du sanctuaire. ☎ 254-61-26-99. Tlj 8h30-19h.* À 50 m de la Taberna do Porfirio, une grande salle où les jeunes et les moins jeunes de Lamego se retrouvent pour grignoter les fameuses *bolas* au jambon, spécialité de Lamego (hmm !).

À voir à Lamego et dans les environs

Sé *(cathédrale) : tlj 12h30-19h.* Elle se distingue par sa silhouette basse et trapue, évoquant plus une collégiale, une église de couvent qu'une cathédrale (comme à Porto). Façade du XIIIe s et portail gothique mêlé de style Renaissance, imposant et délicatement sculpté. Elle est le noyau dur historique de la ville depuis que celle-ci reçut, en 1147, le statut de cité épiscopale, accordé par le premier roi du Portugal. Intérieur à trois nefs aux plafonds en trompe l'œil du XVIe s. Quant au cloître, également du XVIe s, il offre de belles colonnes aux chapiteaux ouvragés sur son aile nord.

Museu : *dans l'ancien palais épiscopal. Tlj sf lun et certains j. fériés 10h-18h (dès 9h30 l'été). Entrée : 3 € ; gratuit 1er dim du mois.* Cet édifice majestueux regorge d'œuvres classées « trésors nationaux ». Passé les carrosses et chaises à porteurs, on gagne le 1er étage, où se trouvent les fleurons du musée : une série de magistrales peintures de Vasco Fernandes (dit Grão Vasco) qui ornaient jadis la cathédrale, quatre tapisseries brillamment restaurées évoquant le mythe d'Œdipe roi, plusieurs chapelles baroquissimes récupérées dans le couvent des *Chagas de Lamego* avant sa démolition, des statues de Vierges enceintes du XIVe s (rare !)... Autre trésor national, ces superbes fresques d'azulejos du XVIIe s, retrouvées par hasard dans un palais de Lisbonne, dissimulées sous une couche de papier peint !

Le château et la vieille ville fortifiée : faire une petite balade dans les rues hautes de la vieille ville. Les ruelles ont du charme avec leur pavage grossier. Au sommet, la tour du château, sa muraille bien conservée avec une belle porte au nord et son minimusée militaire.

Santuário Nossa Senhora dos Remédios : *en haut d'une colline boisée, au bout du cours central de la ville. Tlj 8h30-18h30.* On y grimpe par un immense escalier double de 618 marches ou par la route pour les moins courageux. Aussi beau et imposant que le sanctuaire Bom Jesus do Monte à Braga, mais moins connu et peu fréquenté, tout en étant situé en pleine ville ! Des azulejos ornent les murs de soutènement des escaliers. L'édifice, lieu de pèlerinage datant du XVIIIe s, serait l'une des plus belles constructions baroques et rococo de la péninsule. Commencé en 1750, le sanctuaire ne fut vraiment achevé qu'en 1905, soit un chantier de 155 ans ! Intérieur d'inspiration baroque également et une partie du plafond dans le style Wedgwood, c'est-à-dire sur fond bleu pâle orné de motifs sculptés de couleur blanche. Vue plongeante sur la ville depuis le parvis du sanctuaire.

Capela de São Pedro de Balsemão : *à 4 km de Lamego. Fléché « Balsemão » depuis le centre. Tlj sf lun, mar mat et 1er w-e de chaque mois 10h-13h, 14h-17h30 (18h l'été).* Attenante à un petit manoir, cette chapelle du VIIe s pavée de galets est un petit trésor qui pourrait être de l'époque wisigothique. Son plan de basilique est rare au Portugal, en particulier avec ses trois nefs parallèles. Magnifique sarcophage en pierre du XIVe s.

Quinta da Massôrra *(plan La vallée du Haut-Douro,* ***30****) : à* ***São João de Fontoura,*** *à 23 km au nord-ouest de Lamego par une route superbe mais sinueuse, et à 4 km à l'est de Resende sur la N222, (sortie 8 de l'A24 « Peso da*

Régua »). ☎ 254-87-15-78. 965-053-820 • quintadamassorra.com • Visites normalement tlj 10h-18h, certaines en français. Mieux vaut réserver au préalable ! Tarif : 5 €/pers (incluant la dégustation de 2 vins) ; 7,50 € d'oct à avr, gratuit moins de 8 ans. Un petit jardin d'Eden dans un paysage remarquable. Cette magnifique propriété de la famille Cardoso est étagée sur les collines du Douro. On y produit du vin, des fruits (cerises, prunes, pêches, amandes, oranges...) et des châtaignes. Le vin a déjà obtenu une médaille en 2013. Les accueillants propriétaires, Rui Viseu et Anabela Cardoso, sont ingénieur agricole (lui) et économiste (elle).

LA ROUTE DE PESO DA REGUA À PINHÃO

Sans conteste le plus beau tronçon. Sur environ 27 km, on longe le Douro en restant sur la rive sud du fleuve, la rive nord n'étant pas accessible aux voitures, mais seulement au petit train. Paysage exceptionnel dominé par les vignes en terrasses qui s'étagent sur les pentes abruptes. Les noms de maisons de Porto s'affichent de-ci de-là sur les versants. N'hésitez pas à quitter la route principale par des routes secondaires qui réservent souvent de beaux points de vue. À quelques kilomètres de Regua, vous pourrez peut-être observer un bateau passant un barrage de retenue : sur la partie navigable du fleuve, entre Porto et Barca d'Alva, les embarcations gravissent une dénivelée de près de 150 m. Juste avant d'entrer dans Pinhão, on traverse un des ponts créés par Eiffel.

PINHÃO

(5085) 650 hab.

À 27 km à l'est de Peso da Regua, ce gros village fluvial se niche dans la partie la plus envoûtante des vignobles du Douro. Il vit au rythme du fleuve qui le traverse, rejoint par un petit affluent venu de la montagne. On peut y arriver en train depuis Porto, départ le matin et retour en soirée, l'un des plus agréables voyages ferroviaires du Portugal. On descend dans une petite gare célèbre pour ses azulejos polychromes, qui semble sortie d'une époque révolue. Au pied des monts et des pentes abruptes, Pinhão est une bonne ville-étape pour partir à la découverte de l'arrière-pays et des villages cachés dans les vignobles environnants.

Infos utiles

➢ ***En train depuis Porto :*** depuis la gare de Campanhã à Porto, 5 trains/j. 7h05-17h05. Trajet : env 2h25. Billet : 10-12 €. C'est l'un des plus beaux voyages ferroviaires du nord du Portugal. La ligne suit le fleuve Douro en se faufilant dans cette superbe vallée au pied des collines couvertes de champs de vignes en terrasse. Certains trains partent d'abord de São Bento et font une escale à la gare de Campanhã (à 5 mn seulement de São Bento). Dans tous les cas, ils continuent tous directement jusqu'à Pinhão, sauf un qui effectue un changement à Regua. On descend à la petite gare charmante de Pinhão.

– ***Bateau sur le Douro :*** ***Companhia Turistica do Douro,*** *☎ 254-73-27-02. • companhiaturisticadodouro.com • Billetterie sur le quai de Pinhão.* En saison, 4 départs/j. 10h30-16h30 ; compter 10 € pour 1 h, et 20 € l'A/R en 2h. Une belle manière de découvrir ce coin magnifique, à bord de barques à moteur.

Où dormir à Pinhão et dans les environs ?

Casa Cimeira *(plan La vallée du Haut-Douro, **15**)* : *rua do Cimo do Povo,* **Valença do Douro.** ☎ *254-73-23-20.* *914-550-477.* • *geral@casacimeira-douro.com* • *casacimeira-douro.com* • *À 7 km de Pinhão par la N222, puis fléché à gauche. Double env 60 € avec petit déj. Repas sur résa 18 €.* On traverse le village haut perché dominant la vallée et ses ruelles (très) étroites, pour atteindre cette belle demeure bourgeoise avec des chambres réparties autour d'une courette (calme). Murs de vieilles pierres, décoration rustique, salon avec cheminée tout aussi rural que chaleureux. À la table d'hôtes, cuisine locale et familiale, préparée avec des produits frais et naturels du terroir (porc aux prunes, saucisses fumées...). Belle piscine pour finir la journée. Accueillants propriétaires qui connaissent très bien la région.

Hotel Douro *(plan La vallée du Haut-Douro, **14**)* : *rua António Manuel Saraiva, 39, Pinhão.* ☎ *254-73-24-04.* • *geral@hotel-douro.pt* • *hotel-douro.pt* • *Face à la gare, très central. Doubles 60-65 €, petit déj compris.* Petit hôtel bien situé et à taille humaine, avec des couloirs jaune coquille, quelques pans de murs couverts d'azulejos et des chambres hyper propres, confortables (AC) et colorées. Elles donnent sur la rue pavée, avec vue sur le Douro, ou à l'arrière (pas de vue, mais plus calmes). Insonorisation légère et TV sans grand choix (une chaîne !).

Plus chic

Casa de Casal de Loivos *(plan La vallée du Haut-Douro, **16**)* : *à 7 km de Pinhão, dans le village de* **Casal de Loivos.** ☎ *254-73-21-49.* • *casadecasaldeloivos@ip.pt* • *casadecasaldeloivos.com* • *Tte l'année sf déc-fév. Doubles 110-115 €, petit déj inclus. Repas 27-28 € (sur résa).* Traverser le village en direction du belvédère. C'est l'une des dernières maisons sur la droite (reconnaissable à ses 4 grilles métalliques bombées en façade). Charmante demeure aristocratique du XVIIe s située dans un emplacement de rêve (panorama à couper le souffle). Depuis 1733 dans la même famille, cette *casa* abrite 6 chambres lumineuses, cosy et confortables, décorées avec goût et des meubles anciens. Accueil affable et anglophone (c'est un gérant sur place, le propriétaire habite à Porto). Possibilité de dîner (prévenir) en terrasse aux beaux jours. La maison produit son propre vin, son huile d'olive, ses oranges et ses amandes. Piscine panoramique et organisation de balades sur le Douro. Que demander de plus ? Une de nos plus séduisantes adresses autour de Pinhão !

LBV House Hotel *(plan La vallée du Haut-Douro, **17**)* : *rua da Galeira, à 3 km env, sur la route de Casal de Loivos.* ☎ *254-73-83-20.* • *info@lbvhousehotel.com* • *lbvhousehotel.com* • *Doubles 82-120 € selon saison.* Une architecture délibérément contemporaine à flanc de colline, il fallait oser ! C'est l'exact contraire d'une *quinta* d'antan aux gros murs de granit. Le design moderne du bâtiment, le blanc immaculé et lumineux des pièces se marient bien avec les matériaux locaux, comme ces murs de schiste. Vastes parties communes et, curieusement, certaines chambres pas trop grandes... Cependant, toutes de grand confort et au plaisant design. Belle piscine, sauna et jacuzzi et le *Harvest*, un resto gastronomique.

Où manger à Pinhão et dans les environs ?

De bon marché à prix moyens

Segredos do Douro *(plan La vallée du Haut-Douro, **14**)* : *rua António Manuel Saraiva, 29/B, en face de la petite gare. Plats 6-10 €.* Modeste café-resto faisant aussi magasin de souvenirs et boutique de vins. Sandwichs, toasts, salades (thon, poulpe, légumes), divers *petiscos* à prix doux, et quelques plats classiques. À midi, c'est un bon endroit pour picorer léger. Simple, bon et pas cher, mais la salle est petite.

Cais da Foz *(plan La vallée du Haut-Douro,* ***14****)* **:** *Gouvães do Douro. ☎ 254-73-17-37. Tlj midi et soir jusqu'à 21h30. Compter 12 €.* On se gare plus facilement que dans le bourg. Rejoindre le port, passer devant le *Veladouro* et emprunter la nouvelle passerelle pour atteindre l'autre rive de l'affluent du Douro. Salle banale ou terrasse sous une sorte de longue tonnelle. Cuisine familiale et locale, plats copieux. Un peu d'attente parfois, mais tout est fait à la demande. Délicieuse *bacalhau* maison aux 2 jambons.

Restaurant Veladouro *(plan La vallée du Haut-Douro,* ***14****)* **:** *rua da Praia, 3, sur le port. ☎ 254-73-81-66. 966-358-404. Plats 14-20 €.* Dans une maison traditionnelle en schiste, petit resto tenu par un couple accueillant et francophone. Cuisine goûteuse servie dans une agréable salle ou sur la terrasse au bord du Douro pour admirer le paysage au coucher du soleil notamment. Plats plus chers que la moyenne, mais d'excellente qualité. Notamment la *bacalhau* au gratin et le chevreau au four (la spécialité).

De prix moyens à plus chic

LBV 79 *(plan La vallée du Haut-Douro,* ***14****)* **:** *sur le port, à côté du Veladouro. ☎ 254-73-81-87. 964-913-768. Tlj midi et soir jusqu'à 22h. Compter 20-25 €.* La nouvelle génération de restos touristiques, cadre résolument contemporain, bar branché au rez-de-chaussée, resto lumineux à l'étage, avec plantes grasses, photos vintage et l'habituel mur de bouteilles. Nappes et serviettes en tissu, vue sur le Douro pour une classique cuisine bien tournée. Spécialité de *cabrito assado.*

Très chic

Restaurante Conceitus *(Quinta Nova ; plan La vallée du Haut-Douro,* ***18****)* **:** **Covas do Douro.** *☎ 254-73-04-30. 969-860-056. • quintanovalwh@amorim.com • quintanova.com • Accès par la M590, puis la CM1268. Tlj sf dim soir-lun 13h-15h, 20h-22h. Menus 38-50 € (avec poisson et viande).* Petiscos *10-11 €. Vins au verre à partir de 5-6 €.* Accroché à la colline, c'est le resto chic d'un célèbre vignoble, considéré comme l'une des meilleures tables du Douro. Grande terrasse protégée dans un environnement exceptionnel. Service classieux pour une fine cuisine traditionnelle. Exhaustif choix de vins (beaucoup primés à des concours), ça va de soi. Propose également quelques chambres (mais chères).

LES ENVIRONS DE PORTO

À faire dans les environs

Visite d'un domaine viticole

Quinta do Penascal *(plan La vallée du Haut-Douro,* ***31****)* **:** *à* **Valença do Douro.** *À 5 km au sud-ouest de Pinhão par la N222 en direction de Regua. Tourner à gauche juste avt de franchir la rivière Távora, affluent du Douro. Ensuite, c'est fléché. ☎ 254-73-23-21 et 223-74-28-00. • fonseca.pt • Pâques-oct, tlj 10h-18h ; le reste de l'année mêmes horaires lun-ven. Visites audioguidées avec dégustation de 1 à 4 portos. Compter 10-35 €/pers selon option. Plusieurs langues, dont le français.* La *quinta* se situe au cœur du domaine viticole qui produit le porto Fonseca. C'est une très belle demeure blanche accrochée à la colline dans un lumineux paysage. Fondée en 1840, la maison Fonseca est l'une des plus renommées du Portugal. Possibilité de visiter les vignes et les caves, y compris pendant les vendanges. On peut y voir notamment les *lagares*, des cuves traditionnelles en granit.

SABROSA

(5061) 6 300 hab.

De Pinhão, au fond de la vallée du Douro, une superbe route grimpe à flanc de montagne jusqu'à Sabrosa à 14,5 km au nord. Elle décrit de nombreuses courbes, dans un vaste paysage de vignes en terrasses, d'oliveraies et d'arbres fruitiers : c'est la partie la plus belle et la plus encaissée de la vallée du Haut-Douro. Sabrosa est une petite bourgade qui serait le lieu de naissance de Magellan, le célèbre navigateur (mais des historiens contestent cette thèse). Sa maison natale (ou supposée telle) est une vieille demeure de granit toujours debout au centre du bourg. Privée, elle ne se visite pas, mais on peut admirer l'extérieur où une plaque sur un mur rappelle que Fernão de Magalhães a effectué, de 1519 à 1522, la première circumnavigation de la terre (pour le compte de l'Espagne et non du Portugal). Pour certains, Magellan serait né à Porto ou à Ponte da Barca dans le Minho.

MAGELLAN : MAUDIT HÉROS !

Beaucoup voient en ce navigateur portugais un traître au Portugal car il se mit au service du roi d'Espagne. En fait, le navigateur avait d'abord été voir son roi pour qu'il finance ses voyages. Celui-ci avait refusé (sans doute ne croyait-il pas à la route du Pacifique pour atteindre les Moluques et Macao). Fernand se tourna alors vers l'Espagne. Il trouva la mort aux Philippines sans avoir lui-même terminé le tour complet du monde. Furieux, le roi du Portugal ne lui pardonna pas, Magellan fut maudit : ses archives détruites, ses biens saisis et son blason martelé, on effaça toute trace... D'où le doute aujourd'hui sur son lieu de naissance...

Adresse utile

Posto de turismo : *rua do Loreto, 5060 Sabrosa. ☎ 259-93-95-75. • sabrosa.pt •* Infos et documentation sur Sabrosa et sa région.

Où dormir ?

Casa dos Barros *(plan La vallée du Haut-Douro,* ***19****) : rua da Madalena. ☎ 259-93-93-70. 915-345-773. • casadosbarros.com • Doubles 60-135 € selon confort, saison et taille. Repas 25 € (sur résa).* Au centre du village, un merveilleux vieux manoir du XVIIᵉ s couvert de vigne vierge dans un jardin délicieux. La propriétaire, Teresa Canavarro, est la descendante d'une noble lignée de généraux et de notables. Femme chaleureuse, franche et sympathique, elle parle le français. Elle a restauré et aménagé sa demeure avec imagination et beaucoup de goût. Le résultat est enchanteur, alliance subtile d'ancien et de design moderne. Chambres confortables (avec AC), niveau 4 étoiles. Notre préférée est la chambre bleue « Magellan », qui ouvre sur le vignoble et sur la maison (supposée natale) de l'illustre navigateur. On prend le petit déj dans une très belle salle conservant des cuves en granit *(lagares)* qui servaient à écraser le raisin. Cuisine à l'image de cette excellente maison. Notre grand coup de cœur !

Où dormir dans les environs ?

Morgadio da Calçada *(plan La vallée du Haut-Douro,* ***20****) : rua Cabo de Vila, 18, à* ***Provesende.*** *À 8 km au sud de Sabrosa, par la N323.*

☎ 254-73-22-18. • morgadiodacalcada.com • Doubles 90-110 €, selon confort. Au cœur d'un petit village blanc (250 habitants) perché sur une colline (à 600 m d'altitude), dans un environnement superbe de vignobles, d'oliveraies et d'arbres fruitiers. Ce vieux manoir du XVIIe s consiste en une maison principale où habite le propriétaire Manuel Villas-Boas, spécialiste de l'œnotourisme, associé à la célèbre maison de porto *Niepoort.* Les hôtes logent dans un bâtiment en schiste (anciennes écuries) abritant des chambres modernes et confortables (avec AC). Piscine dans le jardin, vignoble familial de 5 ha aux alentours. Cave et dégustations sur place. Repas à la demande.

HOMMES, CULTURE, ENVIRONNEMENT

ARCHITECTURE

Art roman

Courant majeur du XIIe s, sous l'influence d'Henri de Bourgogne, très lié à l'abbaye de Cluny. Pas mal d'églises et de cathédrales portugaises ont des airs auvergnats ! Cet art de riposte donne une sensation de solidité, avec des lignes droites, comme des forteresses inattaquables. Le tout est souvent construit en granit, sans décoration superflue. Pour se faire une idée de cet art, rendez-vous à la ***cathédrale*** *(Sé)* de ***Porto.***

Art gothique

C'est à la fin du XIIIe s que se développe cet art dont les représentations les plus fameuses sont les monastères d'***Alcobaça*** et de ***Batalha.*** Les constructions sont largement inspirées de l'architecture française, notamment à Alcobaça, qui reprend les plans de l'abbaye de Clairvaux, en Bourgogne. Les murs sont plus hauts, laissent passer plus de lumière, et les fondations sont encore plus solides. Si l'architecture ne fait pas dans la dentelle, les sculptures sont, elles, plus ciselées et plus fines.

Style manuélin

Il doit son nom à ***Manuel Ier,*** qui monta sur le trône en 1495, en pleine époque des grandes découvertes. Curieusement, c'est un architecte d'origine française, ***Boytac,*** qui est à l'origine de ce style entre gothique et Renaissance, aux caractéristiques très particulières. À l'opposé des lignes rigides de la période gothique, les piliers se tordent en spirale, sur les voûtes apparaissent de grosses nervures en relief. On a longtemps considéré ce style comme une exaltation des conquêtes, en raison de ses motifs inspirés du monde marin – cordages, ancres, nœuds –, de la faune et de la flore exotiques, sans oublier la croix de l'ordre du Christ. Mais des études récentes amènent à nuancer cette interprétation. Les éléments de ce décor faisaient aussi partie de l'univers quotidien de l'hinterland.

Ce style original, qui symbolise la nouvelle richesse du pays, disparaîtra aussi vite qu'il s'est épanoui, avec la mort du souverain. S'il ne s'est pas manifesté exclusivement dans l'architecture (orfèvrerie, sculpture), l'exemple le plus fameux reste la fenêtre de ***Diogo de Arruda,*** dans le couvent du Christ, à Tomar. Au XIXe s, de nombreux édifices comme la gare du Rossio, à Lisbonne, ont été construits dans un style néo-manuélin.

Art baroque

Son nom vient de *barroco,* mot portugais signifiant « perle irrégulière ». Après la Renaissance, le style baroque prend tout son essor à la fin du XVIIe s et au cours du XVIIIe s, au moment où le Portugal retrouve son indépendance. Les éléments décoratifs se multiplient et l'architecture évolue ensuite vers le *rococo.*

Le nord du Portugal connaît de nombreux édifices baroques, influencés par les travaux de Niccoló Nasoni, un peintre et architecte italien qui revint de Sienne en 1725. Témoin de cette époque baroque : l'igreja do Carmo, à Porto. À Porto toujours, on ne manquera pas de visiter la Tour dos Clérigos, l'église São Francisco et la cathédrale. Vers Braga, arrêtez-vous au sanctuaire do Bom Jésus.
C'est aussi la grande époque de la ***talha dourada,*** une école qui proliféra à Braga (les stalles du chœur supérieur de la cathédrale de Braga ou le chœur de Santa Clara à Porto), avec ces bois dorés qui recouvrent l'intérieur des églises et, en particulier, les retables des autels et les colonnes torses qui les entourent. D'ailleurs, ce qui frappe le plus, dans le clair-obscur des églises où le baroque domine, c'est l'or. L'or du Brésil qui recouvre les statues de bois et rehausse les fresques, l'or rapporté par les conquérants portugais, partis de Lisbonne et de Lagos.

Azulejos (prononcer « azoulège »)

Ils font partie du paysage portugais. Support indémodable de l'imaginaire de tout un peuple, on les découvre à chaque angle de rue, dans les jardins publics, les gares, les églises, et même chez les particuliers, simplement géométriques ou dépeignant personnages bibliques, scènes de genre ou de la vie quotidienne.
Ces carreaux de faïence vernissée ont été introduits au Portugal après la prise de Ceuta, au Maroc, en 1415. Les azulejos sont d'abord arabes, puis andalous. D'ailleurs, leur nom vient de l'arabe *al zulaicha,* qui veut dire « petite pierre polie ». Les premiers azulejos fabriqués au Portugal datent de 1584 et sont polychromes. Après le tremblement de terre de 1755, l'azulejo est judicieusement utilisé pour... restaurer les bâtiments endommagés. On fonde alors la Manufacture royale de céramique du Rato, à Lisbonne. Très vite, la mode se répand : ce ne sont pas seulement les palais ou les chapelles qui s'ornent d'azulejos, mais aussi les fontaines, les bancs, les bassins... Pour satisfaire la demande croissante, on fait appel aux Hollandais, qui imposent momentanément leur technique : carreaux à dessins bleus sur fond blanc (Delft). La décoration s'anime, les édifices se couvrent de scènes champêtres. Au XVIIIe s, ***Oliveira Bernardes*** crée une école qui rivalise avec les Hollandais... Les azulejos tombent ensuite dans un certain abandon jusqu'aux réalisations du grand maître ***Luís António Ferreira,*** alias « Ferreira das Tabuletas ». Le mouvement Art déco offre à la céramique murale un renouveau qui se confirme dans les années 1950, grâce à de grands artistes comme ***Jorge Barradas*** et ***Maria Keil.*** Cet art est toujours vivant, comme l'attestent les stations du métro de Lisbonne.
Attention à vos achats, un trafic existe, de nombreuses façades sont pillées. Une brigade *SOS Azulejos* a même été créée pour éviter leur vol !
À Porto, on ira en apprécier la beauté dans le cloître de la cathédrale.

Art contemporain

Fini les bâtiments massifs de l'époque salazariste. L'interminable pont Vasco da Gama (17 km) à Lisbonne symbolise la dynamique nouvelle de l'architecture portugaise contemporaine. Héritier de Le Corbusier, ***Alvaro Siza Vieira,*** né en 1933 à Matosinhos, l'un des architectes majeurs de l'époque actuelle, classé parmi les minimalistes, a développé un style fluide, aéré, très lumineux, aux courbes nettes et précises. La reconstruction du quartier du Chiado après l'incendie de 1988, le pavillon du Portugal de l'Expo universelle de 1998 à Lisbonne et l'église de Marco de Canavezes ou la Fundação de Serralues à Porto font partie de ses créations. Autres noms d'architectes portugais notoires : ***Nuno Portas, Fernando Tavora*** et ***Eduardo Souto de Mora.*** Ce dernier a d'ailleurs réalisé le stade de Braga pour la Coupe d'Europe de football 2004. Notons aussi la Casa da Música, réalisée par l'architecte Rem Koolhaas, originaire des Pays-Bas. Une œuvre qui a fait rentrer définitivement Porto dans le XXIe s.

BOISSONS

Le porto

Le vin de Porto provient de la vallée du Haut-Douro, située dans le nord du Portugal, à une centaine de kilomètres à l'est de la ville qui lui a donné son nom. Si les vignobles régionaux s'étendent sur environ 240 000 ha (avec une vingtaine de cépages cultivés, rouges et blancs), seuls 26 000 ha sont autorisés à produire du porto.

La naissance du doux breuvage commence dans l'euphorie des vendanges. Le jus extrait des raisins passe par la fermentation, qui est rapidement arrêtée par l'adjonction d'un cinquième d'eau-de-vie au volume global (mutage). Le taux d'alcool se situe alors entre 19 et 22°. Viennent le décuvage et le transfert du porto, dûment accompagné de son certificat d'authenticité, à Vila Nova de Gaia, où se trouve la zone des chais, extension exceptionnelle de la région d'appellation contrôlée. C'est là que, paisiblement, solennellement, certains vins pourront atteindre la véritable perfection.

Il existe deux grandes familles de porto : le *blend* et la famille des « récoltes uniques », issues d'une vendange d'une année.

– Le ***blend*** est réalisé à partir de vins d'assemblage vieillis en fût, donc non millésimés. Une douzaine de cépages entrent dans ces compositions savantes, parmi lesquels le *tinta roriz,* le *tinta barroca,* le *tinta cão*... Le porto jeune, plus doux et plus rouge, est appelé ***red,*** quand le ***ruby*** ou le ***tawny*** sont respectivement plus vieux et, au fur et à mesure, un peu plus roux ou bruns ; il y a aussi le ***white*** issu de raisins blancs, un peu plus vieux que les précédents, que l'on choisira *extra-dry, dry* ou *sweet* selon les goûts. C'est le seul qui doit impérativement être bu (très) frais.

– Parmi les « récoltes uniques », on trouve les ***reserva,*** qui sont des *tawnies* vieillis au moins 7 ans en fût (mais qui n'évoluent plus une fois mis en bouteilles) ; les ***décimaux,*** qui sont des *tawnies* de 10, 20, 30, voire 40 ans, qui ont gagné au contact du chêne leurs lettres de noblesse ; les ***vintages*** (3 % de la production), considérés comme les rois du porto (et donc les plus chers !), réservés aux millésimes exceptionnels, élevés 2 ans en fût, puis qui se bonifient au moins aussi longtemps en bouteille avant d'être mis sur le marché ; et enfin les ***late bottled vintages*** – *LBV* pour les connaisseurs –, vieillis de 4 à 6 ans en foudre, mais moins puissants et avec une capacité de garde plus réduite.

Il faut savoir aussi que la commercialisation du porto n'est légale qu'en bouteille et que la vente de vrac ne peut prétendre à l'appellation car elle est souvent tirée de fonds de cuves plus ou moins arrangés.

PORTO EN APÉRO ?

Le vin de Porto, développé depuis le XVIIe s, connut son essor avec l'alliance anglaise dès 1703. La consommation s'accrut en France sous la IIIe République, notamment lors de la Première Guerre mondiale : les Français se sont vite épris de ce nouveau vin apporté par les soldats britanniques. Au Portugal, on le boit à la fin d'un repas et, en Angleterre, avec le fromage.

Le vin

Les vins portugais sont injustement méconnus alors que leur qualité est plus qu'honorable. Le pays, onzième producteur mondial en 2016, est à la tête d'une trentaine de régions bénéficiant d'une appellation d'origine. Près de 200 cépages différents sont cultivés, donnant des vins très typés, au taux d'alcool généralement plus élevé que les vins français – soleil oblige. Les exploitations sont souvent petites et produisent des vins très différents d'une région à l'autre.

– La toute petite région du ***Douro,*** au nord, donne des vins parmi les plus aromatiques de tout le Portugal. C'est également là qu'est fabriqué le fameux vin de Porto (et le mousseux à Lamego).
– Le plus étonnant et de loin le plus connu des vins portugais hors des frontières est le ***vinho verde*** (« vin vert »), produit dans le nord (Minho et Douro). Très léger, pétillant et blanc (le meilleur), rosé (tout à fait correct) ou rouge foncé (pas terrible), il doit son nom au fait qu'il doit être bu au printemps suivant la récolte. Dans la même région, on trouve aussi le ***vinho maduro*** (mûr), sec mais non pétillant.
– La région du ***Dão*** (centre-nord) donne un vin rouge assez léger et très fruité. Le cépage principal est le *touriga naciónal* (utilisé aussi pour la production de porto).
– L'***Alentejo*** possède quantité de jeunes vignes d'une dizaine de cépages, les plus connus étant le *redondo,* le *borba,* le *monsaraz* et le *reguengos,* travaillés selon des méthodes modernes. Ses vins, typés, à la robe rouge-violet, développent des arômes fruités et sont fortement alcoolisés. L'un des meilleurs blancs : le *vidigueira.*
– La région du ***Bairrada*** produit des vins « de table » riches, parfumés et assez corsés, qui passent très bien avec des plats de cochon ou de cabri.
– En ***Estremadura*** (autour de Lisbonne, première productrice), on préférera nettement les blancs, à savourer au compte-gouttes le long des innombrables routes des vins qui sillonnent la région.

Autres dérivés alcoolisés

– ***Le moscatel :*** ce vin blanc, doré et doux, est produit dans la serra da Arrábida, au sud de Lisbonne. Il se consomme plutôt en apéritif, ou au dessert, surtout lorsqu'il atteint 20 ou 30 ans d'âge.
– ***L'amêndoa amarga ou amarguinha :*** une liqueur d'amande amère, très douce, typique de l'Algarve.
– ***La ginja :*** cet alcool à base de griottes se trouve dans presque tous les cafés ou *ginjinhas* à Lisbonne. Certaines de ces échoppes, minuscules, ne servent pratiquement que cela, voire de l'*eduardinho* (un autre apéro auquel se mêle un peu d'absinthe).
– ***La liqueur Beirão :*** cette liqueur nationale à base d'herbes, au goût légèrement anisé, est plutôt bue en apéritif.
– ***Le Brandy Mel :*** ce doux mélange de brandy et de miel, légèrement sirupeux, s'avère un bon digestif.

L'IMPORTANT, C'EST (D'AVOIR) LA CERISE !

La ginja est typiquement lisboète. Au moment de l'apéritif, cette boisson à base de griottes coule à flots dans les typiques ginjinhas *de la ville. Parfois, on la déguste dans une petite tasse... en chocolat.*

Les *cervejas* (bières) nationales

– ***Sagres :*** la numéro un des marques, contrôlée par Heineken. La *Sagres* peut être blonde, rousse ou stout *(Bohemia),* avec un goût rappelant la *Guinness* pour cette dernière.
– ***Super Bock :*** existe en *lager,* en stout ou au citron et aussi désormais en « éditions saisonnières ». C'est la bière portugaise la plus exportée.
– ***Cristal :*** une blonde légère. La moins chère et pas forcément la meilleure...
– ***Imperial :*** une blonde pas spécifiquement remarquable qu'on trouve souvent à la pression.

Le café

Il se boit tout au long de la journée, décliné sous toutes ses formes, avec ou sans lait.
– ***Uma bica,*** café très serré, équivalent de l'*espresso* italien, est issu du dialecte lisboète. À Porto, on peut donc quelquefois faire semblant de ne pas comprendre

ce mot, rivalité oblige... Il faudra alors demander ***um cimbalinho.*** On peut le demander *com cheirinho* (« avec un petit parfum ») pour un zeste d'eau-de-vie.
- La ***carioca*** est un café un peu plus léger.
- Vous préférez un allongé ? Demandez un ***abatanado*** (ou *uma bica cheia*).
- Le ***pingado*** est un café noisette, avec juste une touche de lait.
- Le ***garoto*** est un crème que l'on demande *claro* ou *escuro* (clair ou foncé, soit avec plus ou moins de café), selon le goût.
- Le ***galão*** est un café au lait servi dans un grand verre, là aussi plus ou moins clair.

Le thé

Les amateurs apporteront leur réserve : on en boit très peu au Portugal. Et si on en boit, il n'est pas terrible...

CALÇADA PORTUGUESA

Vous constaterez vite que les trottoirs portugais et les places sont fréquemment constitués de mosaïques faites de minipavés blancs et gris. Cette tradition portugaise remonte au XVIIIe s, voire avant, et s'est généralisée à partir du XIXe s. Tout le travail est réalisé à la main (à l'origine, par des forçats !), de la casse méticuleuse des petits cubes calibrés jusqu'à leur mise en place. La *calçada portuguesa* permet une richesse créatrice exceptionnelle, par la simple variation des formes des blocs et par leurs combinaisons. Attention, on trébuche fréquemment sur leur surface irrégulière (Mesdames, bannissez les chaussures à talons).

CINÉMA

Bizarrement, le cinéma portugais est plus connu à l'étranger que dans son propre pays ! Le plus fameux des cinéastes portugais était sans doute ***Manoel de Oliveira,*** le doyen des cinéastes. Pour ses 100 ans, il recevait en 2008 une Palme d'or à Cannes couronnant toute son œuvre. En 2010, il présentait au même festival *L'Étrange Affaire Angelica.* Il est décédé en avril 2015 à l'âge de 106 ans. L'autre star du cinéma portugais est ***João César Monteiro,*** souvent primé dans les festivals internationaux et décédé en 2003. Oliveira et Monteiro sont des représentants du « cinéma novo » qui vit le jour après la chute de Salazar et la révolution des Œillets (1974). C'est un cinéma original, avec des thèmes récurrents : Dieu, l'amour, la foi, la mort.
Aujourd'hui, une nouvelle génération prend le relais. Parmi elle, ***Pedro Costa*** et son terrifiant *Ossos* sur Lisbonne (présent également en compétition officielle au Festival de Cannes en 2006 avec *En avant jeunesse !* où l'on assiste à l'immersion de son héros, Ventura, dans les quartiers capverdiens de Lisbonne), mais aussi ***Joaquim Sapinho, Manuela Viegas*** ou encore ***Teresa Villaverde.*** Un des gros succès de ces dernières années est l'*Adam et Ève* de ***Joaquim Leitão,*** avec la délicieuse actrice portugaise ***Maria de Medeiros,*** qui a, depuis, tourné son premier film, *Capitaines d'avril,* relatant un épisode marquant de l'histoire du pays, la révolution des Œillets, avec Joaquim Leitão, mais comme acteur cette fois ! En 2016, le sulfureux réalisateur ***João Pedro Rodrigues,*** déjà remarqué pour *O fanstasma* (2000) et *Mourir comme un homme* (2009), sort le déroutant *Ornithologue* – des œuvres remarquées et primées dans les festivals internationaux, qui font de lui l'un des initiateurs d'une nouvelle vague portugaise, avec ***Miguel Gomes*** *(Tabou, Les Mille et une nuits),* ou de jeunes cinéastes comme ***João Nicolau*** *(John From)* et ***João Salaviza*** *(Montanha).*
Le Portugal a attiré aussi quelques cinéastes étrangers, comme le réalisateur suisse ***Alain Tanner,*** qui, dans *Requiem,* balade son personnage dans les rues de Lisbonne sous un soleil de plomb entre rêve et réalité, passé et présent, selon

une adaptation du roman éponyme de Tabucchi (disponible en coll. « Folio », nº 4383, Gallimard). N'oublions pas non plus *Lisbonne Story* de ***Wim Wenders,*** sorti en 1994, où un ingénieur du son parcourt la capitale pour trouver de la musique correspondant aux images du film muet tourné par un ami, mystérieusement introuvable. À signaler aussi, le cinéaste américain ***Eugène Green,*** né à New York en 1947, émigré en France dans les années 1960 et naturalisé français. En 2009, il tourne *La Religieuse portugaise* à Lisbonne et en portugais. Le film raconte l'histoire de Julie de Hauranne, une comédienne française venue à Lisbonne pour tourner une adaptation des *Lettres portugaises* de Gabriel de Guilleragues. Au printemps 2013 est sortie en France *La Cage dorée,* un superbe film de ***Ruben Alves,*** jeune acteur et réalisateur franco-portugais. Pour la première fois, un fils d'émigrés portugais réalise un film sur cette communauté portugaise méconnue et silencieuse. Ce film est une œuvre d'affection et de reconnaissance. Il raconte l'histoire d'un couple d'émigrés portugais installés en France depuis longtemps par nécessité économique. Lui (Joaquim de Almeida) est maçon, elle (Rita Blanco) est concierge dans un immeuble chic de Paris. Ils sont parfaitement intégrés, mais tous deux rêvent de revenir vivre dans leur pays. Un jour, un notaire leur apprend qu'un parent est décédé au Portugal en leur léguant un domaine viticole et une fortune. Leurs patrons respectifs vont alors tout faire pour les garder près d'eux, quitte à créer une vraie « cage dorée »... Ruben Alves a fait un très beau film sensible, brillant, intelligent et heureux, à travers lequel il rend un hommage vibrant à sa famille et à travers elle à la communauté portugaise de France.

CUISINE

Si simple soit-il, un bon repas porte ici la trace de tous ces voyages, de tous ces territoires qui appartinrent un jour au Portugal, de la cannelle indispensable pour les pâtisseries à l'incontournable poudre de curry... Les tomates et pommes de terre du Nouveau Monde sont de toutes les fêtes, comme l'ail et l'oignon. Les Maures ont planté des citronniers, des orangers et appris aux Portugais à mélanger les fruits au poisson et à la viande. Ce sont aussi les inventeurs de la ***cataplana,*** un plat du Sud délicieux, qui emprunte son nom à une sorte de tajine typique en cuivre composé d'un plat incurvé et d'un couvercle symétrique. Il permet de cuire lentement à l'étouffée avec des épices, donnant ainsi un goût divin aux fruits de mer, poissons, viandes et légumes qui y mitonnent.

Ce qu'il faut savoir

- ***N'ayez pas peur de jouer les demi-portions !*** Bon nombre de restos proposent sur leur carte en portugais (mais pas toujours sur les cartes en langue étrangère) deux tailles de plats : ***meia-dose*** (demi-portion, généralement suffisant pour une personne) et ***dose*** (portion entière, que l'on peut prendre pour deux). ***Si vous ne précisez pas, on peut vous servir une dose.*** Là, il faut avoir un énorme appétit ! Le prix d'une demi-portion est moins élevé bien sûr, mais parfois proportionnellement plus cher.
- Le ***prato do dia*** (plat du jour) est servi rapidement, car il est déjà préparé, et coûte moins cher que ceux sur la carte.
- Certaines cartes de resto portent la mention « ***refeição compléta*** », ou encore « ***ementa turística*** », ce qui correspond à une sorte de menu comprenant pour un prix fixe une soupe, un plat, une boisson et parfois un dessert ou café. Intéressant. On trouve même des *pratos economicos* servis au comptoir ! Pas cher et bon rapport qualité-prix.
- La plupart des restaurants ont des plages d'ouverture assez larges. De 12h à 15h (voire 16h sur le littoral) au déjeuner et de 19h à 22h ou 23h au dîner. Évidemment, évitez de débarquer à pas d'heure et à 15 personnes dans une petite auberge paumée !

Petiscos et hors-d'œuvre

Pour vous ouvrir l'appétit, le serveur apportera d'autorité à votre table olives, fromage de chèvre ou pâté et corbeille de pain. Vous n'êtes pas intéressés ? Faites-le savoir, il remballera le tout ! Si vous les gardez, sachez qu'ils ne sont pas offerts. La pratique est très répandue ; seules les cantines de quartier y échappent.
Mieux vaut choisir soi-même parmi la vaste gamme des *petiscos* – les tapas portugaises. Ceux-ci comprennent charcuterie, petites salades de légumes, *croquettes de carne*, *pasteles de balcalhau* et autres beignets, fromages, petites assiettes de fruits de mer, sans oublier les escargots *(caracóis),* servis entiers avec tête, antennes, intestins... glurps ! Autres incontournables parmi les hors-d'œuvre : la salade de poulpe, ou une bonne ***sopa*** de légumes ou de poisson, servie tiède, des légumes grillés avec un filet d'huile d'olive...

Côté mer

MORUE OU CABILLAUD ?

La morue (bacalhau) *ou cabillaud séché (c'est le même poisson) est incontestablement l'emblème de la cuisine portugaise. Et pourtant, elle est pêchée bien loin du pays, à Terre-Neuve. Ses pêches miraculeuses nourrirent les Portugais pendant des siècles. Aujourd'hui, les réserves canadiennes étant épuisées, les morues des étals sont norvégiennes !*

La voilà, celle que vous attendiez tous : séchée ou salée, la ***bacalhau*** (la morue) est indissociable de la cuisine portugaise. Ne dit-on pas des enfants du pays qu'ils ont « le rêve pour vivre et la morue pour survivre » ? On dit aussi qu'il y a 365 manières de la préparer, pour varier chaque jour les plaisirs ! Il y en a peut-être encore davantage, même si, dans la pratique, ce sont toujours un peu les mêmes plats qui reviennent : *bacalhau cozido* (bouillie), *assado* (rôtie), *assado na brasa* (au barbecue), *com nata* (à la crème), *à brás* (délicieuse « morue parmentière », à base d'oignons, de pommes de terre finement coupées, d'œufs brouillés, d'olives noires, de persil), *a gomes de sá* (morue, pommes de terre, oignons, huile, ail, olives noires, lait, œufs durs, le tout cuit au four).
En fait, la morue n'est que la partie émergée de l'iceberg : les Portugais raffolent des fruits de mer et poissons – qu'ils mangent le plus souvent simplement grillés *(grelhados),* en ragoût ou en ***caldeirada,*** sorte de bouillabaisse aux 1 001 déclinaisons régionales. Parmi les espèces les plus fréquentes figurent *cherne* (mérou, mais attention, derrière ce nom se cache de plus en plus la vorace perche du Nil), *peixe espada* (poisson-épée, à ne pas confondre avec l'espadon), *espadarte* (espadon), *pescada* (merlu), *linguado* (sole), *raia* (raie), *enguias d'Aveiro* (anguilles), *polvo* (poulpe)... sans oublier les *sardinhas*, les *lulas* (calamars) et autres *chocos* (seiches) – à Setúbal, ils sont justes frits et servis avec des frites.
Les préparations à bases de riz, rappelant les *arroces* et paellas espagnols (en fait d'inspiration arabe), sont fort généreuses. Le classique ***arroz de mariscos,*** aux fruits de mer, est délicieux quand il est bien cuisiné. Dans l'Alentejo, du côté de l'estuaire du Sado, on le prépare avec des couteaux *(lingueirãos).* En Algarve, c'est plutôt avec de la lotte *(arroz de tamboril).* Ou encore, en version plus économique, avec uniquement des *camaraões* (crevettes). Ne confondez pas l'*arroz de mariscos* avec l'***açorda de mariscos,*** une sorte de panade préparée avec de l'ail, de l'huile, des œufs, de la coriandre, des crevettes, des palourdes, des clovisses et des épices.
Parmi les fruits de mer, les palourdes *(amêijoas)* sont particulièrement appréciées, notamment *à Bulhão Pato,* relevées d'huile, d'ail, de coriandre, de sel, de poivre et de citron à la fin.

Côté terre

Et pourquoi ne pas commencer vos découvertes culinaires par un ***caldo verde,*** un potage de pommes de terre et de choux galiciens émincés, agrémenté de rondelles de saucisse plus ou moins épicée ? Bien qu'originaire du Nord, ce potage est devenu national, et vous avez aussi peu de chances d'y échapper qu'à la morue !
Le porc est la viande préférée des Portugais, que ce soit sous la forme de *lombo* (filet), de *costeletas* (côtes), de *febras* (tranches) ou du savoureux *leitão* ou cochon de lait. Le plat le plus célèbre vient de l'Alentejo : l'emblématique ***carne de porco alentejana,*** une recette de filet de porc cuit à l'étouffée avec coriandre, saindoux, baies de poivron rouge, ail, huile d'olive et... palourdes ! Dans le cochon tout est bon. On se régalera aussi de saucisses, éventuellement fumées (à commencer par les ***chouriços***), mais aussi, des fameuses ***tripas à moda do Porto*** (tripes de veau à la mode de Porto), avec de l'oreille et de la tête de porc. Puisqu'on est à Porto, restons-y avec la ***Francesinha,*** la « petite Française », sorte de croque-madame baignant dans la sauce. C'est d'ailleurs cette dernière qui fera toute la différence entre un pur moment de délectation culinaire ou... un *Titanic* version toast ! Côté viandes rouges, le ***bife à portuguesa*** tient le haut du pavé (sic !), car il s'agit d'un steak servi sur un lit de frites et nappé de tranches de bacon. Attention, les cuissons sont souvent trop à point pour nous autres... Précisez !
Un autre classique à ne pas dédaigner : le ***frango piri piri,*** du poulet grillé enduit d'une sauce à base d'huile d'olive et de piments. Il y a aussi le ***frango no churrasco*** (poulet cuit à la braise), coupé en deux, que l'on mange souvent dans les *churrascarias,* ces restaurants populaires que les Portugais adorent, ou que l'on peut emporter. Mais commandez plutôt un ***cozido à portuguesa,*** sorte de pot-au-feu pour les longues soirées d'hiver. On peut aussi le manger froid en gaspacho comme à Lisbonne. Comme pour tous les ragoûts, on y met ce qu'on a. Dans le Nord, le ***cabrito*** bondit souvent directement du gril vers votre assiette : délicieux. Avec un verre de *vinho verde,* qui a gardé le goût de la pierre et de la terre qui l'a vu naître, et du pain savoureux type ***broa de milo*** (à base de maïs que l'on trouve essentiellement dans le Minho), c'est le bonheur assuré. Quant aux herbes, sachez reconnaître la fameuse triade aromatique que vous trouverez partout : persil, menthe et coriandre.

Quelques autres spécialités

– ***Bifana :*** un sandwich pas cher dans lequel on peut tout glisser, ou presque !
– ***Sopa da Pedra :*** cette « soupe de pierre », attachée au centre du pays, réunit haricots, oreille de porc, chorizo, lard, pommes de terre, oignons, carottes, ail, laurier, coriandre et... une pierre bien lavée ! Avec l'ébullition de l'eau, elle s'agite et écrase les ingrédients pour les transformer en soupe.
– ***Canja :*** consommé de poulet avec riz et abats.
– ***Gaspacho à alentejana :*** soupe froide composée d'ail, d'huile, de vinaigre, de tomates, de pain dur, d'origan, de poivron vert, de concombre, le tout non mouliné.
– ***Açorda alentejana*** (ou *sopa alentejana* – plus liquide) ***:*** pain dur, œufs, huile, ail, coriandre hachée, sel, eau.
– ***Chanfana :*** un ami portugais malicieux tint à nous donner la recette de ce ragoût : « Prenez la plus vieille bique et le plus mauvais des vins... » S'il est traditionnellement préparé à base de chèvre ou de mouton adultes, n'en croyez pas un mot : cette spécialité du centre du pays est délicieuse et gagne encore à être réchauffée.
– ***Feijoada de chocos :*** haricots rouges cuisinés avec des calamars. Il faut goûter, au moins une fois.
– ***Feijoada à Trasmontana :*** haricots blancs cuisinés avec des morceaux de porc (différentes parties de l'animal), plusieurs sortes de saucisses et épices. Très consistant !

- ***Farinheras, alheiras :*** la recette de ces saucisses préparées traditionnellement à base de volaille provient des anciennes communautés marranes (voir la rubrique « Religions et croyances » plus loin), forcées de contourner leur tabou du porc le plus discrètement possible. On les appelle d'ailleurs *maranhos* dans la région de Tomar.
- ***Frango na Púcara*** *(Estremadura)* **:** petit poulet mijoté avec jambon, tomates, échalotes, beurre, moutarde, ail, porto, eau-de-vie, vin blanc, épices... dans un pot en céramique.

Des fromages

- ***Queijo da Serra*** (ou simplement *Serra*) **:** c'est peut-être le meilleur de tous, fabriqué avec le lait des brebis élevées sur les pentes de la serra da Estrela. Onctueux à souhait, on le trouve un peu partout. On trouve plusieurs variétés DOP en Alentejo : celui de ***Serpa,*** coagulé avec une infusion de pétales secs de chardons, à pâte semi-molle ou bien au goût fruité après affinage ; celui de ***Nisa,*** frais ou mûr, idéal avec un verre de rouge et des olives ; et celui de ***Castelo Branco,*** plus piquant mais tout aussi savoureux.
- Il existe de nombreux autres fromages de chèvre, de brebis et de vache, certains dans lesquels on plonge voluptueusement sa cuillère (*amanteigado,* littéralement « comme du beurre »), d'autres, à pâte affinée *(curado),* d'autres encore plus durs. Le *solaio,* du côté de Porto, est à la fois dur à l'extérieur et fondant à l'intérieur – parfait pour les indécis ! Vous aurez peut-être du mal à goûter un fromage frais que les Portugais mangent saupoudré de cannelle.

Et des gâteaux

Dans la matinée et, plus encore, dans l'après-midi, tout le monde converge vers les ***pastelarias,*** où s'alignent, dans les vitrines, des gâteaux très riches en jaune d'œuf et en sucre, aux doux parfums de cannelle, citron, orange, amande...

- ***Toucinho do céu :*** sucre, amandes, jaunes d'œufs en plus grande quantité que les blancs, farine, beurre, confiture de *gila* (courge du Mexique)... *Toucinho* veut dire « poitrine » (de porc), car, à l'origine, ces pâtisseries étaient préparées à base de graisse de porc.
- ***Papos de anjo*** *(« estomac » ou « jabot d'ange »)* ***de Trás-os-Montes :*** confiture de fruits, œufs et jaunes supplémentaires, sucre, cannelle.
- ***Barriga de freira*** *(« ventre de nonne »)* **:** sucre, beurre et toujours beaucoup de jaunes d'œufs.

RIEN NE SE PERD !

Pourquoi trouve-t-on tellement de pâtisseries à base de jaunes d'œufs ? Parce que les nonnes des couvents, à qui l'on doit la création de ces petites merveilles, utilisaient beaucoup de blancs d'œufs pour amidonner leurs cornettes. Du coup, il fallait bien utiliser les jaunes d'une façon ou d'une autre... Mais les temps ont changé : les nonnes ne portent plus la cornette, aussi a-t-il fallu trouver une autre utilité au blanc d'œuf. C'est ainsi que la meringue a fait son retour en force dans les pâtisseries !

- ***Queijo de figo :*** des couches de figues sèches, amandes effilées, cannelle et chocolat.
- ***Pudim francês ou pudim flan :*** très proche de notre flan.
- ***Leite-creme :*** mêmes ingrédients que pour le flan, mais préparation plus crémeuse.
- ***Arroz doce :*** sorte de riz au lait.
- ***Pastel*** *(pastéis, au pluriel)* ***de nata :*** flan crémeux dans une pâte feuilletée, délicieux lorsqu'il est servi tiède et saupoudré de cannelle et de sucre glace. Incontournable ! On le décline désormais dans une grande variété de goûts et parfums, moins authentiques.

– Citons encore les ***queijadas de Sintra*** (petits gâteaux au fromage), les ***ovos moles de Aveiro,*** les ***ouriços*** (oursins) d'Ericeira, les profiteroles à la caroube ***(alfarroba)*** en Algarve, les prunes d'Elvas ***(ameixas)*** en eau-de-vie de l'Alentejo, les ***rebuçados de ovos*** (œufs caramélisés) de Portalegre, etc. Et, bien sûr, les ***confitures typiques*** vendues dans les pâtisseries : figues, amandes, châtaignes, *doce de abóbora* (courge), *gila*...

CURIEUX, NON ?

– On fait la queue à l'arrêt de bus. Plutôt que d'attendre en « tas » à la française, les Portugais se mettent les uns derrière les autres pour être sûrs que le premier arrivé monte bien le premier dans le bus.
– Les amoureux s'offrent un bouquet de basilic à la Saint-Antoine.
– Première question qu'on pose à un enfant : « *es de quem ?* », ce qui veut dire littéralement « tu es de qui ? » et qui signifie... « quel club de foot soutiens-tu ? » et non pas « qui sont tes parents ? » ! Tous les Portugais dès 5 ans ont un club de foot fétiche.
– On prend un ticket *(senha)* pour faire la queue partout : dans les magasins, les pâtisseries, l'administration, etc. On ne laisse rien à la civilité naturelle. Résultat : les habitués viennent chercher leur ticket et repartent pour revenir 20 mn plus tard...
– On mange de la soupe à tous les repas.
– En France, le fromage se mange après le plat de résistance et avant le dessert. Au Portugal, il se mange au début du repas, en entrée.
– « *Com licença* » : on demande la permission avant de fermer une porte, passer devant quelqu'un, d'entrer chez les gens. On pourrait traduire en français par « avec votre permission ». On l'utilise pour demander le passage dans un tramway bondé, sur un trottoir très étroit, pour interrompre une discussion, avant de poser un plat sur la table dans un resto.
– On fait de la confiture de citrouille au Portugal.
– On ne s'offre pas de fleurs.
– Les Portugais s'invitent très peu chez eux.
– Les enfants sont les bienvenus dans les restos.
– Les Portugais pratiquent rarement l'apéro.
– Le *bitoque,* plat national, est un steak servi avec un œuf, des frites et du riz. À tester une fois !
– Il y a beaucoup de manières de demander un café : *pingado, meia de leite, cheio, curto, normal, bica escaldada, galao, carioca...*
– On coupe la morue à la scie circulaire à la poissonnerie. Ça peut surprendre !

ÉCONOMIE

Sortant de l'immobilisme salazariste pour embrasser la docta libérale européenne, le Portugal a fait un bond en avant spectaculaire après son ***adhésion à l'Union européenne en 1986.*** Les années 1990, en particulier, ont été marquées par une modernisation rapide du pays sur fond de croissance soutenue – dopée par les investisseurs étrangers, attirés par une main-d'œuvre bon marché.
Parmi les secteurs porteurs, citons l'***industrie textile,*** l'***automobile,*** avec notamment la fabrication de composants pour les voitures, les ***matériaux de construction,*** les ***machines-outils,*** la ***pétrochimie,*** l'***industrie du papier,*** le ***liège*** et les ***vins,*** naturellement.

À l'heure de la crise

Aux débuts des années 2000, rattrapage bien entamé, le moteur portugais commence à connaître des ratés. Entre 2002 et 2004, le gouvernement de José Manuel Durão Barroso lance un premier programme drastique d'économies budgétaires. Mais ce

n'est rien, encore... À compter de 2009, le Portugal sombre dans la ***crise,*** la croissance passant cette année-là en zone négative. C'est au Premier ministre de centre droit, Pedro Passos Coelho, qu'échoit la redoutable tâche de redresser l'économie du pays. Il choisit de le faire en tenant à ses concitoyens un discours de vérité.
En mai 2011, l'Union européenne et le Fonds monétaire international viennent au secours du pays, au bord de la banqueroute. Ils lui accordent un ***prêt de 78 milliards d'euros*** sur 3 ans. La potion est amère pour les Portugais. En l'espace de quelques mois, les impôts sur le revenu et le patrimoine sont fortement augmentés, les prestations sociales réduites, tout comme les salaires. Le SMIC est gelé à 505 € mensuels. Au total, quelque 70 000 postes dans la fonction publique seront supprimés au cours des quatre années suivantes, tandis que les fonctionnaires voient leur semaine de travail s'allonger de 35 à 40h hebdomadaires. Quatre jours fériés sont même supprimés ! L'âge de la retraite à taux plein est repoussé à 66 ans. Les conséquences ne se font pas attendre : le climat social se détériore à coups de grèves générales, la pauvreté augmente et la consommation intérieure chute. La croissance est plombée par l'austérité. ***La récession dure 3 ans,*** de 2011 à 2013, ce qui induit des recettes fiscales en baisse... et empêche la réduction du déficit ! ***Le chômage explose*** parallèlement : autour de 9 % en 2009, il atteint plus de 17 % en 2013, au plus fort de la crise. Beaucoup de Portugais s'expatrient en Europe, au Brésil, en Angola...

Comment remonter la pente

Petit à petit, néanmoins, les réformes portent leurs fruits. Les ***privatisations*** sont conduites efficacement, rapportant presque deux fois plus que prévu (9 milliards d'euros). Ironie de l'histoire, le principal investisseur se trouve être une ancienne colonie : l'Angola !
En 2014, l'économie portugaise sort de récession et le taux de chômage voit sa courbe s'inverser. L'année suivante, le Portugal rembourse ses dettes au FMI et à l'UE. Fin 2016, la croissance a retrouvé un modeste allant : elle s'établit à 1,4 %. Le marché du travail s'est, lui, nettement amélioré : le chômage est redescendu sous la barre des 10 % de la population active (9,8 %).
Le rétablissement portugais reste, certes, fragile. Le pouvoir d'achat n'a pas retrouvé son niveau d'avant la crise et ne devrait pas, selon les experts du FMI, le retrouver avant... 2037 ! Plus grave encore : un Portugais sur quatre vit aujourd'hui sous le seuil de pauvreté.
Depuis janvier 2016, c'est Marcelo Rebelo de Sousa qui dirige la République portugaise. Bien que situé à droite de l'échiquier politique, cet électron libre, professeur de droit, tend à se détacher de la rigidité budgétaire de son prédécesseur.

UNE LOTERIE CONTRE LA FRAUDE FISCALE

Pour jouer, il faut obligatoirement inscrire ses coordonnées sur une facture établie par un commerçant. Cette loterie hebdomadaire incite ainsi les Portugais à réclamer une facture. Malin !

ENVIRONNEMENT

Les parcs

Le Portugal recèle des coins de nature dont on ne soupçonne pas forcément l'existence. Si certaines de ses plages atlantiques sont bétonnées, d'autres (en Alentejo), au contraire, livrent au regard des kilomètres de sable fin et vierge. Une vraie bénédiction avec, en toile de fond, d'immenses forêts de pins et des bois de chênes-lièges ! Le Nord est cependant la région la plus riche pour une découverte « nature » du pays. On y trouve l'unique parc national du Portugal, le ***parque nacional de***

Peneda-Gerês, situé dans la région du Minho. Il s'étend sur plus de 72 000 ha, entre serras, vallées, gorges, torrents et cultures en étage ; daims, chevaux sauvages, aigles royaux et même loups ibériques y vivent.
Le pays compte aussi des parcs naturels, où les activités humaines s'intègrent dans le milieu. C'est le cas du côté de Bragança, de Vila Real et dans la ***serra da Estrela,*** la chaîne de montagnes la plus élevée du pays. On aime aussi beaucoup le ***parc de la Serra de Sintra,*** aux portes de Lisbonne, dont les vertes forêts méditerranéennes s'imprègnent de brumes océaniques. De l'autre côté de la capitale, la ***Serra de Arrábida*** alterne, elle, sommets rocheux, vallées cultivées, vignes et corniche splendide chutant en falaises sur la côte de la baie de Setúbal. De là, on est presque aux portes de la ***réserve de l'estuaire du Sado*** : un lieu splendide où voisinent marais salants et rizières, sous le regard de pléthore de cigognes et d'oiseaux migrateurs. Dans l'Alentejo toujours, la ***serra de São Mamede*** offre des vues assez époustouflantes sur les riches vallées du fleuve Guadiana et, côté littoral, le ***parque natural do Sodoeste alentejan e da Costa vicentina,*** au nord de Sagres, vous réserve un spectacle superbe tout au long de 100 km de côtes largement sauvages. Et il y a, bien sûr, en Algarve, le ***parque natural de Ria Formosa,*** où se retrouvent pas mal d'oiseaux nicheurs.
Pour organiser vos balades, voici deux bonnes adresses :

■ ***Osmose :*** *rua da Liberdade, 38, 4º dt, Bom Sucesso, 2615-313* ***Alverca.*** *☎ 219-577-199. • osmose-natureza@sapo.pt • users.skynet.be/osmose •* Afin de valoriser à la fois les paysages naturels du Portugal, le monde rural et les économies traditionnelles, l'association Osmose se propose de développer un écotourisme conçu autour du respect de l'environnement et de l'économie locale, de la pratique de la randonnée pédestre et de la découverte des différents milieux et de l'éducation à l'environnement pour promouvoir une autre conception du voyage.

■ ***Sistemas de Ar Livre*** *(SAL)* **:** *☎ 265-227-685. • sal.pt •* Randonnées pédestres accompagnées, à la journée, déclinées en 3 niveaux de difficulté *(payant, sans résa).*

Pour se renseigner sur l'état de préservation de la nature au Portugal, une autre bonne adresse (qui n'organise pas de circuits) :

■ ***ICNF*** *(Institut de conservation de la nature et des forêts)* **:** *av. da República, 16, 1150-191* ***Lisbonne.*** *☎ 213-507-900. • icnf.pt • Lun-ven 9h30-12h30, 13h30-16h30.* Infos détaillées sur toutes les zones protégées du pays et les balades que l'on peut y faire. Cliquer sur l'onglet « Turismo de natureza ».

FADO

Voilà quatre lettres langoureuses, qui s'attardent, pour suggérer une mélodie proprement portugaise. Le fado, c'est LA musique du Portugal. Autant qu'un chant, c'est un cri, une ambiance, un « état d'esprit » selon la célèbre *fadista* ***Amália Rodrigues.*** « Ni gai ni triste », d'après Pessoa lui-même, il incarne la mélancolie et la force de la destinée contre la volonté humaine. Pour le poète Luís de Camões, la *saudade* est « un bonheur hors du monde », pour d'autres auteurs elle représente une sorte de nostalgie de l'avenir, un sentiment de vide dans l'instant présent. Son origine incertaine et tourmentée se rattache au mot latin *fatum,* le « destin ».

SAUDADE

La saudade (prononcer « saoudad ») imprègne l'âme des Portugais. On dit que, durant la colonisation de l'Afrique, les colons exprimaient ainsi leur mal du pays. Saudade, *une tristesse empreinte de nostalgie dont Fernando Pessoa disait qu'elle était la « poésie du fado ».*

Ce chant de la *saudade* célèbre la mélancolie née des différents revers de fortune qu'a connus le Portugal dans son histoire si riche : marins perdus en mer ; disparition tragique du jeune roi Sébastien à la bataille de Ksar-el-Kébir (1578) ; invasions napoléoniennes ; perte du Brésil en 1822, date à laquelle le fado apparaît véritablement. Rapporté du Brésil par la Cour en exil, ce chant, qui était aussi dansé, s'est enraciné et transformé dans le quartier de la Mouraria de Lisbonne, l'ancien quartier des Maures.

La Severa maudite mais géniale

Née en 1820, dans le quartier de Madragoa à Lisbonne, ***Maria Severa Onofriana*** passe son enfance à l'ombre de sa mère, qui tient une *tasca* où l'on chante le fado. La maman est déjà bien connue dans le quartier... pour sa barbe. Tous les jours, elle se rase comme un homme. Maria Severa vit dans une maison au n° 2 de la *rua do Capelão* (surnommée la « rue sale ») de la Mouraria, quartier populaire et malfamé de la capitale. Un aristocrate lisboète, Francisco de Paula, tombe fou amoureux de Maria Severa. L'union de l'aristo et de la prolo fait scandale. Le couple s'installe dans un palais de Campo Grande. Lassée du luxe et de la vie oisive, la *fadista* des bas-fonds quitte son gentilhomme bohème et retourne à sa vie dissolue, mélange d'alcool, de fado et de misère. À 26 ans (1846), elle meurt d'une indigestion, dit-on, suite à un repas de pigeons farcis...
Le mythe de l'ange noir du fado est bel et bien né. Cette « dame aux camélias » version portugaise plonge dans le deuil toute une génération de fadistes et d'artistes. En hommage à Maria Severa, ceux-ci portent un châle noir à franges sur les épaules. Un phénomène social se produit : le fado issu des bas-fonds séduit à présent les beaux quartiers. Bourgeois et aristocrates s'entichent de ces mélopées mélancoliques et de cette histoire d'amour impossible. Pendant longtemps a perduré l'idée que le fado ne pouvait être chanté que par le peuple. Puis, après avoir habité les rues, le fado se professionnalise et conquiert la scène.

Le fado à texte

Dans le même temps se singularise le fado de Coimbra, repris par le milieu intellectuel de la vieille université. Plus littéraire, il est chanté dans la rue par des interprètes masculins (encore aujourd'hui) vêtus de capes noires, et donne lieu parfois à des joutes musicales. L'*estado novo* de Salazar a tôt fait de récupérer le fado érigé en art national. Il est chargé de chanter les valeurs morales de la grandeur portugaise. Le cinéma assure son triomphe et celui d'interprètes prestigieux. Trop choyé par la dictature, il connaît un réel discrédit après la révolution de 1974, cantonné aux maisons de folklore réservées aux touristes.

Le fado enfin reconnu

Aujourd'hui, le fado retrouve grâce auprès d'un public tant portugais qu'étranger, surtout depuis son inscription au Patrimoine immatériel de l'humanité par l'Unesco. Débarrassé d'une gangue idéologique qui ne lui a jamais vraiment correspondu, il se contente de véhiculer les mélodies errantes de l'âme lusitanienne, sur les poèmes de ***Fernando Pessoa, David Mourão-Ferreira*** ou ***Florbela Espanca*** – et de tant d'autres, connus ou méconnus, quand la nuit rassemble, au fond d'une ruelle de l'Alfama, voisins et habitués, debout, le verre à la main et la larme (d'émotion) à l'œil.

Gloire des *fadistos* et des *fadistas*

Après ***Amália Rodrigues*** (1920-1999), qui a longtemps incarné l'image du fado, sur scène comme au cinéma, ***Carlos do Carmo*** a renoué avec une certaine tendance plus engagée. ***José Afonso*** avait lui aussi, en bon chansonnier polémiste, usé des méandres du fado comme détours à l'oppression politique. ***Maria da Fé, José Mário Branco,*** ou ***Fernando Machado Soares,*** pour celui de Coimbra, sont aussi des noms connus. La relève est assurée avec, côté hommes, ***Camané.*** Le monde entier connaît aussi la voix de ***Teresa Salgueiro*** du groupe Madredeus, sans que ce soit tout à fait du fado. On a découvert aussi l'image de ***Mísia,*** élevée au rang de chevalier de l'ordre des Arts et Lettres en 2004 par le ministre de la Culture français. La touche de spontanéité et de fraîcheur de ***Cristina Branco*** lui permet de lier, avec bonheur, tradition et modernité. Elle est connue sur la scène internationale, tout comme ***Mariza,*** nouvelle ambassadrice du fado collectionnant les récompenses et les salles combles. ***Mafalda Arnauth*** tire elle aussi les origines de son chant dans le fado, alors que ***Kátia Guerreiro*** et ***Ana Moura*** jouent volontiers dans un registre plus traditionnel.

FUTEBOL

Deuxième religion du pays, le foot alimente la moitié des conversations entre mâles portugais, et son omniprésence sur les écrans de télé de la moindre gargote hypnotise un public de passionnés. La vedette historique du pays s'appelle ***Eusébio.*** Disparu en 2014, le Ballon d'or 1965 était très apprécié des Portugais, et soutenait les bonnes causes humanitaires. Sa popularité était telle que trois jours de deuil national furent décrétés suite à son décès. Depuis, d'autres stars du ballon rond affichent fièrement les couleurs de l'équipe nationale comme ***Ricardo Carvalho*** ou ***Cristiano Ronaldo,*** sans oublier l'entraîneur ***José Mourinho,*** sacré meilleur entraîneur du monde à quatre reprises. Les *sócios* ou supporters-actionnaires se comptent par dizaines de milliers. Leurs cotisations enrichissent surtout les trois principaux clubs : à Lisbonne, Benfica (qui joue au légendaire Estádio da Luz), avec ses 36 titres de champion, et le Sporting Clube de Portugal, et à Porto, le FC local (vainqueur de la Ligue des champions en 1987 et 2004 et champion du Portugal à 27 reprises).

DEUX PASSIONS PORTUGAISES

Football et religion. Pas étonnant qu'une douzaine d'équipes de prêtres (padres) *aient des résultats fort honorables. Ils jouent plutôt au* futsal *(foot en salle)... mais pas en soutane !*

En 2004, la grande fierté des Portugais a été d'accueillir le Championnat d'Europe des Nations, suivi par un milliard de téléspectateurs. Pour cette occasion, cinq stades ont été entièrement rénovés à Lisbonne, Porto et Guimarães, et cinq autres ont été construits à Aveiro, Braga, Coimbra, Faro et Leiria. Coût total : 800 millions d'euros ! Un effort titanesque pour un pays de 11 millions d'habitants, mais une part de la dépense a été financée par le Fonds de développement de l'Union européenne. Néanmoins, l'argent investi en valait la chandelle : liesse populaire, succès commercial et sportif pour les Portugais arrivés en finale face aux Grecs. Une belle fête ! Dernier exploit en date : lors de l'***Euro 2016,*** le Portugal remporte son premier titre international (enfin !) face aux Français ! Ronaldo, pourtant blessé lors de la première mi-temps, est porté en triomphe. L'équipe entière est adulée par tout un pays, fier d'atteindre le saint Graal et de prouver au reste de l'Europe qu'elle est une grande nation du *futebol.* Le pays rêve maintenant d'un autre trophée : la Coupe du monde de 2018, en Russie...

GÉOGRAPHIE

Porto est une ville vallonnée. Le charme des pentes a une contrepartie : ça grimpe presque inévitablement pour joindre un lieu à un autre. La ***gare de São Bento*** est un bon point de départ pour découvrir les différents quartiers touristiques. À deux pas à l'ouest, l'***avenida dos Aliados,*** bordée de riches immeubles, est l'une des

artères principales de Porto. Encore un peu plus à l'ouest, de la ***rua do Conde de Vizela*** à la ***rua de Cedofeita,*** c'est le quartier animé le soir. Au nord et à l'est de São Bento, on fait du shopping au ***marché Bolhão*** et surtout sur la ***rua de Santa Catarina,*** en grande majorité piétonne, LA rue commerçante de Porto. Au sud de São Bento, enfin, la ***Sé*** (la cathédrale) domine du haut de sa colline les rives du Douro, la ***Ribeira,*** cœur historique de la ville avec ses ruelles pavées et pentues. En suivant le fleuve vers son embouchure, la ***ville nouvelle*** étale des infrastructures modernes et chic. Quant aux caves de porto, elles bonifient à ***Vila Nova de Gaia,*** de l'autre côté du fleuve face à la Ribeira, d'où l'on glane les plus belles vues sur Porto.
– Les stations de métro suffisamment proches d'une de nos adresses ou sites sont indiquées.

HISTOIRE

Histoire de Porto

Sur les rives du Douro, les Romains fondèrent deux cités : *Portus* et *Cale.* Elles fusionnèrent leurs noms pour former plus tard celui du *comté de Portucale.* Lorsque, au XIe s, Henri de Bourgogne épousa la fille du roi de Castille et de León, celle-ci apporta en dot le comté. Le petit royaume qui allait en naître par la suite (camp de base de la Reconquête) s'appela finalement *Portugal.*
La ville possède un caractère pugnace, elle s'est toujours battue vaillamment contre les envahisseurs et oppresseurs : contre les Maures, puis, au XVIIIe s, révolte des vignerons contre l'autoritarisme de Lisbonne, contre Napoléon en 1809, contre les Anglais en 1820, révolte en 1829 contre l'absolutisme royal. L'agitation républicaine y débuta en 1891. Porto s'est ainsi forgé une réputation méritée de résistante.

Les origines du Portugal

Du IXe au VIIe s av. J.-C., les Phéniciens, puis les Grecs, s'installent dans la péninsule Ibérique, dont la côte ouest est occupée en grande partie par les ***Lusitani.*** Ils sont relayés d'abord par les Carthaginois au cours du IIIe s av. J.-C., puis par les Romains (en 139 av. J.-C.), qui administrent la région en profondeur. Au Ve s apr. J.-C., les Barbares envahissent le pays, et les belles villes romaines ne sont plus que ruines.
En 711, les Maures, Arabes et Berbères, venus d'Afrique du Nord, franchissent l'actuel détroit de Gibraltar et se fixent, entre autres, dans le futur État du Portugal. C'est le début d'une période de prospérité, au cours de laquelle les Maures gouvernent avec tolérance et répandent leur culture. Très vite, cependant, un esprit de « reconquête » s'empare de la chrétienté. Des chevaliers français participent à cette sorte de croisade, tel ***Henri de Bourgogne,*** qui épouse la fille d'Alphonse VI, roi de León et de Castille. Il reçoit en dot le « comté portucalense », et devient ainsi comte du Portugal (1095). Son fils ***Alphonse,*** qui lui succède, après avoir remporté la victoire d'Ourique sur les Maures, se proclame roi du Portugal en 1139. Il fonde la dynastie de Bourgogne, qui régnera jusqu'en 1383. Après la prise de Faro, en 1249, les Maures quittent l'Algarve. Depuis lors, les frontières du Portugal reconnues par l'Espagne en 1297 sont sensiblement les mêmes au XXIe s, phénomène unique en Europe. L'occupation musulmane aura donc été plus courte qu'en Espagne (de 2 siècles) et a laissé moins de traces...

La dynastie de Bourgogne

Parmi les successeurs d'Alphonse-Henri, il faut citer ***Denis Ier,*** qui fonde en 1290 l'université de Coimbra et officialise comme langue portugaise celle parlée dans cette ville.

La fin du XIVe s est marquée par de nombreux conflits avec la Castille, toujours menaçante, qui rêve d'annexer cet État voisin.

Les grandes découvertes

Après la mort de ***Ferdinand Ier,*** en 1383, le grand maître de l'ordre d'Avis, qui s'est distingué dans la lutte contre la Castille, est proclamé roi par les Cortes sous le nom de ***Jean Ier*** en 1385. La dynastie des Avis règne sur le Portugal pendant 2 siècles, période de gloire et de prospérité. En effet, dès 1415, la prise de Ceuta est le premier jalon de l'expansion portugaise. Probablement mû par l'esprit des croisades, Jean Ier confie alors à son fils, l'infant Henrique, dit ***Henri le Navigateur*** (qui deviendra grand maître de l'ordre du Christ), le soin de mener à bien cette politique de conquête. Henri organise à Lisbonne, puis à Lagos en Algarve, les expéditions avec, pour consigne, d'aller le plus loin dans le sud de l'Atlantique le long de la côte africaine. En 1419, Madère est découverte ; de 1427 à 1452, c'est au tour des Açores, puis des îles du Cap-Vert en 1456. Les Portugais y créent des comptoirs, futures villes relativement indépendantes du pouvoir local.

L'ORIENT NE PERD PAS LE NORD

Autrefois, les grands navigateurs « orientaient » leurs cartes, le haut indiquant l'Est (vers Jérusalem et le tombeau du Christ). Avec l'invention de la boussole, le Nord s'imposa comme référence au sommet des cartes. Mais l'expression « orienter » la carte est bizarrement restée dans le langage courant.

Après la mort d'Henri, en 1460, la course est lancée : ***Bartolomeu Días*** double le cap des Tempêtes, rebaptisé cap de Bonne-Espérance, puisqu'on avait compris que l'on pourrait atteindre par là les Indes. En conséquence, à Lisbonne, ***Jean II*** repousse les projets d'un certain ***Christophe Colomb,*** un Génois, qui va chercher des fonds ailleurs, en Espagne...

Le traité de Tordesillas (1494) partage le globe en deux demi-sphères d'influence, portugaise et castillane... En 1495 commence le règne de ***Manuel Ier,*** et les grandes découvertes se poursuivent : les Indes en 1498 ***(Vasco de Gama),*** le Brésil en 1500 ***(Pedro Álvares Cabral),*** puis en 1511 la Chine, en 1512 les Moluques, en 1543 le Japon...

Le Portugal est à la tête du plus grand empire d'Occident. Il recouvre les cinq continents. On parle le portugais du Brésil à Goa, du Mozambique à Macao. Les transformations qui ont découlé de ces découvertes sont énormes.

Des nouveaux pays conquis affluent de prodigieuses richesses : or d'Afrique et d'Amérique, tapis de Perse, soieries de Chine et épices des Indes (à l'époque, 1 g de poivre coûtait aussi cher que 1 g d'or). Les anciennes places commerçantes de Méditerranée déclinent au profit de ports occidentaux tels que Lisbonne. Mais, très vite, cette puissance va s'affaiblir : d'abord la population diminue de moitié, 1 million d'habitants étant partis dans les nouvelles colonies ; on troque les métaux précieux contre des céréales, mais on ne cultive plus les terres... Et c'est dans ce contexte que le roi ***Sébastien Ier*** entreprend une hasardeuse expédition

LA CARAVELLE, UN BATEAU MAL FICHU

Cette coquille de noix était lourde, trapue et bien peu maniable. Son tonnage faible ne pouvait contenir que peu de marchandises. Petite (à peine 20 m de longueur), elle ne transportait qu'une vingtaine de marins. Haute sur l'eau, elle était instable et sensible aux tempêtes. Et pourtant elle permit les plus grandes découvertes.

au Maroc contre les Maures. Il est tué en 1578, à Ksar-el-Kébir, et une bonne partie de l'armée est anéantie ou faite prisonnière... Deux ans plus tard, ***Philippe II*** d'Espagne est proclamé roi du Portugal. Mais en 1640, les nobles portugais se révoltent : le duc de Bragance devient souverain du Portugal. Cet empire, qui aura tenu 5 siècles, sera le dernier à s'effondrer, lors de la révolution des Œillets en 1974.

« L'amitié » anglo-portugaise

Les liens entre le Portugal et l'Angleterre vont se resserrer et les échanges commerciaux s'accroître. Une certaine dépendance vis-à-vis de l'Angleterre se fait jour.

Au milieu du XVIIIe s, le marquis de Pombal, ministre de ***Joseph Ier,*** joue un rôle très important dans le développement du pays : il entreprend la reconstruction de Lisbonne après le terrible tremblement de terre de 1755 (relisez *Candide* de Voltaire), la réforme de l'administration, de l'enseignement et de l'armée, et crée le Trésor public ainsi que des manufactures. Lié à l'Angleterre, le Portugal participe à la première coalition contre la France révolutionnaire et au blocus continental. ***Napoléon Ier*** n'hésite alors pas à envoyer trois expéditions (*Junot, Soult* et *Masséna*), qui se heurteront à une vive résistance anglo-portugaise dont les Français viendront à bout. C'est une catastrophe sur le plan artistique : de nombreuses œuvres d'art sont volées ou détruites.

LE TRAITÉ LE PLUS SOLIDE AU MONDE

En 1386, le Portugal et l'Angleterre signèrent le traité de Windsor. Pendant la dernière guerre, le dictateur Salazar proclama sa neutralité. Winston Churchill invoqua toutefois le traité qui avait plus de 500 ans ! Le Portugal autorisa alors les Britanniques à installer une base navale et aérienne aux Açores en 1943. Ce fut un avantage considérable contre les sous-marins allemands.

La famille royale s'étant enfuie au Brésil, il faut attendre 1821 pour que le roi rentre d'exil. En 1822, le Brésil proclame son indépendance et l'économie portugaise en prend un coup... Tout au long du XIXe s se succèdent coups d'État et guerres civiles, les rivalités politiques entre libéraux et monarchistes allant bon train. Les souverains de l'époque sont des personnages fantasques, comme ***Ferdinand de Saxe-Cobourg-Gotha*** (1816-1885), roi consort du Portugal de 1837 à 1853, puis régent de 1853 à 1855 à la mort de sa femme Maria de Bragance. Son successeur est Pedro V, mort sans héritier.

RIO DE JANEIRO, CAPITALE DU PORTUGAL

En raison de l'invasion des troupes de Napoléon au Portugal, la famille royale s'établit à Rio de Janeiro en 1808. Rio fut la seule capitale située à l'extérieur d'un royaume. Les plages et l'ambiance durent plaire au roi, puisqu'il ne rentra à Lisbonne qu'en 1821 (donc 6 ans après la chute de Napoléon !).

Salazar

En 1908, le roi ***Charles Ier*** et le prince héritier sont assassinés. Deux ans plus tard, le roi ***Manuel II*** abdique. C'est l'avènement de la république. Associée à un esprit urbain, voire essentiellement lisboète, et suspectée d'anticléricalisme, alors que la majorité de la population est rurale et croit encore aux miracles (celui de Fátima en 1917), elle ne parvient pas à rétablir l'ordre ni à assainir l'économie. En 1926, avec le soulèvement militaire de Braga, s'installe un pouvoir militaire fort. C'est dans ce contexte que le jeune ***Salazar,*** alors professeur d'économie, est sollicité

pour remettre les finances à flot et tient le Portugal à l'écart de la crise de 1929 et de la Seconde Guerre mondiale.
Au niveau national, la popularité de Salazar repose sur une image de lui-même qu'il cultive avec soin : célibataire, n'accumulant aucune richesse personnelle, généreux envers les pauvres, il devient difficilement attaquable ; ce qui fait sa réputation de « moine dictateur ». En fait, un seul but l'anime : le pouvoir. Devenu président du Conseil, il instaure en 1933 l'« État nouveau ». Il réussit à obtenir une certaine stabilité monétaire et entreprend une politique de grands travaux (le pont suspendu du Tage) ; le régime n'en reste pas moins dictatorial : la police d'État (la tristement célèbre ***PIDE***) est toute-puissante, les prisons sont pleines de détenus politiques...

LA DERNIÈRE REINE FRANÇAISE

Amélie, la petite-fille de Louis-Philippe, devint reine du Portugal quand son mari Charles Ier monta sur le trône en 1889. À la suite de l'attentat de 1908 qui coûta la vie à son époux, à l'abolition de la monarchie portugaise et à la proclamation de la République, la reine Amélie fut condamnée à l'exil. Elle vécut au Chesnay, près de Versailles, où elle mourut en 1951.

Il est intéressant de constater que le régime de Vichy avait si peu d'idéologie politique qu'il s'inspira grandement du salazarisme :
– retour aux valeurs traditionnelles avec l'éloge du monde paysan ;
– organisation des métiers sur le mode corporatif comme au Moyen Âge. Patrons et ouvriers appartiennent à la même corporation et travaillent dans le même dessein ; les grèves n'ont dès lors plus de raison d'être... ;
– rétablissement de la censure.

UNE VIE BIEN CACHÉE

Salazar jouait le côté célibataire ascétique n'écoutant que les conseils de la vieille gouvernante avec qui il vivait. En 1951, patatras ! Il tomba dingue amoureux d'une journaliste et romancière française, Christine Garnier, venue l'interviewer. La discrétion fut telle qu'on apprit cette liaison bien après le décès du dictateur.

À partir de 1960, Salazar s'engage dans une politique militaire absurde en Afrique et, surtout, à contre-courant de celles menées par les autres puissances coloniales européennes ; ce qui a largement contribué à son isolement diplomatique.
Le Portugal mène ainsi, pendant une quinzaine d'années, une guerre coloniale sur plusieurs fronts (Guinée-Bissau, Mozambique, Angola et Timor) pour maintenir les lambeaux de son empire. Très coûteuse en hommes et en matériel, incapable d'enrayer la lutte de libération de ces pays, elle engloutit 50 % du budget et impose un service militaire de 4 ans qui pousse sa jeunesse à émigrer, en France notamment. Cette guerre inutile finit donc par mécontenter un certain nombre de jeunes officiers. Ils forment le Mouvement des capitaines. Victime en 1968 d'une hémorragie cérébrale (en tombant de sa chaise !), Salazar quitte le pouvoir et meurt en 1970. Avec le pâle ***Caetano*** à la barre, le pays va à la dérive.

La révolution des Œillets

Lorsque, au matin du 25 avril 1974, se déclenche le coup d'État militaire organisé par le ***général de Spínola*** et le Mouvement des capitaines, la police politique n'oppose aucune résistance. Le reste est connu : l'explosion de joie populaire, la fête des Œillets le 1er mai, la fraternisation du peuple avec les soldats qui, éperdus de bonheur, brandissent un œillet rouge au bout du fusil. C'est la fête. Grandiose et pacifique.

Le Portugal connaît alors un processus de radicalisation qui s'engouffre dans le vide politique de l'après-fascisme. ***Spínola,*** premier président de la République, démissionne en septembre, remplacé par ***Costa Gomes.*** Un Premier ministre, ***Vasco Gonçalves,*** proche du PC, dirige le pays. Réforme agraire et nationalisations sont les grandes mesures sociales du régime, accompagnées de la fin de la guerre en Afrique et de la décolonisation. Une nouvelle Constitution est édictée, et un Conseil de la révolution est mis en place pour veiller à l'application des réformes et empêcher le retour du fascisme.

Sur le plan des libertés, le peuple portugais connaît pendant un an et demi une sorte de période libertaire où tout est possible, sans répression policière, sous l'œil bienveillant des militaires d'extrême gauche (notamment le Copcon du ***commandant Otelo de Carvalho***). De nouveaux espaces de liberté sont conquis. Lorsque les habitants d'un quartier ont besoin d'un local pour créer une crèche, ils occupent une maison vide. Des patrons incompétents sont chassés. Les formes d'organisations autonomes de la population et des travailleurs comme les comités de locataires, commissions ouvrières, etc. se multiplient, réussissant parfois à se fédérer au niveau d'une ville, du pays. Les tensions entre ces formes de pouvoir à la base et les partis politiques traditionnels, dont le parti socialiste de ***Mário Soares,*** ne tardent pas à s'exacerber. De grandes manifestations d'ouvriers, de paysans et de soldats ont lieu tout l'été et tout l'automne 1975.

En novembre de la même année, l'aile modérée du mouvement des Forces armées met un coup d'arrêt à ce que l'ensemble de la classe politique qualifie de « situation anarchique ». Le coup provoque une démoralisation et une démobilisation rapide de la population.

De 1975 à 1985, sur le plan politique, le pays connaît une série de combinaisons politiques de gouvernements hybrides, où le parti socialiste s'allie soit avec la droite (le CDS), soit avec le centre (le parti social-démocrate). Entre-temps, le général ***Eanes,*** difficile à classer politiquement est élu par deux fois président de la République. L'érosion politique naturelle du pouvoir provoque en octobre 1985 la baisse de popularité de Mário Soares, qui chute de 35 à 20 % des voix. Malgré tout, ce dernier se présente à l'élection présidentielle qui suit et, contre les pronostics, est élu.

Réélu en 1991, il est obligé de composer avec un Premier ministre social-démocrate qui domine l'Assemblée : ***Aníbal Cavaco Silva.*** Le 14 janvier 1996, Mário Soares, non rééligible, quitte la présidence de la République. Après 50 ans de combats politiques et deux mandats présidentiels, il décide de devenir un « citoyen comme les autres ». ***Jorge Sampaio,*** membre du parti socialiste et ancien maire de Lisbonne, lui succède.

L'Europe, toujours l'Europe, encore l'Europe

En même temps, le pays se lance dans une vaste offensive culturelle en Europe pour promouvoir son image. ***Entré dans l'Union européenne en 1986,*** le Portugal cherche immédiatement à s'intégrer. Le fleuron de cette campagne d'intégration, l'***Exposition universelle à Lisbonne en 1998,*** commémore le premier voyage de Vasco de Gama aux Indes (en 1498). Le thème d'*Expo 1998,* « Les océans, un patrimoine pour le futur », est à lui seul tout un programme marquant bien la place de la mer dans l'identité nationale.

Aux législatives d'octobre 1999, le parti socialiste d'***António Guterres*** remporte 44 % des votes exprimés, son plus beau score depuis la chute de Salazar, mais il ne dispose toujours pas de la majorité absolue. António Guterres doit donc gouverner avec le soutien du Parti populaire, de droite, ou de la CDU, d'obédience communiste, selon le cas. Mais en décembre 2001, aux élections municipales au cours desquelles d'importants bastions de la gauche (Lisbonne, Porto, Coimbra, Faro...) basculent vers la droite, il donne sa démission, provoquant une anticipation des élections législatives. Celles-ci ont lieu début 2002 et confirment la tendance des municipales. ***José Manuel Durão Barroso,*** dernier président du PSD, est alors nommé Premier ministre. Ce gouvernement doit affronter une remontée du chômage et mettre en place un budget de rigueur, une politique pas très populaire mais nécessaire, notamment pour répondre aux exigences de Bruxelles. D'ailleurs, il sera nommé un an plus tard à la tête de la présidence de la Commission européenne (jusqu'en 2014) ; il n'y a pas de hasard !

L'organisation de la Coupe d'Europe de football en juin 2004 a également offert une possibilité de développement et d'ouverture supplémentaire sur l'Europe. Un élan sur lequel devait s'appuyer le Premier ministre socialiste, ***José Socrates,*** élu triomphalement en février 2005 (et réélu en 2009). Depuis, les choses ont bien changé, et il suffit de demander à n'importe quel Portugais ce qu'il pense de lui pour nuancer grandement cet éclat électoral. Après des débats houleux, les Portugais votent par référendum en 2007 pour la ***dépénalisation de l'avortement*** (vote à 59,25 %).

En 2008, tenant compte des évolutions politiques, économiques et de société de l'Europe, les députés portugais ont approuvé le 23 avril la loi autorisant la ***ratification du traité de Lisbonne*** (208 voix contre 21 !). Établissant de nouvelles règles qui régissent l'étendue et les modalités de l'action future de l'Union. Le Portugal est le 10e pays européen à le ratifier.

En 2009, c'est la crise. José Socrates est réélu de justesse suite aux législatives, mais le taux de chômage s'envole et la récession se fait sentir.

En 2010, le pape Benoît XVI attire les foules, mais pas de miracles pour autant. Si, ***Socrates autorise le mariage pour les homosexuels,*** mais pas encore l'adoption !

En 2011, toujours la crise... Aníbal Cavaco Silva est réélu président de la République au premier tour. Pedro Passos Coelho (leader du parti social-démocrate) devient Premier ministre... et réduit son gouvernement : prémices de mesures de rigueur ?

En 2012 et 2013, le chômage continue sa progression (17 %). Les impôts également. Le pouvoir d'achat baisse de façon alarmante. Déjà, certains Portugais s'exilent vers les anciennes colonies. Le secteur public est traumatisé par d'importantes restructurations, grèves et manifestations se succèdent... Mais le déficit refuse obstinément de diminuer et le Portugal reste scruté à la loupe par les instances financières et par ses voisins européens.

L'année 2014 est marquée par une légère amélioration avec un taux de chômage redescendu à 15 % et, en 2015, le Portugal commence à rembourser ses dettes.

En janvier 2016, ***Marcelo Rebelo de Sousa*** est élu président de la République au premier tour de scrutin, avec près de 52 % des suffrages exprimés. Cofondateur de l'hebdomadaire *Expresso,* il a travaillé comme analyste politique pour des chaînes d'infos ; une carrière qui a largement contribué à sa notoriété publique et à sa popularité. Sa présidence débute dans un contexte de cohabitation, le gouvernement étant soutenu par une majorité de gauche à l'Assemblée, sous l'autorité du Premier ministre António Costa. Sur le plan international, le socialiste et ancien Premier ministre portugais António Guterres devient secrétaire général de l'ONU en 2016.

2016-2017 : la croissance redémarre, le chômage recule et les déficits publics fondent à 2,1 % du PIB, du jamais vu depuis l'avènement de la démocratie, en 1974 ! Le pays fait figure de nouvel eldorado pour les entreprises européennes et joue à fond la carte du bon élève de l'Europe. Après des années difficiles où le Portugal a frôlé la faillite (notamment en 2011), un vent nouveau s'est levé, la consommation décolle, l'immobilier flambe et le tourisme explose. Le pays tient, enfin, sa revanche, à l'image de l'enthousiasme suscité par la victoire de son équipe nationale de foot à l'Euro 2016 (et du chanteur Salvador Sobral au concours de l'Eurovision en 2017 !). Mais la sortie progressive de l'austérité sera-t-elle confirmée dans les années à venir ou ce regain d'optimisme n'est qu'illusoire et la bulle spéculative ? Pour l'instant en tout cas, les mesures économiques prisent par le nouveau gouvernement sont un succès !

MÉDIAS

Radio

On trouve quelques radios françaises « expatriées » comme *RFM Portugal.* Sur *Radio Europa,* à Lisbonne sur 90.4 FM, diffusion en soirée des programmes de *RFI.* Pas mal de musique également sur *Mega FM.* Il existe naturellement une *Radio fado,* pour les amoureux de cette musique mélancolique. Les fans de foot vibreront avec *Mais futebol.* Les autres iront sur les ondes publiques *Antenna 1, 2* et *3. TSF* est une radio généraliste très prisée également.

Presse

On lit beaucoup la presse au Portugal. Une large part fait ses choux gras de l'actualité sportive, avec notamment *A Bola* (● abola.pt ●), journal in-con-tour-na-ble pour les fans de sport. Les autres journaux font la part belle à l'actualité nationale, avec des quotidiens comme *Diário de Notícias* (● dn.pt ●), le journal le plus lu, *Correio da Manhã* (● cmjornal.xl.pt ●) ou *Jornal de Notícias* (● jn.pt ●). Côté hebdos, on trouve l'*Expresso* (● expresso.sapo.pt ●), magazine généraliste, et *Público* (● publico.pt ●), le journal de l'intelligentsia portugaise.

Télévision

Il existe deux chaînes publiques (*RTP 1* et *RTP 2*). Mais ce sont les deux chaînes privées, *SIC (Sociedade independente de comunicação)* et *TVI (Televisão independente)* qui mènent sur le front des audiences. SIC fait exploser l'audimat avec les *telenovelas* brésiliennes très olé olé. TVI, la petite chaîne qui monte, a été à l'initiative de l'émission *Big Brother* version lusitanienne. Bon à savoir, tous les films et séries sont diffusés en v.o. et sous-titrés en portugais : de quoi suivre et même apprendre quelques rudiments de langage. Nous devrions en prendre de la graine !

PERSONNAGES

– ***Niccoló Nasoni*** *(1691-1793)* **:** peintre et architecte italien, qui introduit le baroque dans le nord du Portugal. Il réalisa des fresques pour la cathédrale de Porto, et de nombreuses autres peintures pour des sites du nord du pays, comme à Lamego et à Matosinhos. Il construisit aussi d'illustres bâtiments comme la tour et l'église de Clérigos à Porto où il fut enterré.

– ***João de Alameda*** *(1703-1786)* **:** gouverneur de la région de Porto, il a été à l'origine de la réorganisation architecturale de la ville dont celle-ci a hérité. Son fils, Francisco (1757-1804), prit le relais.

– ***Alvaro Siza Vieira*** *(né en 1933)* **:** le natif de Matosinhos, à proximité de Porto, est un architecte de renom qui a reçu le Pritzker Price en 1992, la consécration dans son domaine. Il a notamment réalisé la Fondation Serralves.

– ***Eduardo Souto de Mora*** *(né en 1952)* **:** un autre grand architecte contemporain portugais, originaire de Porto, qui a réalisé le stade municipal de Braga, mais aussi le métro de sa ville de naissance et reçu le Pritzker Price à son tour, en 2011.

– ***Calouste Gulbenkian*** *(1869-1955)* **:** destin étonnant que celui de cet homme d'affaires arménien, né près d'Istanbul et mort à Lisbonne. L'arménien est sa langue maternelle, mais il parle aussi le turc, le perse (sa mère est arménienne de Perse), le français et l'anglais. Il n'a jamais parlé le portugais. Il termine sa formation d'ingénieur et de sciences appliquées au King's College de Londres en 1887. À 20 ans, il effectue un voyage « initiatique et technique » en Transcaucasie (1890) de la mer Noire à Bakou où il découvre les immenses possibilités pétrolières du Moyen-Orient. En 1889, il publie un récit de voyage écrit en français et édité par Hachette (l'éditeur du *Routard* !) : *La Transcaucasie et la Péninsule d'Apchéron,* *souvenirs de voyage.* Son destin est déjà fixé : c'est le pétrole qui guidera ses pas. Il crée en 1912 la Turkish Petroleum Company, dans laquelle il associe la Royal Dutch-Shell, la Banque de Turquie, et la Deutsche Bank. Citoyen britannique (depuis 1902), il est aussi conseiller commercial à Paris pour l'Empire ottoman et la Perse. Dès la Première Guerre mondiale, il touche 5 % sur les revenus pétroliers de sa société. Ses revenus pétroliers dans les années 1930-1950 lui rapportaient en livres sterling l'équivalent annuel de 200 millions d'euros d'aujourd'hui ! Faites le calcul mensuel ! Après 1919 et l'éclatement de l'Empire ottoman, la TPC devient l'*Irak Petroleum Co.* Sa fortune augmente vite. Amateur d'art, collectionneur exigeant, Gulbenkian consacra une partie de ses fabuleux revenus à l'achat des plus belles œuvres artistiques du monde. De 1927 à 1940, il vit en France, entre son hôtel particulier de l'avenue d'Iéna et son manoir des Enclos à Deauville. Séduit par la stabilité du régime salazariste, Gulbenkian vient s'installer à Lisbonne en 1942 (en pleine guerre) où il restera jusqu'à sa mort, en 1955. Il eut la bonne idée de léguer la plus grande partie de sa fortune et toutes ses collections à l'État portugais.

– ***Afonso de Albuquerque*** *(1453-1515)* **:** illustre navigateur portugais, surnommé « le Lion des mers d'Asie ». Né à Alhandra (près de Vila Franca de Xira, Ribatejo), il s'empare de Goa (Inde) en 1510 et y implante l'un des plus solides comptoirs portugais (qui restera aux mains des Portugais jusqu'en 1961). Véritable fondateur de l'« Empire portugais d'Asie », son tombeau se trouve dans l'église Nossa Senhora de Graça à Lisbonne.

– ***Pedro Álvares Cabral*** *(1467-1526)* **:** né à Belmonte. Le navigateur découvrit officiellement le Brésil, en mars 1500. Son tombeau se trouve à l'église de Graça à Santarém.

– ***Vasco de Gama*** *(1469-1524)* **:** le 22 mai 1498, quatre nefs portugaises accostent à Calicut, sur la côte sud-ouest de l'Inde. Une première mondiale ! Vasco de Gama prouve ainsi que l'on peut atteindre l'Asie par la mer, en contournant l'Afrique par le cap de Bonne-Espérance. La route des Indes est ouverte. Six ans seulement après la découverte de l'Amérique par Christophe Colomb, il accomplit le vieux rêve de l'Occident d'atteindre l'Orient (par la mer et par la route de l'Est). Une découverte fabuleuse, qui aura des retombées immédiates sur l'économie portugaise : en 1503, le poivre se vendait cinq fois moins cher à Lisbonne qu'à Venise. On comprend que le Portugal le considère encore comme un héros. Son tombeau se trouve aujourd'hui au mosteiro dos Jerónimos à Lisbonne. Son nom et ses titres de noblesse (dont celui de comte de Cascais) sont toujours portés par l'un de ses descendants, dom Vasco de Teles da Gama, collectionneur et antiquaire à Lisbonne.

– ***Fernand de Magellan*** *(1480-1521)* **:** connu au Portugal sous son vrai nom, Fernão de Magalhães. Après avoir vécu dans les comptoirs portugais d'Asie, il conçoit le projet de rejoindre ces fameuses îles aux Épices et tente sa chance auprès de l'Espagne voisine. Le jeune Charles Quint accepte de financer l'expédition. Objectif de Magellan : atteindre les Moluques par l'ouest, en supposant qu'il existe un passage au sud de l'Amérique. Le 20 septembre 1519, cinq navires avec à leur bord 237 hommes quittent Sanlúcar de Barrameda (Andalousie). Après une traversée de

MAGELLAN, TRAÎTRE OU HÉROS ?

Il apparaît comme le plus audacieux, le plus universel des explorateurs portugais. Mais voilà : Magellan ne navigua pas pour le roi du Portugal, mais pour le compte de la Couronne d'Espagne. Du coup, aujourd'hui encore les Portugais ne le vénèrent pas vraiment : il est considéré comme une sorte de traître à la nation. Magellan est pourtant le premier navigateur à réaliser presque un tour du monde (même si c'est son adjoint qui a vraiment eu le titre, puisque Magellan est mort en cours de route !).

l'Atlantique, ils découvrent au cours de l'hiver 1520 un passage permettant de rejoindre le Pacifique. C'est aujourd'hui le détroit de Magellan en Patagonie. Après une traversée de 3 mois, le 6 mars, trois îles apparaissent à l'horizon. C'est l'archipel des Mariannes. Puis, arrivé aux actuelles Philippines, il obtient une exclusivité commerciale pour l'Espagne auprès du roi de Cebu. Mais en avril 1521, Lapu-Lapu, le roi de l'île de Mactan, s'insurge contre la présence des Espagnols. Au cours d'un violent combat, Magellan succombe sous les coups le 27 avril. Il n'était qu'à un saut de puce des Moluques. L'ancien mutin Sebastián el-Cano achève ce premier tour du monde et reçoit tous les honneurs. Le 8 septembre 1522, soit presque 3 ans après leur appareillage, la *Victoria,* portant 18 Européens et 3 indigènes des Moluques, entre dans le port de Séville.

– ***António de Spínola*** *(1910-1996)* **:** son monocle, son allure noble et sa circonspection ont contribué à donner une image mesurée, digne et sobre à la révolution des Œillets. Avant d'être un homme politique portugais, il fut gouverneur de la Guinée (1968-1973). Il se rendit célèbre en dirigeant le coup d'État militaire du 30 avril 1974, qui renversa la dictature de Salazar. Devenu président du Portugal, Spínola s'opposa aux forces de gauche, ce qui entraîna sa démission et son exil.

– ***Mário Soares*** *(1924-2017)* **:** fils de professeur, lui-même diplômé d'histoire, de philo et de droit, ancien prof à la Sorbonne, à Vincennes et à Rennes, Soares est surtout le père du socialisme portugais, inlassable opposant à Salazar, cible de la PIDE (police politique) qui lui valut 12 arrestations, 3 années de prison, une déportation en 1968 à São Tomé, puis en France. Premier ministre en 1983, puis président en 1986, il mettra fin aux colonies portugaises et organisera le rapatriement des Portugais. Profondément humaniste et européen, sa personnalité dépassait tous les clivages politiques.

– ***António Lobo Antunes*** *(né en 1942)* **:** écrivain et psychiatre, très marqué par son expérience de soldat et de médecin en Angola pendant la guerre de décolonisation. Il a obtenu le prix Camões en 2007. Ses romans poignants – *Le Cul de Judas, Le Retour des caravelles, La Splendeur du Portugal* – saisissent l'âme du Portugal. La tristesse d'un monde qui s'effondre (l'Empire portugais) dans le fracas des armes n'est que prétexte à dire aussi le plaisir de survivre, tant bien que mal, à cette amertume historique.

– ***Amália Rodrigues*** *(1920-1999)* **:** la plus fameuse des chanteuses de fado. Née dans une famille modeste mais dotée d'une prestance et d'une allure de princesse, Amália fut malmenée après la révolution des Œillets par des sectaires qui la traitèrent de fasciste. Or elle ne faisait pas de politique, rien que du grand art et des tournées dans le monde entier : le fado fut toute sa vie. Cette *fadista* émouvante sur la scène comme au cinéma méritait d'être enterrée au Panthéon national.

– ***Maria de Medeiros*** *(née en 1965)* **:** actrice de théâtre avant tout, née à Lisbonne et révélée au cinéma par *Pulp Fiction,* de Quentin Tarantino, où elle jouait la petite amie de Bruce Willis. Elle a réalisé son premier film, *La Mort du Prince* (1991), évoquant l'œuvre de Pessoa, puis son deuxième sur la révolution des Œillets, *Capitaines d'avril,* en 1999. En 2007 est sorti *Je t'aime, moi non plus* autour du travail de l'artiste et du critique. En 2014, on l'a remarquée dans le biopic d'Abel Ferrara – *Pasolini* – dans lequel elle joue le rôle de l'actrice Laura Betti.

– ***Maria João Pires*** *(née en 1944)* **:** pianiste de renom, née à Lisbonne, célébrée sur la scène internationale, porte-parole pacifiste des « antiguerre » en Irak en 2003.

– ***Fernando Pessoa*** *(1888-1935)* **:** écrivain né à Lisbonne, auteur du fameux *Livre de l'intranquillité* (Christian Bourgois, 1999), célèbre marcheur, routard avant l'heure aux 72 personnalités ! On retrouve sa statue en bronze à Lisbonne, rua Garrett, accoudée à la terrasse du café *A Brasileira.* C'est l'écrivain portugais le plus traduit et connu dans le monde.

– ***José Mourinho*** *(né en 1963)* **:** originaire de Setúbal, il était en 2007 l'entraîneur de football le mieux payé au monde. Il a tout gagné avec le FC Porto : Coupe de l'UEFA, Ligue des champions et championnat du Portugal. Après avoir entraîné le Real Madrid et Chelsea, dont il fut limogé en 2015, il s'occupe désormais de l'équipe de Manchester United qui remporta la Coupe de la ligue anglaise en 2017. Stratège hors pair, il laisse rarement insensible par ses coups de gueule et son art de la provocation.

– ***Manoel de Oliveira*** *(1908-2015)* **:** cinéaste prolifique (presque un film par an jusqu'à sa mort, à l'âge de 106 ans !). Deneuve, Malkovich, Piccoli ont tourné avec lui, les yeux fermés, des films d'auteur.

– Je suis une *brune qui ne compte pas pour des prunes,* j'aime les *Banana split,* j'ai été jurée de la *Nouvelle Star* (M6), qui suis-je ? Wanda Maria Ribeiro Furtado Tavares de Vasconcelos, dite ***Lio,*** née en 1962 à Mangalde. Lio fut actrice au théâtre *(Le Bébé),* a fait du cinéma *(Mariages !)* et a publié ses Mémoires, *Pop Model.*

– ***Agustina Bessa Luís*** *(née en 1922)* **:** souvent surnommée « la Marguerite Yourcenar portugaise ». Tous ses livres ont paru aux éditions Métailié, dont *La Sibylle,* son chef-d'œuvre. Grande figure de la littérature portugaise, elle a dirigé un journal à Porto et a collaboré à certains films de Manoel de Olivieira.

– ***Linda de Suza*** *(née en 1948)* **:** de son vrai nom Teolinda Lança, née près de Beja, dans l'Alentejo. Elle a ému les foules avec sa *Valise en carton* dans les années 1980, racontant son arrivée en France et ses débuts dans la chanson *Chez Louisette,* à Paris.

– ***José Saramago*** *(1922-2010)* **:** écrivain, Prix Nobel de littérature 1998. Originaire du Ribatejo. Autodidacte, ancien manutentionnaire, il s'est révélé à l'écriture, avec pour thème majeur le Portugal, son histoire épique, ses rêves et sa dure réalité. Il a fait scandale, notamment avec *L'Évangile selon Jésus-Christ.*

– ***Joana Vasconcelos*** *(née en 1971 à Paris)* **:** voici la jeune artiste peintre-vidéaste-sculpteuse qui monte, qui monte... Elle s'amuse à « déconstruire » des œuvres du quotidien, à les exposer à des échelles variables, minuscules ou surdimensionnées dans des couleurs très pop. Certaines de ses œuvres ont été présentées à la Biennale de Venise et sont exposées au musée Berardo (voir plus haut, à Lisbonne, dans le quartier de Belém), ainsi qu'au château de Versailles en 2012. Plus d'infos sur son site : • *joanavasconcelos.com* •

– ***Cristiano Ronaldo*** *(né en 1985 sur l'île de Madère)* **:** considéré comme l'un des meilleurs attaquants au monde, il remporte le Ballon d'or en 2008, 2013, 2014 et 2016. Auteur de plus de 600 buts dans sa carrière, il est le meilleur buteur de l'histoire de la Ligue des champions, du Real Madrid et de la sélection portugaise, dont il est le capitaine depuis 2007. Malgré sa sortie sur blessure à la 25e minute, son équipe remporte l'Euro 2016 après avoir battu la France en finale.

– Et encore plusieurs autres personnes célèbres à retrouver dans les rubriques « Cinéma », « Fado », « *Futebol* » (voir plus haut) et « Livres de route » (dans « Porto utile » en début de guide).

POPULATION

En 2016-2017, le Portugal comptait quelque 10,8 millions d'habitants, les Açores et Madère compris. L'essentiel de la population est concentré le long de la façade atlantique, autour de Lisbonne principalement. Suivant une évolution propre au vieux continent, le pays enregistre une augmentation du nombre de personnes âgées, pour une baisse parallèle du nombre de jeunes et du taux de natalité (1,2 enfant par femme, l'un des plus bas d'Europe !). Selon l'Institut portugais des statistiques, le pays pourrait perdre, d'ici 2060, près de 20 % de sa population et passer de 10,8 à 8,6 millions d'habitants.

Longtemps voué à l'émigration, vers les colonies, en Afrique, vers le Nouveau Monde et vers la France, le pays fait aujourd'hui appel à une population immigrée contrôlée par l'État pour juguler le manque de main-d'œuvre. Mais l'afflux est faible avec seulement 11 000 demandeurs d'asile par an. La majorité des immigrés provient d'Europe de l'Est (d'Ukraine notamment), des anciennes colonies d'Afrique et du Brésil. Et, dans le même temps, le pays voit ses ressortissants chercher du travail ailleurs, pour un salaire supérieur, comme par le passé.

RELIGIONS ET CROYANCES

Selon une croyance (!), « être portugais, c'est être catholique mais pas forcément pratiquant ». Il est vrai que la ferveur religieuse du Portugal n'a rien à envier aux pays européens profondément catholiques. Inutile d'évoquer Fátima, le Lourdes portugais, et les pèlerinages toujours très suivis de Bom Jesus, du monastère d'Alcobaça ou encore de Batalha. Tous les dimanches, de nombreux fidèles se pressent dans les églises. Mais, depuis quelques années, ces dernières sont moins fréquentées. Si environ 85 % de la population est catholique, on remarque toutefois la montée des sectes religieuses telles que les Témoins de Jéhovah. D'autres sectes en provenance directe du Brésil font leur apparition progressivement, au grand dam des prêtres qui voient l'Europe et le progrès social et économique comme les pourfendeurs de la religion catholique. À moins que ce ne fût la séparation de l'État et de l'Église, au sortir de la dictature salazariste en 1976, qui marqua une ouverture progressive du pays vers d'autres cieux. Quant à la religion musulmane, on estime qu'elle regroupe entre 40 000 et 60 000 fidèles.

UN ÉCONOMISTE INTÉGRISTE

La politique de Salazar était animée par des préjugés chrétiens. L'endettement était pour lui assimilé au péché ! Donc la rigueur et l'autarcie s'imposaient. Cette stagnation a développé un chômage terrible qui amena deux générations de Portugais à fuir leur pays.

Juifs et marranes

Protégées sous la première dynastie portugaise (1139-1383), les communautés juives virent leur sort rattrapé par celui des juifs d'Espagne au cours du XVe s. Lors de l'expulsion décrétée par les Rois catholiques, environ 50 000 juifs espagnols, moyennant finances, trouvèrent refuge au Portugal. Le roi Manuel Ier, sous la pression castillane – il devait épouser une infante d'Espagne –, fut contraint de promulguer un édit d'expulsion fixé au 30 juillet 1497.

À vrai dire, peu de juifs réussirent à quitter le pays. Le roi tenait à les conserver, car il les jugeait essentiels à la bonne marche administrative et économique du royaume. Il interdit donc aux navires d'embarquer les juifs qui se pressaient sur les quais de Lisbonne peu avant la date fatidique, et ordonna leur conversion de force, contre l'avis de l'Église.

En août 1497, il n'y avait donc plus « officiellement » de juifs au Portugal, et le mariage avec l'infante, pas vraiment dupe cependant, pouvait avoir lieu. Mais deux nouvelles castes avaient été créées de fait : les nouveaux chrétiens, juifs convertis, protégés au début par le roi, mais soupçonnés pendant des siècles de judaïser en secret, et les marranes, « cryptojuifs » qui se réfugièrent pour beaucoup dans les montagnes du centre et du nord du Portugal. Leur existence ne fut révélée officiellement que sous la République portugaise, en 1925 !

Les plus chanceux purent s'exiler à Amsterdam (comme les ascendants du philosophe Baruch Spinoza), en France (les ancêtres de Pierre Mendès France et la famille Pereire...) ou au Brésil. En 1536, le pape autorisa la mise en place d'une Inquisition portugaise, et les juifs disparurent définitivement de la place publique, confinés dans la clandestinité pour de longs siècles.

LA LOI DU RETOUR

En 1536, de nombreux juifs furent contraints à l'exil, chassés par l'Inquisition. Pour réparer cette injustice, en 2013, le gouvernement a offert à leurs descendants la possibilité d'obtenir automatiquement la nationalité portugaise.

Pendant la Seconde Guerre mondiale, de nombreux juifs européens persécutés par le nazisme furent sauvés de la déportation grâce à l'accueil du Portugal et à l'action de certains diplomates, dont Aristides de Sousa Mendes, consul à Bordeaux. Quoique surveillés par la police politique de Salazar, ils vécurent à Lisbonne presque normalement ou aux alentours de la capitale, sans être livrés aux autorités allemandes. Salazar ne tint pas compte des pressions du Reich car, orgueilleux, il n'aimait pas qu'on lui dictât sa conduite. Plus de 100 000 de ces réfugiés embarqueront ensuite pour l'Argentine ou le Brésil.
On ne compte aujourd'hui guère plus de 3 000 juifs au Portugal. Mais la tradition et les cultes ne sont pas éteints.

UN « JUSTE » INJUSTEMENT MÉCONNU

En 1940, Aristides de Sousa Mendes, consul du Portugal à Bordeaux, accorda 30 000 visas portugais aux réfugiés qui décidèrent d'échapper aux nazis malgré une circulaire de Salazar l'interdisant formellement. Le dictateur portugais ne lui pardonna jamais. L'aristocrate catholique mourut dans la misère en 1954, refusant toute aide de l'État d'Israël.

Pour plus d'infos

- ***Histoire des juifs portugais,*** de Carsten Wilke (Chandeigne, 2007, 272 p.).
- ***La Foi du souvenir, labyrinthes marranes,*** de Nathan Wachtel (Seuil, coll. « La Librairie du XXIe siècle », 2001, 448 p.).
- ***Marrane !,*** d'Eduardo Manet (Hugo & Cie, 2007). Un roman où le jeune Eduardo découvre qu'il n'est ni juif ni catholique, mais tout simplement marrane. Une quête des origines.

SAVOIR-VIVRE ET COUTUMES

Repas

Les heures des repas sont légèrement plus tardives que les nôtres : le déjeuner a lieu vers 14h et le dîner vers 20h. Attention, en dehors de Porto et des stations balnéaires, les restos ferment plutôt vers 22h.

Fumer

La législation sur le tabac interdit de fumer dans les lieux publics depuis le 1er janvier 2007 en dehors des espaces réservés (100 m² réservés dans les bars et les restos).

Courtoisie et art de la parlote

Un petit conseil en passant : les Portugais apprécient rarement nos efforts surhumains pour nous adresser à eux en espagnol. Pour des raisons historiques évidentes, les deux langues n'ont pas toujours fait bon ménage. L'effort s'avère d'ailleurs souvent inutile, puisque primo on comprend généralement mal la réponse, à moins de maîtriser un max, secundo l'ami interlocuteur répond, une fois sur deux, dans un français parfait.
Tout le monde vous le dira, les Portugais sont rarement à l'heure pour les rendez-vous. Leur gentillesse et leur disponibilité vous feront vite oublier ces quelques minutes de retard. Si vous ne connaissez pas la personne à laquelle vous vous adressez, faites précéder le nom de votre interlocuteur d'un « *Senhor* » pour un homme ou d'un « *Senhora* » pour une femme. Avec l'habitude, on vous tapera facilement sur l'épaule et on vous appellera par votre prénom, c'est bon signe !

Puis on vous fera la conversation, car ici plus qu'ailleurs on aime papoter, quitte à s'arrêter tous les 3 m dans la rue pour vous expliquer le pourquoi du comment droit dans les yeux.

Romaria

Essayez d'assister à l'une de ces fêtes : c'est parmi les manifestations les plus typiques du Portugal. Il s'agit en fait de processions religieuses, avec fêtes en série qui célèbrent le saint de la ville. Toutes ces manifestations s'accompagnent de rites et de coutumes variant d'une région et d'une ville à l'autre. Le soir, en revanche, on célèbre plutôt Bacchus et tous les dieux de la bonne chère !

Noms de famille

Comment distinguer le nom d'usage parmi les nombreux noms que déclinent les Portugais lorsqu'on leur demande leur nom complet ?
Le nom est souvent composé de deux prénoms et de deux noms (le dernier nom de la mère suivi du dernier nom du père) : le nom d'usage est alors généralement formé du premier prénom et du dernier des noms. Cette règle est cependant très souple et vous pourrez rencontrer quelqu'un ayant quatre ou cinq noms de famille et se faisant appeler par son deuxième prénom ou par ses deux prénoms.
Sachez toutefois que le prénom vient normalement avant le nom (y compris dans la plupart des classements alphabétiques) et qu'il est toujours plus aisé de joindre quelqu'un si l'on connaît son nom complet.

SITES INSCRITS AU PATRIMOINE MONDIAL DE L'UNESCO

Organisation des Nations Unies pour l'éducation, la science et la culture

En coopération avec le centre du patrimoine mondial de l'UNESCO

Pour figurer sur la liste du Patrimoine mondial, les sites doivent avoir une valeur universelle exceptionnelle et satisfaire à au moins un des 10 critères de sélection. La protection, la gestion, l'authenticité et l'intégrité des biens sont également des considérations importantes. Le patrimoine est l'héritage du passé dont nous profitons aujourd'hui et que nous transmettons aux générations à venir. Nos patrimoines naturel et culturel sont deux sources irremplaçables de vie et d'inspiration. Ces sites appartiennent à tous les peuples du monde, sans tenir compte du territoire sur lequel ils sont situés. Pour plus d'informations : • *whc.unesco.org* •
À Porto et dans la région, les sites que nous traitons dans ce guide sont :
– *le centre historique de Porto* (1996), sa gare et ses azulejos, sa cathédrale, le *pont Luíz* et le *monastère de Serra do Pilar* ;
– *la région viticole du Haut-Douro* (2001), une organisation hors pair du paysage (exception faite peut-être des rizières et des plantations de thé chinoises !) qui donne le célèbre porto.

les ROUTARDS sur la FRANCE 2018-2019

(dates de parution sur • **routard.com** •)

Découpage de la FRANCE par le ROUTARD

Autres guides sur la France

- Hébergements insolites en France
- Canal des deux mers à vélo (mars 2018)
- La Loire à Vélo
- Paris – Île-de-France à vélo (juin 2018)
- La Vélodyssée (Roscoff-Hendaye)
- Nos meilleurs campings en France
- Nos meilleures chambres d'hôtes en France
- Nos meilleurs restos en France
- Les visites d'entreprises en France

Autres guides sur Paris

- Paris
- Paris balades
- Paris exotique (nouveauté)
- Restos et bistrots de Paris
- Le Routard des amoureux à Paris
- Week-ends autour de Paris

les ROUTARDS sur l'ÉTRANGER 2018-2019

(dates de parution sur • *routard.com* •)

Découpage de l'ESPAGNE par le ROUTARD

Découpage de l'ITALIE par le ROUTARD

Autres pays européens

- Allemagne
- Angleterre, Pays de Galles
- Autriche
- Belgique
- Crète
- Croatie
- Danemark, Suède
- Écosse
- Finlande
- Grèce continentale
- Hongrie
- Îles grecques et Athènes
- Irlande
- Islande
- Madère
- Malte
- Norvège
- Pays baltes : Tallinn, Riga, Vilnius
- Pologne
- Portugal
- République tchèque, Slovaquie
- Roumanie, Bulgarie
- Suisse

Villes européennes

- Amsterdam et ses environs
- Berlin
- Bruxelles
- Budapest (mars 2018)
- Copenhague
- Dublin
- Lisbonne
- Londres
- Moscou
- Naples (décembre 2017)
- Porto (janvier 2018)
- Prague
- Saint-Pétersbourg
- Stockholm
- Vienne

les ROUTARDS sur l'ÉTRANGER 2018-2019

(dates de parution sur • *routard.com* •)

Découpage des ÉTATS-UNIS par le ROUTARD

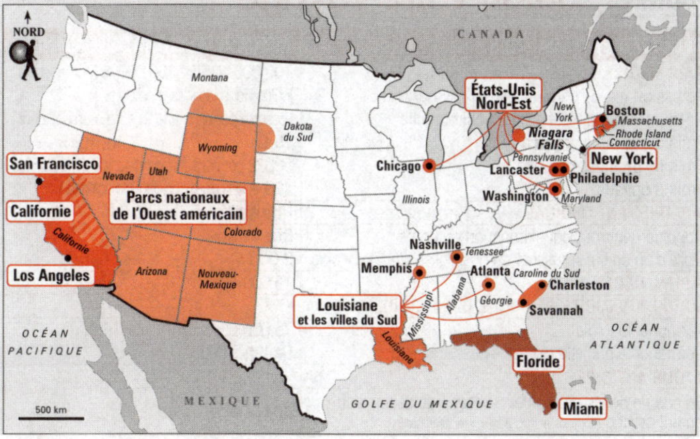

Autres pays d'Amérique

- Argentine
- Brésil
- Canada Ouest
- Chili et île de Pâques
- Colombie (avril 2018)
- Costa Rica
- Équateur et les îles Galápagos
- Guatemala, Belize
- Mexique
- Montréal
- Pérou, Bolivie
- Québec, Ontario et Provinces maritimes

Asie et Océanie

- Australie côte est + Red Centre
- Bali, Lombok
- Bangkok
- Birmanie (Myanmar)
- Cambodge, Laos
- Chine
- Hong-Kong, Macao, Canton
- Inde du Nord
- Inde du Sud
- Israël et Palestine
- Istanbul
- Jordanie
- Malaisie, Singapour
- Népal
- Shanghai
- Sri Lanka (Ceylan)
- Thaïlande
- Tokyo, Kyoto et environs
- Turquie
- Vietnam

Afrique

- Afrique du Sud
- Égypte
- Kenya, Tanzanie et Zanzibar
- Maroc
- Marrakech
- Sénégal
- Tunisie

Îles Caraïbes et océan Indien

- Cuba
- Guadeloupe, Saint-Martin, Saint-Barth
- Île Maurice, Rodrigues
- Madagascar
- Martinique
- République dominicaine (Saint-Domingue)
- Réunion

Guides de conversation

- Allemand
- Anglais
- Arabe du Maghreb
- Arabe du Proche-Orient
- Chinois
- Croate
- Espagnol
- Grec
- Italien
- Japonais
- Portugais
- Russe
- G'palémo (conversation par l'image)

Livres-photos Livres-cadeaux

- Voyages (nouveauté)
- Nos 120 coins secrets en Europe (nouveauté)
- Les 50 voyages à faire dans sa vie
- 1200 coups de cœur dans le monde
- 1200 coups de cœur en France
- Nos 52 week-ends dans les plus belles villes d'Europe

Nous tenons à remercier tout particulièrement Loup-Maëlle Besançon, Thierry Bessou, Gérard Bouchu, François Chauvin, Grégory Dalex, Fabrice Doumergue, Cédric Fischer, Carole Fouque, Michelle Georget, David Giason, Claude Hervé-Bazin, Emmanuel Juste, Dimitri Lefèvre, Fabrice de Lestang, Romain Meynier, Éric Milet, Pierre Mitrano, Jean-Sébastien Petitdemange et Thomas Rivallain pour leur collaboration régulière.

Jean-Jacques Bordier-Chêne
Michèle Boucher
Diane Capron
Laura Charlier
Agnès Debiage
Jérôme Denoix
Tovi et Ahmet Diler
Marjorie Dubois
Clélie Dudon
Sophie Duval
Jeanne Favas
Alain Fisch
Alexandra Fouchard
Guillaume Garnier
Nicolas George
Bérénice Glanger
Adrien et Clément Gloaguen
Léa Guinolas
Manon Guyot
Bernard Hilaire
Sébastien Jauffret
Céline Kamand
Jacques Lemoine
Aurore de Lombarès
Caroline Ollion
Martine Partrat
Odile Paugam et Didier Jehanno
Prakit Saiporn
Jean-Luc et Antigone Schilling
Jean Tiffon
Caroline Vallano

Direction : Nathalie Bloch-Pujo
Contrôle de gestion : Jérôme Boulingre et Adeline Cazabat Barrere
Secrétariat : Catherine Maîtrepierre
Direction éditoriale : Hélène Firquet
Édition : Matthieu Devaux, Olga Krokhina, Gia-Quy Tran, Julie Dupré, Emmanuelle Michon, Alba Bastida Díaz, Amélie Gattepaille, Ludmilla Guillet, Pauline Janssens, Margaux Lefebvre, Amélie Ramond, Flora Sallot, Elvire Tandjaoui et Clémence Toublanc
Ont également collaboré : Dorica Lucaci, Arianne Fort et Joëlle Devaux
Cartographie : Frédéric Clémençon, Aurélie Huot et Thomas Dequeker
Fabrication : Nathalie Lautout et Audrey Detournay
Relations presse France : COM'PROD, Fred Papet. ☎ 01-70-69-04-69.
• *info@comprod.fr* •
Direction marketing : Adrien de Bizemont, Clémence de Boisfleury et Charlotte Brou
Contacts partenariats : André Magniez (EMD). • *andremagniez@gmail.com* •
Édition des partenariats : Élise Ernest
Informatique éditoriale : Lionel Barth
Couverture : Clément Gloaguen et Seenk
Maquette intérieure : le-bureau-des-affaires-graphiques.com, Thibault Reumaux et npeg.fr
Relations presse : Martine Levens (Belgique) et Maureen Browne (Suisse)
Régie publicitaire : Florence Brunel-Jars

INDEX GÉNÉRAL

INDEX GÉNÉRAL

LISTE DES CARTES ET PLANS

INDEX DES ENVIRONS DE PORTO

Remarque importante aux hôteliers et restaurateurs

Les enquêteurs du *Routard* travaillent dans le plus strict anonymat. Aucune réduction, aucun avantage quelconque, aucune rétribution n'est jamais demandé en contrepartie. Face aux aigrefins, la loi autorise les hôteliers et restaurateurs à porter plainte.

Avis aux lecteurs

Le Routard, ce n'est pas comme le bon vin, il vieillit mal. On ne veut pas pousser à la consommation, mais évitez de partir avec une édition ancienne. Les modifications sont souvent importantes.

Les réductions accordées à nos lecteurs ne sont jamais demandées par nos rédacteurs afin de préserver leur indépendance. Les hôteliers et restaurateurs sont sollicités par une société de mailing, totalement indépendante de la rédaction, qui reste donc libre de ses choix. De même pour les autocollants et plaques émaillées.

Avec routard.com, choisissez, organisez, réservez et partagez vos voyages !

✓ Rejoignez la plus grande communauté francophone de voyageurs: **plusieurs millions d'internautes.**

✓ Échangez avec les routarnautes: forums, photos, avis d'hôtels.

✓ Retrouvez aussi toutes les informations actualisées pour choisir et préparer vos voyages: plus de 300 guides destinations, une centaine de dossiers pratiques et un magazine en ligne pour découvrir tous les secrets de votre destination.

✓ Enfin, comparez les offres pour organiser et réserver votre voyage au meilleur prix.

Les **Routards** *parlent aux* **Routards**

Faites-nous part de vos expériences, de vos découvertes, de vos tuyaux et de vos coups de cœur. Aidez-nous à remettre l'ouvrage à jour. Indiquez-nous les renseignements périmés. Faites profiter les autres de vos adresses nouvelles, combines géniales... On adresse un exemplaire gratuit de la prochaine édition à ceux qui nous envoient les meilleurs courriers, pour la qualité et la pertinence des informations.

Quelques conseils cependant:

– Envoyez-nous votre courrier le plus tôt possible afin que l'on puisse insérer vos tuyaux sur la prochaine édition.

– N'oubliez pas de préciser l'ouvrage que vous désirez recevoir, ainsi que votre adresse postale.

– Vérifiez que vos remarques concernent l'édition en cours et notez les pages du guide concernées par vos observations.

– Quand vous indiquez des hôtels ou des restaurants, pensez à signaler leur adresse précise et, pour les grandes villes, les moyens de transport pour y aller.

Si vous le pouvez, joignez la carte de visite de l'hôtel ou du resto décrit.

En tout état de cause, merci pour vos nombreux mails.

122, rue du Moulin-des-Prés, 75013 Paris

● *guide@routard.com* ● *routard.com* ●

Routard Assurance *2018*

Née du partenariat entre *AVI International* et le *Routard*, *Routard Assurance* est une assurance voyage complète qui offre toutes les prestations d'assistance indispensables à l'étranger : dépenses médicales, pharmacie, frais d'hôpital, rapatriement médical, caution et défense pénale, responsabilité civile vie privée et bagages. Présent dans le monde entier, le plateau d'assistance d'*AVI International* donne accès à un vaste réseau de médecins et d'hôpitaux : pas de franchise, aucune avance de frais à faire, un numéro d'appel gratuit disponible 24h/24. *AVI International* dispose par ailleurs d'une filiale aux États-Unis qui permet d'intervenir plus rapidement auprès des hôpitaux locaux. À noter, *Routard Assurance Famille* couvre jusqu'à 7 personnes, et *Routard Assurance Longue Durée Marco Polo* couvre les voyages de plus de 2 mois dans le monde entier. *AVI International* est une équipe d'experts qui répondra à toutes vos questions par téléphone : ☎ 01-44-63-51-00 ou par mail ● *routard@avi-international.com* ● Conditions et souscription sur ● *avi-international.com* ● Avant de partir, pensez à télécharger l'appli mobile *AVI* et accéder à tous vos documents d'assurance en 2 clics.

Édité par Hachette Livre (58, rue Jean-Bleuzen, CS 70007, 92178 Vanves Cedex, France)
Photocomposé par Jouve (rue de Monbary, 45140 Ormes, France)
Imprimé par Jouve 2 (Quai n° 2, 733, rue Saint-Léonard, BP 3, 53101 Mayenne Cedex, France)
Achevé d'imprimer le 29 décembre 2017
Collection n° 13 - Édition n° 01
81/1569/8
I.S.B.N. 978-2-01-626688-5
Dépôt légal : décembre 2017

PAPIER À BASE DE
FIBRES CERTIFIÉES